ルポ
子どもへの性暴力

朝日新聞取材班

朝日新聞出版

まえがき

本書は、朝日新聞と朝日新聞デジタルに２０１９年から24年の間に連載した「子どもへの性暴力」シリーズ第１部から第10部までを収録したものです。

２０１９年の12月に第１部を始める前は、社内には大きな「壁」がありました。

「こんなものを社会面で連載する必要があるのか」

「こんな露骨な表現をする必要があるのか」

「実名で出す必要があるのか」

編集局の幹部たちからの声に、暗澹《あんたん》たる気持ちを抱えながら、記事化への交渉を続けました。

「子どもへの性暴力」は、それまでは「いたずら」などと軽く扱われ、あるいはなかったことのように扱われてきた子どもの性被害について、その被害の実態と影響の大きさを示し、性暴力をなくす、あるいは万が一性暴力にあったとしてもその影響を最小限にするためには何が必要なのかを考えたいと企画したものです。

取材班は２０１８年1月に女性５人で発足。議論と取材を重ね、第1部は幼いころに性被害に遭った当事者に「名前」と「顔」を紙面に出すことを了解してもらった上で、受けた性暴力の内容と、その被害が人生にどれほどの影響を与えたのかを語ってもらうという形式にしました。それまでの性被害の記事の大半は「匿名」だっただけに、極めて異例で、挑戦的な試みだったと言えます。

加えて、当時の朝日新聞は、物理的にも認識的にも、いまよりもっと「男社会」でした。幹部もほぼ男性が占めていました。性暴力の問題についてはかねてから否定的な反応が返ってくることが多く苦労していましたが、このときも同様でした。実名、顔出しの覚悟までして被害を訴える人たちへの「共感」に大きな温度差を感じました。性暴力というものから目を背けたいという気持ちが、年長の男性たちの心のどこかに無意識に存在しているのではないだろうかとさえ思いました。

私たちは、「いたずら」「わいせつ」というあいまいな表現では何をされたのかわからないと、できるだけ具体的な事実を書くことを目指しました。リアルな表現をめぐってはいつもさまざまな指摘が幹部からありました。もちろん、新聞という誰の目にも触れるメディアでどこまで書くことが許されるのかは吟味しなくてはなりませんし、参考になる指摘もありましたが、「事実」を伝えずしては何も始まらない、との考えは揺らぐことはありませんでした。

原稿を準備してから半年近くものやりとりを経て、なんとか新聞の1面と社会面、朝日新聞デジタルに掲載・配信できた第1部の連載は、被害者が実名、顔出しだったということでまず、メディア業界で驚きをもって受け止められました。そして、何よりもうれしかったのは、読者の方々が熱心に読んでくださったことです。「こんなものが新聞の1面に載って不愉快だ」などというおしかりもごくわずかありましたが、大半は前向きに共感を持ってとらえてくださっていました。新たに朝日新聞デジタルの有料会員になってくださる方々も非常に多く、たくさんの感想や意見も寄せられました。

そうした読者の声が、社内の認識を一変させました。読者の方々の支持・支えがなければ、私たちも新聞社内の壁を乗り越えられなかったでしょうし、こんなに長期の連載になることもなかったと思います。社内の認識は世間のそれと表裏一体です。この連載は、古い価値観との闘いであり、沈黙を強いられてきた被害者側と見て見ぬふりをしてきた社会との溝を埋めていくものでもあったと考えています。

手紙やメールで声を寄せてくださった読者の中には、幼いころに性被害を受けたという方も少なくありませんでした。改めて被害者の多さも実感することになりました。

「記事が掲載されているとわかると、日が陰るように心が曇り、それでも吸い寄せられるように二度三度と読み返します。そのたびに過去の記憶がよみがえり、苦しくなります。それでもこうやって手紙を差し上げるのは、ひとつに、虐待を受けた当事者が真剣に、好意を持って読んでいることをお伝えしたかった（中略）。被害者の思いに光を当ててくださり、感謝しています」

私たちはこうした声に背中を押されてここまでやってくることができました。

本書は、新聞で長期連載した順番を少し入れ替えた形で構成しています。前述した実名、顔出しで性被害を語ってくださった「語り始めた当事者たち」の物語から本書は始まります。次の2章は、「援助交際」などと言い換えられ、「性暴力」とは認識されてこなかった子ども買春や子どもポルノの問題を「消費する社会」として収めました。3章では、旧ジャニーズ事務所の性加害問題の被害者の声とともに、旧ジャニーズの問題が社会問題化されるまではほとんど認識されていなかった「男の子の被害」を取り上げました。

4章は、家の中で起こる実父や継父、兄らなどによる性暴力に、続く5章では、教師や運動部の指導者、児童福祉施設の職員、保育士などによる地位・関係性を利用した性暴力に、焦点を当てました。6章には、軽く扱われてきた痴漢や盗撮の問題を「脅《おびや》かされる日常」として収録しました。7章は、こちらも長い間、ほとんど認識されてこなかった「子どもたちの間で」起こる性暴力について、実情と課題を書いています。学校現場で長年、性教育講演を続けてきた助産師のインタビューも掲載しています。

8章は、「狙われる障害」として、障害のある子どもが加害者に狙われ、被害を訴えても周囲にも捜査機関・裁判所にもなかなか受け止めてもらえなかった状況を伝えています。9章は、被害を減らすためには加害を減らすことが一番の近道と考え、「加害を考える」としました。最終章は、被害者の「治療とケア」について考えました。

私は1995年から、主にアジアの子どもたちへの買春問題を取材し、国連児童基金などが96年にスウェーデンで開催した第1回「子どもの商業的性的搾取に反対する世界会議」にも足を運びました。99年に議員立法で成立する児童買春・児童ポルノ禁止法に関する取材をする一方で、日本国内の子ども虐待の問題も追いかけ、2000年にはこちらも議員立法で児童虐待防止法が成立しました。虐待を生き抜いたかつての子どもたちの話を聞き、児童養護施設に計80日間の泊まり込みをするなど、虐待問題の取材を続ける中で、子どもの性被害の問題をいつかは社会に問わなくてはならないと思ってきました。

そのような意味で、「子どもへの性暴力」の新聞連載のためのリサーチを始めた段階から、すでに本書に収録した内容は、構想にあったものです。それまでは見逃されてきた、あるいは、大きな被害をもたらすとは一般的に考えられなかったものも含めて、様々な角度から子どもたちに起こる性暴力を取り上げたつもりです。被害者にとっては、被害に軽重はありません。

言うまでもなく、長年温めてきた思いや構想を実際の記事に結実させることができたのは、つらい体験も含めて話を聞かせてくださった被害当事者の方々の存在があったからです。

本書には、実名、匿名にかかわらず、計104人の当事者の声が収められています。これまで沈黙を強いられてきた被害者たちが絞り出すように語ってくれた思いに、じっくり、真摯《しんし》に耳を傾けていただければ幸いです。

2024年11月

「子どもへの性暴力」取材班キャップ

朝日新聞編集委員　大久保真紀

目次

3章／男の子の被害 065

4章／家の中で 129

5章／立場を利用して

8章／狙われる障害

9章／加害を考える――355

ルポ　子どもへの性暴力

年齢は連載時のものです

1章

語り始めた当事者たち

性暴力は「魂の殺人」とも呼ばれます。子どものころに受けた被害は、心身に深い傷を刻み込み、多くの被害当事者に「死にたい」との思いを抱かせ、その後の人生にも大きな影を落とします。1章では子ども時代に性暴力被害を受け、深く傷つきながらも回復の旅を続けている当事者の方々に語っていただきました。勇気を持って語ってくれたそれぞれの体験や思いを分かち合うことから始めていきます。

1　あの日から、苦しみ歩み、いまの私

いちごをふんだんに使った特注の丸いタルトケーキ。2019年11月12日の夜、大分県別府市にあるレストランで、工藤千恵さん（47歳）は夫の陽一さん（47歳）と、いとおしむようにケーキを見つめ、携帯電話で写真を撮った。

39年前のこの日、小学3年の千恵さんは下校後、自宅から歩いて15分ぐらいのそろばん塾に行った。夕方、塾を終えて表に出ると、角を曲がったところで、50代の見知らぬ男に近くの遊園地への道を聞かれた。

「知りません」。そう答えると、右の手首をつかまれ、すごまれた。「声を出したら殺すぞ」。怖くて声が出なかった。塾の前を戻る形で、引きずられるように歩いた。涙がポロポロとこぼれた。塾のみんなが見ていた。でも、誰も声をかけてくれなかった。

《なぜ、誰も助けてくれないの?》

「殺すぞ」という言葉が頭の中でぐるぐる回った。

1キロぐらい離れたところまで連れて行かれ、ビニールハウスとビニールハウスの間の陰に押し倒された。男はナイフを持っているそぶりをして「下着を脱げ」と言った。スカートをはいたまま、言われた通り脱いだ。太ももにひげがあたってチクチクした。嫌がると「ぶっ殺すぞ」と言われた。

あたりは暗く、寒かった。《殺されちゃうのかな》。不安と恐怖に支配された。

しばらくして、バタバタと足音がした。数人の警察官が駆けつけてきた。あとからわかったが、通行人が手を引っ張られて歩く千恵さんを見かけ通報してくれたとのことだった。

《助かる》。そう思ったが、それがわかった瞬間、《してはいけないことをした》《恥ずかしい》との思いがわき起こった。

事情聴取などを終え、帰宅してから母と一緒に風呂に入った。母は手を泡でいっぱいにして「お母さんが洗ったらきれいになるからね」と言って、体を洗ってくれた。母の優しさは心にしみた。でも、「きれいになるからね」という言葉によって、《私は汚れたんだ》とも思った。

翌朝、地元紙に「酔って女児を畑に　通行人が通報、逮捕」という小さな記事が出た。学校に行きたくないと訴えたが、「名前は出ていないから大丈夫。誰もわからない」と母に言われ、しぶしぶ登校した。

教室に入るとすぐ、同級生たちが駆け寄ってきた。「新聞に載っていたA子ちゃんは千恵ちゃん?」「けがしたの?」と質問攻めにあった。「知らない」「私じゃない」。千恵さんはそう繰り返した。

以来、心を閉ざした。

私が何も感じずにいればいいんだ

あの日の出来事は、千恵さんの幼い心と体に深い傷を刻みつけた。家では父が酒を飲み、「殺せるなら犯人を殺したい」と繰り返した。《私のせいでこうなった。私が忘れればいいんだ》。心も体も感覚をなくしていった。

中学2年のころから生活が荒れ出した。高校生の男子にバイクに乗せてもらったり、週末は先輩のライブを見に行ったり。夜に出歩き、酒も飲んだ。自分の体が女性らしくなってきたことが耐えられなかった。《死にたい》。そう思い続けたが、死ねなかった。

高校卒業後に上京し、専門学校に通った。けれども、やせ細って体調を崩し、2年ほどで帰郷せざるを得なかった。そのころには、男性が隣にいると体の震えが止まらなくなっていた。地元で就職したが、給料は酒と買い物に消えた。

21歳のとき、高校の同級生だった陽一さんと再会した。二人で食事に行ってもなぜか体は震えなかった。しばらくして被害のことを話すと、陽一さんは「大変だったね。話してくれてありがとう」と体をさすってくれた。

25歳で結婚、すぐに長女を妊娠、出産した。だが、長女が小学生になると、どんどん調子が悪くなった。長女の帰りが少しでも遅いとパニックになる。壁をたたき、「どこに行っていたのか」と長女を怒鳴りつけた。自分と同じことが起こるのではないかと心配するあまりだったが、突然暴れる母の姿に娘はおびえた。悩んだ末に、小学3年の長女になぜ自分がこれほどまでに怒るのか、自分の身に何があったのかを話した。

「ママかわいそう。それだったら心配になるよね」。そう言った長女は以後、必ず行き先を告げ、約束の時間の10分前に帰って来た。1年ほどして症状は落ち着いた。次女が小学3年になったときは何ともなかった。「子どもの成長とともに人間に戻って来た感じ」と千恵さんは振り返る。

「被害者らしさ」を超えて

転機は2013年。インターネットで知った性暴力の被害者らの会合に参加した。「生きててくれてありがとう」。そう言われ、心が軽くなった。自分の経験を生かせるのではと犯罪被害者支援員になるための研修を受けたところ、講演を頼まれた。2014年春、大分市で支援員を対象に人前で初めて体験を語った。

まもなく地元紙から取材の依頼があった。迷っていると、娘たちは「ママがやらなければ誰がやるの？」「ママは何も悪いことはしていない。だから、誰かに何か言われても私たちは大丈夫」と背中を押してくれた。まもなく、実名で写真入りの記事が大きく載った。

以来、年に20〜30回、全国を講演に歩く。現実のことだと感じてもらうため、実名で活動している。だが、おしゃれな千恵さんが赤い服を着て笑顔で話し出すと、会場に戸惑いが広がることもある。「被害者は被害者らしく（下を向いて）という見方が被害者を傷つけていることを知ってほしい」

当時、してもらいたかったことがある。手を引っ張られているときに、誰かが「どうしたの？」と声をかけてくれていればと思う。そうすれば、何かが違ったかもしれない。だから、「私は気になることがあれば、すぐに声をかけるおばちゃんになっている」と千恵さんは言う。

いまもフラッシュバックはある。

押し倒されたときに背中にあたった草の感触は、40年近く経ってもはっきりと覚えている。だから芝生の上でごろんと寝転がることは難しい。草が背中に触れると、あのときに引き戻されてしまうからだ。陸橋の下を通るのも怖い。陸橋の下で被害にあったわけではないが、自分の上にある陸橋が、覆いかぶさられたあのときの感覚をよみがえらせるのだ。

日々の生活の中でも時々過呼吸になる。涙が止まらなくなることもある。

「でも、私はここにいる。生きている」

そう千恵さんは語る。以前は、なかったことにして生きようとした。だが、忘れることができず、苦しみ抜いた。その中で、夫と出会い、2人の娘を産み育て、千恵さんは少しずつ自分を取り戻していった。自分と向き合い続け、40年近くかかって、こんな心境に達した。

「若いころは本当に苦しかった。でも、いまは1年の330日ぐらいは笑っている。自分が変われるときがいつか必ず来る。いま傷ついたり苦しんだりしている人たちにそれを伝えたい。過去は変えられない。複雑だけど、あの日があったから、いまの私がある」

千恵さんは2015年から、あの出来事があった11月12日に家族でケーキを囲むようになった。秋の空気が漂うと、木々が紅葉すると、あの日がよみがえってくる。11月12日もその日というだけで、落ち着かない気分になる。だから、一人で考え、具合を悪くしているよりは、区切りの日として、みんなで分かち合ってもらった方がいいと考えたのだ。記者は2年連続で11月12日の夜を千恵さんと陽一さんと過ごした。

千恵さんが用意した特注のケーキにはチョコレートでメッセージが添えられていた。

「Happy Re Birthday」

「rebirth」には「再生」という意味がある。千恵さんはそう教えてくれた。

2 ― 父から被害「共犯者」と思っていた

2年前、子どものころのアルバムを初めて開いた。そこには性暴力を受けていた自分がいる。《私はどんな表情で写っているのか》。怖くて、これまで見られずにいた。

高松市で美容院を営む宮本ゆかりさん（49歳）は大企業で管理職を務めた父親（76歳）と専業主婦の母親（73歳）のもと、一人娘として育った。幼稚園に通う5歳のころからだった。父とじゃんけんゲームをすると、勝つとお菓子をもらえ、負けると股間をなめられた。くすぐったいのが嫌だった。当時は、それしかわからなかった。

小学校の高学年になると寝ているときに父に胸や下腹部を触られた。嫌な気持ちを寝返りをうってごまかした。ささいなことで怒って母やゆかりさんに暴力をふるう父が、自分の体を触っているときは機嫌がいい。行為はエスカレートしたが、《大したことではない》と言い聞かせ、目をつむった。

「人に言ってはいけないけれど、他の家でもしていることだ」。父にはそう言い含められていた。

父とキスする？

中学生になって一度だけ、友だちにさりげなく聞いてみたことがある。「お父さんとキスしたりする？」。友だちは驚いた様子で「いま、何て言った？」と聞いてきた。「なんでもない！」と慌ててごまかした。

行為の意味がわかったのは、中学2年のときだ。性教育の授業を受け、《子どもができるようなことなんや》と思った。やっと父親に「やめて」と言えた。何度か拒否し、被害は止まった。一方で、嫌だと感じながらも抵抗しきれなかった後ろめたさが残った。「バレてはいけないことをした自分が悪い」と思い込んだ。

高校卒業後、育った高松市から大阪の専門学校に進み、20歳で結婚した。そのころ、「誤った愛情表現をしてしまった」という父の手紙を、母から渡された。子どもが生まれて高松に戻ることになり、実家では笑顔で過ごした。

30歳のとき、突然うつ状態になった。スーパーに行っても意識が飛んで商品を選ぶことができず、仕事にも通えなくなった。「お父さんとのことが頭から離れない」と母に助けを求めた。

しかし、母は「そんなことがあったの？」と驚いた表情を浮かべた。

母には、父に体をなめられているところを見られたことがある。父の行為を必死に打ち明けたこともあった。母は当時、「お父さんはゆかりが誘ったと言っている」「離婚したら暮らしていけない」「人に知られたらゆかりが一生、白い目で見られるよ」と言った。まさか覚えていないとは思わなかった。戸惑ったが、それでもこのときはまだ、うまく伝わっていなかったのかなと、逆に母をかばうように考えた。

「被害者」と気づき

40歳を過ぎ、ゆかりさんはインターネットを見ていて「性虐待」という言葉を知った。《私は被害者だったんだ》。初めて自分が性被害を受けていたのだと気づいた。それまでは自分のことを近親姦《きんしんかん》の「共犯者」だと思っていたのだ。

それから3年かけて、両親の言葉や当時の自分の思いを書きため、「性的虐待・性虐待はなぜ起きる」というブログにして世に投げかけた。初めは匿名での投稿だったが、自分と同じ被害に遭っている人の相談に乗ろうと、その後、名前とメールアドレスを公開した。いまは自身で美容院を経営するかたわら、月に40通ほど寄せられる相談に少しずつ答えている。

「あらがうすべのなかったあなたは何も悪くない。それに気づけたら、自信が持てて自分の力で新しい一日を作っていける。そんな明日が来ることをあきらめないで」。そうした気持ちを込めて、ゆかりさんは返事を書く。

父はもう二度とかかわることがない人だと早い段階で思い定めた。でも、母にはわかってほしいとずっと思ってきた。そうでないと、生まれてきた意味を見失ってしまうと思ったからだ。だから、何度も母に対して、父は加害者で、自分が傷ついてきたことを訴えた。でも、母は「少し待って」と繰り返すばかりだった。父を優先し、離れようとしない母の言動に何度も傷ついた。

母の立場を理解しようともしたが、無理だった。30年かかってようやく、母とはどんなに話しても交わることがないと思えるようになった。この2年、両親とは距離を置いている。

「私は私、親は親。自分の価値観で立てばいいと思えたら吹っ切れて、自由になれた」

ゆかりさんが2年前にアルバムを開いたのは、自身の被害をブログで発信するようになり、地元テレビ局の取材を受けたことがきっかけだった。ページには友だちと一緒の運動会やいとこの結婚式、楽しいときの写真があった。消してしまいたいと恐れてきた醜い子どもではなく、ふつうの女の子がそこには写っていた。

その自分の姿を、ゆかりさんは「いとおしい」と思えた。

表に出にくい家族間の性暴力

性暴力の加害者が父親というケースは珍しくない。そして、家族間での性暴力は表に出にくい。「家庭を壊せない」などと子どもが思ったり、「まさか親が」という世間の目があったりするからだ。被害を知った母親が味方になってくれないケースも少なくない。ゆかりさんも長らく「親を許すことで自分が救われる」と思おうとしてきた。実名で発信できるようになったのは自分が被害者だったと気づけたからだ。被害を受けた人と知り合い、親が悪いと言ってもらったことで親と自分を切り離して考えられるようになった。同じように苦しむ人たちに「あなただけじゃない」と伝えたくて、ゆかりさんはありのままを発信している。

記者は父親に考えを尋ねたいと手紙で取材を申し込み、自宅にも足を運んだ。対応した父親は「一切もうノーコメント」と答えている。

3　先生に踏みにじられた、高校の3年間

桜の季節、当時15歳だったさやかさん（仮名、44歳）は期待に胸を躍らせて高校に入学した。「君、普通科に受かったんだね」。受験の日、試験監督をしていた先生が声をかけてくれた。《覚えてくれていたんだ。うれしい》

先生は当時30代前半。さやかさんは認められたくて、熱心に授業を受けた。

夏休みに私服で高校の近くを歩いていたとき、先生が車で通りかかった。「家まで送ってあげるよ」と声をかけられた。誰にも言えない秘密ができた。

2学期。放課後に華道クラブの活動を終え、花を抱えて廊下を歩いていると先生に会った。「花を飾ってよ」。そう促され、職員室で二人きりになった。花瓶を探していたら、突然、制服のスカートに手を入れられた。びっくりして立ちすくんでいると、キスをされた。

「僕が3年間、彼氏になってあげるから、誰にも言っちゃいけないよ」

行為はどんどんエスカレートし、先生は夜、自宅近くまで来るようになった。電話で呼び出され、車に乗せられた。「好きな子にはするんだよ」と先生はささやいた。抵抗できず、求めに応じた。

先生を信頼し、慕っていた。でも、先生には妻子がいる。恋人同士のように手をつないで歩くわけでも、動物園や映画に行くわけでもない。月2回ほど呼び出され、車やホテルで求められた。「大人

はこうするんだよ」「誰かに言ったら会えなくなるよ」。そう言われるたびに、混乱した。

ある日、嫌悪感でいっぱいになった。《気持ち悪い》。自分を汚らわしいと感じ、先生を避けるようになった。すでに3年生になっていた。しかし、「誰にも言ってはいけない」という口止めを信じ込み、両親にも友人にも言えなかった。

逃げるように高校を卒業し、大学を出て社会人になった。あのころのことは遠くに忘れたつもりだった。なのに、いつも男性との関係がうまくいかない。自分が空っぽに思え、暴力的な人にひかれては、振り回された。最初の結婚生活は相手と信頼関係を築けず、2年足らずで破局を迎えた。

心療内科を転々と

同じ職場でいまの夫に出会い、33歳で再婚、娘も生まれた。だが、穏やかでまじめな夫に対し、理由もなく突然、体の奥底から怒りがこみ上げ、虫唾《むしず》が走る。「こんなに苦しいのに何でわかってくれないの」。さやかさんは大声を上げ、暴れた。

自分でも理由を説明できず、家族も困惑した。《死にたい……》と思い詰め、自殺を図ったこともあった。心療内科を転々とし5カ所目でカウンセラーから「過去のトラウマが原因」と指摘された。

娘が小学生になったいまなら、先生が地位や立場を利用し、性の知識が十分でない高校生の自分をはけ口にした卑劣さがよくわかる。対等でない支配関係のもと、信頼していた大人から尊厳を踏みにじられた。先生のしたことは、性暴力だ。

数年前、手紙を持って母校を訪ねたことがある。だが、他の教員に「奥さんが自殺したらどうするのか」と言われた。友人にも相談したが「現場を見ていないから知らない」と味方になってはくれなかった。高校卒業から25年が過ぎた。「私もふつうの高校生活を送りたかった」。やり場のない怒りや悲しみを抱えても、それでも生きていかなければならない。

教師と教え子という関係が抵抗をさせづらくし、被害を告発する障壁にもなっている。記者は加害した教師を訪ねた。はじめは「記憶にない」と否定したが、その後「不適切な関係を結んでしまった。彼女の人生を傷つけたのだとしたら大変申し訳ないことをした」と事実を認めた。時に被害者にも落ち度があると責める社会の風潮を改め、加害の悪質さを知ってもらうため、さやかさんは取材に応じた、と話している。

4 触らせたらダメ、知っていれば

5歳のときだった。

保育園から帰ってきて、長屋の隣の家に、いつものように遊びに行った。玄関を入っていくと、おじさんが出てきた。友人の姉妹は母親と出かけているという。帰ろうとすると、「おっちゃんと遊ぶか」と声をかけられた。

「遊んでくれるの～。わ～い！」

幼かった柳谷和美さん（51歳）は喜んで、家に上がった。「お医者さんごっこしようか。全部服を脱いでここに寝て」。促されるままに裸になり、ベッドの上に寝た。「いまから診察します」。目隠しをされ、性器を口と手で触られた。

「診察は終わりました」

そう言われてベッドから下りて服を着た。二人でココアを飲んでいると、母が迎えに来た。母の顔を見ながら、おじさんは「ココア飲んどったんですわ」と言った。《なんでお医者さんごっこと言わないの？》。不思議に思ったが、幼かった和美さんには何が起こったのか意味はわからなかった。

それから2年。とびひで小学校を休んでいたときのことだ。家出して補導された16歳のいとこのお兄ちゃんが2週間ほど家に滞在していた。魚屋を営んでいた両親は、昼間は店に出ていて不在だった。いとこから「和美、こっちおいで」と呼ばれた。近くに行くと、いとこはズボンを下ろし、「なめて」と言った。

父は暴力を振るう人だった。その恐怖がしみついていた。《大人の言うことを聞かないと、殴られる》。そう思うと、「嫌」とは言えなかった。数日後には挿入もされた。体が壊れるかと思うほど痛かったが、拒めなかった。「お父さんとお母さんには言うなよ」。いとこにはそう、念を押された。

中学生になり、和美さんは自分の身に起こったことの意味を理解した。自分の体が汚く思え、嫌悪した。自分なんてどうなってもよかった。夜遊びを繰り返し、酒、たばこ、シンナー、なんでもやった。22歳で結婚した。だが、心身はボロボロだった。無意識だったが、いま思えば、被虐待体験や性暴力の経験のある人特有の「自分は不幸でなくてはいけない」という思いに支配されていた。満たされない気持ちを埋めるため、布団や掃除機などを買い込んで300万円の借金を抱え、男性とも次々とつきあった。34歳で離婚することになり、長男は元夫に引き取られた。

《死にたい》。その気持ちを抑えきれなかった。自暴自棄になって、自分を殺してくれる人はいないかとネットで男性を探し、連絡をとった。過去を包み隠さず話したところ、なぜか意気投合し、その男性と36歳で再婚した。

その後、長男を引き取り、次男、三男を産んだ。子育てをする中で、抑え込んできた怒りがわき出てきた。性暴力はなぜ存在するのか。両親にも話せず、なぜ一人で抱え込まなくてはならなかったのか。スイッチが入ると、皿を割り、ブラシで自分の頭を血が出るほど激しくたたいた。つらければ泣いていいと思えるまでに、4年以上かかった。

約10年前、アメリカで性暴力被害を受けた女性の講演会に足を運んだ。数百人の聴衆の前で堂々と経験を話す彼女の姿に衝撃を受けた。《被害者も堂々と生きていいんだ》と思えた。

夫は「世界じゅうが敵になっても俺は応援する」と言ってくれた。そんな夫に背中を押され、和美さんも被害者であることを講演などで話し始めた。夫や息子たちに支えられ、気持ちも少しずつ安定していった。そうした積み重ねを経て、和美さんはようやく「助けて」と言えるようになった。それができるようになったのは、ここ5年ほどのことだ。

プライベートゾーンのルールを身につけて

「子どもを被害者にも加害者にもしたくない」

そんな強い思いで、和美さんは2年前から大阪府内の自宅などで「親子で性教育」というセミナーを開催している。男女の体の仕組みや、水着で隠れるプライベートゾーンと呼ばれる性器や胸、肛門などは大切なところであることをまずは教える。その上で、プライベートゾーンを人に見せたり触らせたり、人のものを見たり触ったりしたらいけないこと、また、触ろうとする人がいたら「嫌だ」と逃げていいこと、信頼できる大人にそのことを話すことをわかりやすく伝える。

幼かったかつての自分がこのプライベートゾーンのことを知っていれば、お医者さんごっこに誘われたときも、いとこに来いと言われたときも、「ダメと教えてもらっている」と言えたのではないか、と和美さんは思うのだ。「いとこも隣のおじさんも正しく性教育を受け、他人の体に許可なく触れてはいけないということが徹底されていれば、そもそも加害はしなかったのでは」とも語る。

「帰宅後は手洗い・うがいをする、と同じ感覚で、プライベートゾーンのルールを子どもたちには身につけてほしい。性教育は予防のために絶対に必要です」

和美さんはそう力説する。そして、もう一つ、セミナーで何度も強調することがある。それは、日頃から何でも話せる家庭環境の重要性だ。「うちは父が怖くて、私は『イヤ』を言えない子だった。被害に遭ったときも親に相談できなかった。『イヤ』が言えれば逃げることができるかもしれないし、万が一、被害に遭ってもそのことを（親などに）言えれば、状況は変わる。被害を最小限にするのにも、回復するのにも寄り添ってくれる周囲の支えが欠かせない」

和美さんは被害を語るとき、いまも心がざわつく。それでも「やっぱり伝えたい」と言う。起こったこと、感じたことを隠さず明らかにするのは、子どものときの被害がどんなにしんどいことか、その現実を社会や大人が知らなくては、何も始まらないとの思いからだ。同時に、「悪いのは何があっても加害者なのだ」ということも伝えたい。だが、一方で「私はいとこが18歳のときにバイク事故で死亡したから話せる」とも漏らす。多くの性暴力被害者が、加害者が近い関係のため、訴えることすらできずに苦しんでいる現実があることも、和美さんは指摘している。

5 話すごとに、自分を許せた

31歳で結婚した。三つ年上の夫は優しい。穏やかな日々だったが、なぜか居心地が悪い。経験したことのない生活が不安で仕方なかった。

《こんな幸せは長く続くわけがない。私は幸せになってはいけない》

そんな思いに駆られた。

関東で暮らす河野亜衣子さん(45歳)はいつも《死にたい》と思っていた。わけもなくイライラして、泣き叫んだ。不安から過呼吸にもなった。「こんな私でも捨てないのか」と、夫に悪態をついた。それでも、夫は怒ることなく受け止めてくれた。そんな夫に当たる自分が嫌で、また自分を責めた。亜衣子さんは、子ども時代の秘密を抱える罪悪感にさいなまれていた。

結婚から4年ほどしたある日、夫に「話がある」と切り出した。だが、なかなか言葉が出てこない。約10分後、絞り出すように語り始めた——。

小学6年のとき、両親が離婚した。まもなく、母と妹と3人で暮らす家に、母が働くスナックのマスターが入り浸るようになった。マスターは気に入らないことがあると、母にも亜衣子さんにも暴力を振るった。生活は極貧だった。お菓子を買う金はなく、代わりに砂糖をなめた。母の恋人であるマスターがいなければ生活できないことは、子どもながらに理解していた。

中学2年になったある日、母の出勤後に突然、マスターが家にやって来た。部屋のカーテンを閉め、「肩をもんでやる」と言われ、服を脱がされた。口や手で体を触られ、触らされた。その後は週に2〜3回。何をされているかは理解していたが、我慢するしかなかった。様々な思いが去来した。

《私は汚れてしまった》

《声を上げれば家族がバラバラになる》

そのころは相談できる場所があるとは思いもしなかった。どこにも逃げる場所はなかった。被害を受けた子どもは気づいてほしくて、家出をしたり万引きをしたり、別の形でSOSを出すことが少なくない。亜衣子さんも母に気づいてほしくて「膣《ちつ》がかゆい」と訴えたことがある。だが、逆に「何かやっているの？」と白い目を向けられた。それ以上は何も言えなかった。

19歳のときにマスターががんで亡くなった。悪夢の日々がやっと終わった。

亜衣子さんは百貨店に就職、順調に社会人生活をスタートさせたと思ったが、今度はある日突然、耳が聞こえなくなった。23歳で家を出て、一人暮らしを始めると、さらに体に異変が出た。胃痛で水も飲めず、吐き気や下痢、激しい腹痛にも襲われた。

その後、一人が寂しくて結婚を考えるようになった。会社員の夫と出会い、結婚した。《秘密を知られれば嫌われるかもしれない》。でも、黙っていることが苦しかった。意を決して夫に過去を打ち明けると、「大変だったんだね」と夫は受け入れてくれた。《そう言ってくれるんだー》。肩の荷が下りた。隠し事がなくなり、少しは楽になった。そうすると今度は《やっぱり母にもわかってもらいたい》との気持ちが出てきた。しかし、母に話すと「知らなかった」と言われ、そのうちに「私が悪いと言うのか」「もう忘れろ」と逆に怒られた。

相変わらず自己肯定感は低く、暗いトンネルの中をさまよい続けているようだった。

号泣して打ち明けた

「変わりたい」。亜衣子さんは6年前、光を求めてオープンカウンセリングに参加した。夫が付き添ってくれた。数人の参加者の前で、一人ずつカウンセラーとやりとりする。緊張で心臓が飛び出しそうだったが、性暴力にあったことを号泣しながら話した。あんなに泣いたのは初めてだった。

参加者の何人かも涙を流しながら話を聞いてくれていた。《こんな話をしても、さげすまれないんだ》。周囲の反応に癒やされた。その後、カウンセリングに通い続けた。話せば話すほど気持ちは軽くなった。

ところが、連絡を絶っていた母が急死。母が亡くなったのは、「私のせいだ」と亜衣子さんは自分を責めた。悲しみと母への怒りが渦巻き、心が壊れそうになった。そんなとき、カウンセリング仲間の話を聞く機会があった。そこで、自分だけが大変なのではないとの気づきがあった。すると、世界の見え方が変わった。「母も全くもって親らしくなかったわけじゃない」。就職のときにワンピースを買ってくれた、パチンコに行ってチョコを持ってきてくれた……。母がしてくれたことへの感謝の気持ちが芽生えた。

カウンセリングを重ね、自分を責める必要はないことを知り、少しずつ少しずつ自分を許せるようになった。それに呼応するように、体も悲鳴を上げなくなっていった。気づくと、夫に大切にされている自分は「幸せだ」と心から感じることができていた。

「生まれ変わった感じがした。それまでは死んだように生きていたから」

2014年にブログで生い立ちをつづり、その後、性被害を受けた女性の笑顔と人生を取り戻す手伝いをしたいと、カウンセラー活動を始めた。「『性被害を受けても幸せになれる』『幸せになってい い』と伝えていきたい」と亜衣子さんは語る。

「相手を恨み、自分を責め続けたら、体も人間関係もおかしくなる。『被害者』のままでいると、そこから出られなくなってしまう。まずは勇気を出して信頼できる人に話してほしい」。そして、「相談された人はただ聞くだけでいい。『忘れろ』とは絶対に言わないで。被害者はそう言われると心を開けなくなるから」とも話す。

亜衣子さん自身もまだ、乗り越えたとは言い切れない。ふとしたときに自分を責めるくせが出る。「でも、100％乗り越えたら、いまの活動はしていないし、自分ではなくなってしまうかも」と言う。「ガラスが割れたら元には戻らない。でも、接着剤でくっつけたり、リボンをつけたりして、自分らしくオリジナルを作ることはできる。私の傷もそうやって付き合っていきたい」

周囲の人に怒りを爆発させたり、自傷や自殺念慮にさいなまれたり、体調不良に陥ったり……。性暴力の被害後、そんな症状に長く苦しんできた亜衣子さんは自らの体験から「話すことが回復の第一歩」と語り、同じような性暴力被害を受けた当事者には「信頼できる人に勇気を出して話してほしい」とエールを送る。

大切なのは、相談された人が心を寄せ、あれこれ聞き出すのではなく、耳を傾けること。「忘れなさい」と言うのも禁句だ。被害者を孤立させない周囲の対応が、当事者が立ち上がる力を後押しすることになる。

6 ― 消せぬ怒り、被害防止に注ぐ

1歳になった長男をいつものように風呂に入れていた。竹中勝美さん（63歳）は当時34歳だった。浴室の外から妻の声がした。

「お父さん、保健所でおちんちんをきれいに洗うようにって言われたからよろしくね」

長男の性器に手を伸ばした瞬間、心の奥底に封印してきた出来事を思い出した。手や体の感触、臭いがよみがえった。

「うわーっ」

竹中さんは大声を上げた。びっくりした妻に声をかけられ、その場ではなんとか正気に戻った。だが、それ以来、あのときのシーンが頭に浮かび、気が狂いそうになった。

竹中さんは物心がついたころから中学卒業まで、カトリック系の児童養護施設で育った。父の顔は知らず、母は精神を病んで入院していた。

勉強がよくでき、施設の職員にかわいがられた。それをねたまれたのか、小学4年のころに上級生

からいじめを受けた。囲まれて殴られたり、プールに沈められたりした。どうしていいかわからず、ドイツ人神父に悩みを打ち明けた。すると、「夜の自由時間に内緒で部屋に来るように」と言ってもらえた。その晩、竹中さんはそっと神父の部屋を訪ねた。部屋に入り、いじめられていることを泣きながら話すと、神父は抱きしめてくれた。

「あざを見せてごらん」

言われるままパンツ一枚になった。神父は体を手でさすり、なめ始めた。何か変だと感じたが、そのままベッドに運ばれた。逃げようとすると、「じっとしていなさい」ときつい口調で言われた。全裸になった神父が肌を合わせてきた。いつのまにかパンツを下ろされていた。何がなんだかわからなかったが、神父の体は温かかった。「誰にも言ってはいけませんよ」。そう言われて部屋を出た。

幼児洗礼を受けていた竹中さんにとって神父は絶対の存在だった。以降、毎週水曜に呼び出され、神父の部屋に自ら足を運んだ。触られ、触らされた。その都度、お菓子やジュース、海外の珍しい切手をもらった。

「親に抱きしめられた経験がなかった私は当時、ぬくもりに飢えていた。ちょっと我慢すれば、あとはくっついて寝ていればいい。温かさは心地よかった。特別扱いされているという思いもあった」と竹中さんは振り返る。

神父の部屋に行ったとき、入れ違いで部屋から出てきたランニング姿の中学生と鉢合わせしたこともあった。いま思えば、他にも被害者がいたのだと思う。1年ほどして職員に自身の不在を問い詰められ、神父の部屋に行っていることを認めた。まもなく神父は施設からいなくなった。

性被害を受けた人は、自分を守るためにつらい体験を無自覚のうちに記憶から消してしまうことがある。竹中さんもそうだった。神父とのことはなかったことのように全く忘れていたが、中学生になると、なぜか「自分は汚れている」という感覚に苦しんだ。中学卒業後は施設を出て、おじの元から高校に通ったが、本屋に入っては万引きを繰り返した。いけないことだとわかっていたので、自分の手をカッターで切ったり、石でたたいたりした。それでも、どうしてもやめられなかった。ぬくもりが恋しくて彼女の家に入り浸りもした。男であることも嫌で、中性になりたいと願った。敬虔《けいけん》な信者だったのに、なぜか教会に行くこともできなくなった。

「いまならトラウマによる影響だとわかる。性アイデンティティーの混乱もそう。でも当時はわからず、本当に苦しかった」

竹中さんは21歳で公務員になった。日常生活を積み重ね、何とか生き延びてきた。性暴力を受けた過去を思い出してからは、怒りの気持ちがわき起こると、陸橋の上に行っては、電車が通るたびに「バカヤロー」と叫んだ。

「傷は消えないが、自分が成長して大きくなれば傷は相対的に小さくなる」

考え抜いた末、傷以外の部分を伸ばす努力をした。家族がおらず孤独に苦しんできた自らの人生を振り返り、「虐待などで親と暮らせない子どもたちを自分が支えたい」と思うようになった。

沈黙破って行動

40歳を過ぎて、竹中さんは2歳の男の子の養育里親になった。都内の自宅で18歳まで育て、その後も実の親と暮らせない子どもたちを育てる里親を続ける。この二十数年は児童養護施設などで起こる虐待や性暴力の問題に取り組んできた。年に1万枚のチラシを刷り、学会や集会で配り、虐待防止を呼びかける。

性加害をしたドイツ人神父はその後、母国に帰国し、1980年代に死亡している。竹中さんは、自らの性被害について、2001年に施設や日本カトリック司教協議会に被害を訴える手紙を出した。施設から「確認できない」などの返事をもらっただけだった。

定年退職をした後の2018年、竹中さんは実名で性被害を告白した。翌年の4月には都内で、日本でのカトリック教会の神父による性暴力について考える集会を開いた。司教協議会の会長も足を運び、竹中さんの話に耳を傾けた。その場で、竹中さんは、会長から「できるだけ早く調査をしたい」という言葉を引き出した。

「私たちの沈黙が加害者を守り、被害者を出し続けることになる。だから（性被害の経験を）話す」

2019年のローマ教皇の訪日を経て、竹中さんは決意を新たにした。

これまでは総天然色だったあのときのことが、思い出してから30年近く経ってやっとセピア色になった。でも「まだ癒やされてはいないし、怒りの気持ちは収まってはいない」と語る。その怒りのエネルギーを自らの活動に注ぎ、親と暮らせない子どもたちが安心して安全に暮らせるよう、生活環境の改善にこれからも尽力するつもりだ。

「社会は子どもへの性暴力の問題から逃げないでほしい。なかったことにしてはいけない」。竹中さんはそう訴える。

カトリック教会の神父による性暴力の訴えは2000年代に入って世界各地で明らかになっている。02年にアメリカのボストン・グローブ紙が、マサチューセッツ州のカトリック教会の神父による130人以上の性被害について報道。教会が加害した神父を罰することなく、他の教区に移すなどして問題を長年、組織的に隠蔽《いんぺい》してきた実態も明らかにされた。09年にはアイルランド政府が調査報告書を公表し、「1970年代から性的虐待があり、教会による組織的隠蔽があった」と指摘。14年には国連「子どもの権利委員会」がカトリック教会での性的虐待被害が数万人にのぼると発表した。18年には米ペンシルベニア州で神父300人以上による1千人超への性的虐待があったことや、ドイツでは1946〜2014年に3677人の未成年者が神父から性的虐待を受けていたことなどが明らかになった。フランスでも21年に独立調査委員会が、未成年のときに神父らから性的虐待を受けた国内の被害者が1950年以降で推計33万人にのぼるとする調査報告書を発表した。フランスでは教会は所有する不動産や資産を売却して補償すると報じられている。

日本では、世界の教会で性虐待が明らかになっていることに危機感を強めたローマ教皇の意向を受けて、日本カトリック司教協議会が2019年に調査を実施した。翌年にホームページで公表された調査報告書によると、聖職者による未成年者への性虐待について、1950年代から2010年代までに計16件の被害の訴えがあった。聖職者側が加害を認めたのは4件。否認したケースで第三者委員会による調査があったのは1件だけだった。訴えがあったケースでの被害者の被害時の年齢は6歳未満が1人、6〜12歳が5人、13〜17歳が6人、不明が4人。性別は男子7人、女子6人、不明が3人だ。訴えた時期は、最も早くて被害を受けてから半年以内で、最も多いのが10〜30年後。50〜70年後に訴えたケースもあると報告されている。

聖職者側は日本人と外国籍が半々だった。訴えがあった際の措置は、聖職停止が2件、退会が1件、異動が8件、不明が5件で、5人は報告書公表当時も聖職にあったとされている。

全都道府県にワンストップセンター整備

性暴力を受けたときに相談できる場所に、ワンストップ支援センターがある。

そのうちの一つ、2010年に病院拠点型のセンターとして設立された大阪府松原市にある「性暴力救援センター・大阪SACHICO」（通称サチコ）は、日本のワンストップセンターの先駆的存在だ。代表を務めた産婦人科医の加藤治子さんによると、20年当時のSACHICOには1カ月に120人ほどの来所による相談があり、そのうち約30人が新たな被害者だった。2010〜18年度に来所し、受診につながった2130人のうち19歳以下は1284人で6割を占めた。また17、18年度の2年間に、家族からの性暴力を訴えた子どもは162人いた。実父からが58人、実兄・義兄からが30人、養父らからが28人。母の交際相手や祖父、いとこが加害者だったケースもあった。

病院拠点型のセンターでは、性暴力被害に詳しい医師や支援員が相談者の気持ちに配慮しながら診察や緊急避妊ピルの処方、証拠保全もできる。心ない言葉による二次被害が抑えられ、警察に通報する場合には、必要により診断書を提出することも可能だ。

SACHICOでも不安と緊張をほぐすように声かけしながら対応する。小学生のころから父親に性的行為をされていた中学生の女の子は、たまりかねて学校の養護教諭に相談した。学校は児童相談所（児相）に通告。児相はすぐに学校で女の子と会い、一時保護してSACHICOにもつないだ。診察後、医師は女の子に「よくお話しできたね、あなたは何も悪くないよ。同じことが起こらないように大人が守るからね。体も大丈夫だよ」と説明した。女の子は「ほっとした」と涙を浮かべた。診察所見は診断書の形で提出したという。診察を嫌がる子には無理強いせずに待つが、どうしても拒否する場合は「診察を受けようと思ったらまた来てね」と、いったん児相に帰すこともまれにある。

性暴力は心身に与える影響が大きく、「性への外傷」として「疾患」の観点から医師がかかわっていくことも大切だ。加藤さんは「支援センターには医師を配置することがぜひ必要だと思う」と話し、「病院がセンターを設置しやすくなるように、国には医師や看護師、支援員を雇うための補助金を出してほしい」と提言していた。

支援センターは国が都道府県に交付金を出し、2018年までに各都道府県で整備された。しかし、病院拠点型は全国にまだ11カ所（2023年度の内閣府の調査報告書）しかない。病院拠点型でない場合は、診察などのために協力医療機関を改めて紹介する必要があり、1カ所ですべてに対応するという「ワンストップ」の役割を果たせない現状がある。

一方、病院拠点型の支援センターでは、被害者診療のために医師の労力と時間をかなり割くことになるが、それに見合うだけの収益にはつながらず、病院にとっては不採算部門になるため、センターの維持が困難に陥っているところも出てきた。先駆的存在だったSACHICOでも、2023年度から病院から診療の協力を得られなくなり、24年度末には拠点を別の場所に移さなくてはならない事態になっている（現状や課題については10章参照）。

「恥ずかしくなんかない」と伝えたい

精神科医　白川美也子さん

日本では、女子は2・5人に1人、男子は10人に1人が18歳までに、痴漢《ちかん》や裸の写真の撮影なども含む何らかの性被害を受けているというデータ（日本性科学情報センター「子どもと家族の心と健康　調査報告書」）があります。全世界的にも、性的虐待の生涯有病率は、女児18％、男児7・6％と報告されています（Global Health Observatory, WHO https://www.who.int/data/gho）。すなわち女児の5〜6人に1人、男児の12〜13人に1人が性的虐待のサバイバーなのです。このように性被害は決して特異なことではありません。

私はこれまで多くの被害者を診てきました。被害を受けた子どもが思春期になって問題行動を起こすことは少なくありませんし、悪影響が生涯にわたることもあります。それは、つらい体験をしたことで、癒えない心の傷、いわゆるトラウマ（心的外傷）を受けるからです。

被害を受けたときの記憶は、五感、感情、認知や思考などがそのときのまま脳の中で「冷凍保存」され、なるべく思い出さないようにしまわれます。「解離」と呼ばれるものです。その後は、当時の記憶が無意識によみがえる「フラッシュバック（再体験）」や、様々な感覚を自分から切り離す「麻痺《まひ》」、神経が高ぶった状態が続く「過覚醒」が主な症状として出てきます。

性的被害が続くと、深刻で複雑な慢性のトラウマとなります。幼いときの一度の出来事でも周囲にそのつらさを受け止める環境がなければ、複雑なトラウマを受けたような状態になります。

その結果として、気持ちや行動をコントロールできなくなります。自傷や自殺念慮の他、自己破壊的な行動や、援助交際などの性行動、衝撃的で危険を求める行動を自ら進んでとることも珍しくありません。また、細かいことを覚えている一方で、記憶がすっぽり抜けていたりすることも起こります。頭痛、腹痛から始まり、全身の痛みなどの身体症状が出ることもあります。人を信じることができなかったり、相手に限界があることを認められずに無制限に期待を押しつけたり、加害や被害を繰り返してしまう対人関係も持ちやすくなります。

実は、私自身、幼少児期と思春期に性被害を受けています。多くの当事者は「汚れてしまった」などの深い恥の意識を持ちます。恥は症状や問題行動に発展する様々な感情の根源になります。それは私の体験からも言えることです。

当事者の方々には「恥ずかしくなんかない」「あなたはちっとも悪くない」と伝えたい。そして、それを社会の共通認識にしなくてはいけません。助けを求める声にきちんと応えていくことが被害者を支えるとともに、社会全体の安心につながります。

しらかわ・みやこ／臨床心理士・公認心理師。こころとからだ・光の花クリニック院長。専門は精神療法、特に女性や子どものトラウマ治療

2章
消費する社会

2章では子どもたちの性が消費の対象になっている現状を伝えます。家出をした少女を性的な目的で自宅などに泊める大人が存在し、子どもの性を買う行為も横行しています。子どもが相手に求められるまま自らの裸を撮影し、そうした画像や映像がサイトに投稿されて、視聴して楽しむ人もいます。

こうした実態は、社会では性暴力による深刻な「被害」と認識されていない面もあります。買春が「援助交際」と言い換えられるように「子どもが自ら望んでやっている」などととらえられがちです。その認識は、子どもたちに自分が被害者であることを気づきにくくさせ、助けを求めにくい構造を生んでいます。

子どもたちの性を消費する社会をどう変えていけばいいのか、考えます。

1　JKビジネス「人助け」と言う大人

「JKリフレ」。こんな名称で少女をデリバリーヘルス（派遣型風俗店）で働かせていたなどとして、愛知県警は2020年の6月から10月にかけてホストら10人を逮捕・書類送検した。複数の少女をデリバリーヘルスに斡旋《あっせん》したり、少女にみだらな行為をしたりした疑いなどが持たれている。

県警によると、店では、手と足をほぐす「リフレコース」、オイルを使った全身の「エステコース」などのサービスがあり、性行為を伴う「プレミアムコース」も60分3万円であった。働かせていたのはいずれも18歳未満で、中学生を「0年」、高校1年を「1年」などと隠語でやりとりしていた。

名古屋市中心部に小さな公園がある。周辺は、ホストクラブやラブホテルが並ぶ古くからの繁華街だ。不登校で動画を見るばかりの生活を送っていた被害者の少女は、その公園に行った理由を「ユーチューブのホストの動画が面白くて、本物のホストを見たかった」と警察に説明した。公園に行くと、たくさんのホストから声がかかり、最初はホストの店の客になるよう誘われたが、未成年とわかると、代わりに「仕事」を持ちかけられた。

これに対してホストは、県警の調べで「女の子を手玉に取るのは慣れていた」「ほれさせればセックスの相手にもなるし、金も手に入る」「声をかけると、芸能人に話しかけられたように喜ぶ子もいる」などと話した。

一連の事件ではデリヘルの客や経営者も逮捕されている。「子どもたちが自分たちで『パパ活』で金を稼ぐのは危険を伴う。私が管理すれば身の安全を確保できる。人助けだった」。経営者は調べに対してそう語った。ある少女は「学校や家庭がうまくいかず、ホストは私を必要としてくれた」「少しの距離でもタクシーに乗るようになるなど、徐々に金銭感覚も変わっていった」と明かしている。

女子高校生を表す「JK」や少女による接客を売りにするサービスは各地に存在する。

西日本のある駅の近く。高校3年の少女（18歳）は放課後、店に入り、客を待つ。指名が入ると、客がいる個室へと向かう。店が掲げるサービスは、「個室で少女と会話」だ。料金は、約1時間で1万円ほど。性的サービスは一切ないとしているが、少女によると「裏オプ（オプション）」があるという。それは、「裏」で行う性的サービスで、少女は1万～数万円で応じている。1日10人ほどの客全員が、裏オプ目当てでやって来る。

「最初はイヤだなと思ったけど、いまは慣れた」と少女は淡々と話す。

少女の家は、母子家庭で家計は楽ではない。高収入のバイトを探し、この店を見つけた。月数十万円にのぼる収入は、服や友人と遊ぶ費用、貯金に回す。大学進学を目指し、学費にあてようと考えていると少女は明かした。

見知らぬ男女が一緒に飲食を楽しむサービスに未成年が従事することもある。関西の地方都市の中学校に通う14歳の少女が2019年、自らのツイッター（現X）で、居酒屋で知り合った男性たちとセックスをしていることを書き込んでいた。少女を知る人によると、その居酒屋は、店員がマッチングした見知らぬ男女が一緒に飲むシステムで、女性の飲食代は男性が支払う。少女は店で知り合った男性たちと性的関係になり、交通費程度の数千円の「お小遣い」をもらっていた。「寂しかったから。お金がほしかったんじゃない。かわいいと言ってくれ、抱かれて温かいのが安心した」と少女は話していたという。

「人身取引」とアメリカ政府から批判

青少年とネットの問題に詳しい兵庫県立大学教授の竹内和雄さんによると、JKビジネスをめぐっては、兵庫県や愛知県、東京都などが条例で規制し、全国に広がった。

2015年に条例を改正し、全国で初めてJKビジネスを包括的に規制したのは愛知県だ。担当課によると、それまで風俗営業法では飲酒を伴う接待をさせた場合しか取り締まれなかった。条例では18歳未満の水着や制服での接客などを「有害役務営業」とし、接客や勧誘を禁止。「ガールズバー」

や「リフレ」「撮影会」などを幅広く対象にし、違反者に罰則規定も設けた。ただ竹内さんは「法で規制しても、『パパ活』など、より見えにくい形に変わっていく。子どもが抱える問題に気づき、向き合う必要があるし、子どもたち自身にも性を巡る危険を考えさせる機会を作らないといけない」と指摘する。

女子高校生であることを売りに男性客の相手をするJKビジネスは、アメリカ国務省の「人身取引報告書」でもその横行がたびたび批判されてきた。国際人権NGOヒューマンライツ・ナウ副理事長で弁護士の伊藤和子さんは、日本ではJKビジネスを「性を売る女の子やその家庭の問題」ととらえがちなことを問題視する。「行政の対策も、被害者である女の子側に対しての啓発が目立つ。そうではなく、人身取引であり、どう加害者側を処罰し、規制していくかという視点が足りない」

さらに「そこで働く少女たちが安心して相談できる社会的なサポート体制が欠かせない」と訴える。「悪いのは、性を売る少女ではなく、搾取している大人。子どもを性の対象としている日本社会の問題としてとらえなければならない」

2 夢にまで見たアイドル「性を売り物に」

名古屋を拠点に「アイドル」として活動する愛さん（仮名、22歳）は、中学3年の夏に体験したことを忘れられない。

入ったばかりの芸能事務所は大手とは違い、地方での活動が中心だ。プロデューサーの男に「千人規模のライブになる。チャンスをあげる」と言われ、水着姿で浜辺のステージに立った。《ビキニなんて嫌だ》と思っていたが、恥ずかしさをこらえて本番に臨んだ。しかし、観客は10人ほどだった。《だまされた》と思った。

帰り際、男に「出来が良かったから話したい。一緒に帰ろう」と言われ、車に乗せられた。「初体験は誰に捧げるの？」などと、男は薄笑いを浮かべ、ステージと関係のない話題をふってきた。助手席で返事に困っていると、左手で太ももをなで回された。《気持ち悪い》。体が固まり、声が出なかった。自宅に近づくと、男は急に方向転換し、車を人気のない山の方へ走らせた。男がエンジンを止めた瞬間、愛さんはドアを開け、自宅まで走って逃げた。

後日、他のアイドルの子から「歌を見てやると言われて、カラオケボックスに誘われた」と相談された。それから数カ月もしないうちに男は姿を消した。「所属アイドルに手を出した」。周りではそんなうわさが広まった。

歌手の宇多田ヒカルさんにあこがれ、「大勢の人たちの前で歌いたい」と、愛さんは芸能の世界に飛び込んだ。周りの少女がステージから避妊具や生理用品を投げさせられたり、ファンの男性と二人きりでトイレの個室に閉じ込められたりする様子を目の当たりにした。「夢見る純粋な気持ちを利用し、性を売り物にさせる大人がいることが許せない」と憤る。

「女の子も感覚がまひしてなんとも思わなくなる。いまも被害に遭っている子がいるはず」

少女がミニスカートから下着を見せつけるように踊り、カメラを構えたファンが一斉にスカートの中を撮影する。地方のアイドルグループのライブでは、そんな光景も珍しくない。

「業界では、性の商品化は珍しいことではない」と東海地方のある芸能事務所の経営者は明かす。アイドル志望の女の子のなかには虐待を受けてきた子や、家に安心できる居場所がない子も少なくない。「愛されたい、認められたい」という少女の弱みにつけ込み、契約書を交わさず、保護者に内緒で芸能活動をさせる悪質なケースもあるという。

契約書なし、ビデオ出演要求も

弁護士らで作る「芸能人の権利を守る　日本エンターテイナーライツ協会」（ERA、東京）は、「ご当地・地下アイドル」の労働実態を把握しようと、2019年1月からインターネット調査を実施した。19年8月にまとめた中間報告（有効回答66件）では、活動する人の約3割が「事務所との契約書がない」と回答した。「事務所から不当な扱いを受けたことがある」と答えた人は約8割。「セクハラを受けた」「セクシービデオへの出演を要求された」などの実態も浮き彫りになった。

ERAの河西邦剛《かさいくにたか》弁護士は「握手会や撮影会がアイドルの大きな収入源になっている。過度な身体接触は性の搾取になりかねない」と警鐘を鳴らす。事務所がファンとの身体接触を強要したことでアイドルが精神的な損害を負えば違法となり、行為によっては強要罪にもなりうる。

10代前半から半ばの少女たちが出演し、水着姿の胸元や下半身が強調される内容のDVDもある。中学生のときに「アイドル」として活動した20代の女性は「小中学生に性行為を連想させるポーズを取らせる撮影も、当たり前のように行われていた」と振り返る。嫌がる少女もいたが、事務所から「有名になって、芸能人になれるかもしれない」と言い含められていた。出演料は1作品あたり10万

〜100万円ほど。多数の男性ファンが少女を囲む有料の撮影会も開かれ、「子どもが稼ぐお金をあてにする親も少なくなかった」と女性は話す。

アイドル業界に詳しいライターの小川満鈴《みな》さんは「過去の映像がネット上に流出していることを知り、トラウマのような感情を持つ子もいる。露出度の高い水着撮影などはいまも絶えない。子どもにとってリスクとなりうることを、親もよく考えてほしい」と話す。

日本でアイドルの取材をした経験があるフランス人ジャーナリストの西村カリンさんは「ライブ会場で未成年の少女のグループに中年男性が群がる光景は異様だった。フランスをはじめ欧米では社会が許さない」と語る。母国では未成年のアーティストはいても、性的な対象とみなすことはない。「日本人がそれをよしとしていることに違和感を覚える」と言う。

加害者治療にあたるNPO法人「性障害専門医療センター」（SOMEC）の公認心理師・玉村あき子さんは、「日本では子どもが性的に描写された漫画やアニメが合法とされるが、海外では容認されない」と指摘する。小学生アイドルに熱狂する男性ファンが抵抗感なく受け入れられるのは、子どもを消費の対象とすることに寛容な文化の表れとみる。「日本でも消費者や提供者への規制を強化し、加害行為があった人への治療を勧めるべきだ」と呼びかける。

3 ネットに映像さらされ、共犯扱い

卒業まであと1カ月と迫った2月。関東の高校に通う少女に先生から連絡が入った。「これはお前

か」。3人の先生から画像を見せられ、問われた。

それは、16歳のときにSNSで知り合って付き合った20代後半の男に迫られ、性行為に応じたときに無理やり撮影された映像だった。性行為の間にスマホをいじりながら撮影する男性に気づき、拒否するも応じてもらえなかった。映像はポルノサイトに投稿され、自分の顔も映っていた。

推薦で大学進学も決まり、入学金も支払い済みだったが、学校からは、家庭の事情などの理由にして辞退するよう迫られた。さらにその後「5日以内に退学届を出すか、卒業判定会議で全職員にこの動画を見てもらうか選択しろ」と言われ、やむなく自主退学した。

警察に相談したものの相手を特定できないと言われた。少女と母親は、性的搾取に終止符を打つことをミッションとして活動するNPO法人「ぱっぷす」（東京都）に相談。ぱっぷすは弁護士事務所の協力を得て、少女がサイト側への削除要請や投稿者情報の開示を求めて起こした裁判を支援した。

約1年かかったが、少女側は勝訴し、投稿者の氏名、住所を突き止めることができた。改めて警察に相談したところ、男は児童ポルノ製造、提供の疑いで逮捕され、懲役2年執行猶予4年の判決を受けた。裁判で男は、投稿した映像にコメントや閲覧回数が増えることで自己顕示欲が満たされた、と話した。

画像の元データは逮捕時点で差し押さえられて削除されたが、そのときにはすでに1千万回も視聴されていたという。個別にダウンロードされたものが再びアップロードされる可能性もある。一度アップされた画像はすべて回収するのはほとんど不可能だ。ぱっぷすの相談支援員の岡恵さんは「彼女は児童ポルノ被害者なのに、学校は被写体として出たあなたが悪いと共犯者のように見ていた。女性の体を商品として、児童ポルノをAVとして、見ている需要側、社会に問題がある」と指摘する。

ぱっぷすへのSNS性被害・デジタル性暴力・AV出演強要などの相談は年々増え、2023年には新規相談が1867件に達した。20歳未満の成人や18歳未満の子どもからの相談も少なくないという。理事長の金尻カズナさんは「画像を投稿する側は身分証明書も出さずに簡単に投稿できる。一方で、削除要請には身分証明書を示さなくてはならない。削除には時間と手間がかかる。場所を提供しているプロバイダーや回線事業者の社会的責任も問われるべきではないか」と問題点を指摘する。

罪の意識、声上げられぬ被害者

小学生が被害に遭った事件もある。都内在住の男（33歳）が2019年2月に、SNSアプリで知り合った当時小学6年の少女とホテルで複数回性交して、その様子を撮影したとして、強制性交（現・不同意性交）、児童買春・児童ポルノ禁止法違反の疑いで逮捕された。男は行為そのものを撮影した動画や画像を、ネット上の掲示板で知り合った男に数十万円で販売していた。

近年は、未成年が自ら裸や下着姿の写真を送信してしまう「自画撮り」被害も深刻だ。一般社団法人「全国ICTカウンセラー協会」（東京都）によると、中学1年の少女から寄せられた相談は、ツイッター（現X）を通じて知り合った「彼氏」に送った裸の写真が、投稿サイトに載っているというものだった。少女は「彼氏」と一度も会ったことはなく、ツイッターなどのやりとりで親交を深めた。「新型コロナウイルスの影響で会いたくても会えないから」と画像を要求され、従った。しかし、「似たような子が出ている」と知人に聞いた少女がネット上で自分の名前などから検索し、その写真を発見した。

相談を受けた協会はサイト側に削除を依頼し、画像は削除された。ただ、代表理事（当時）の安川雅史さん（2023年死去）は「一度ネット上に流出した画像は、誰がコピーしたかわからない怖さがある」と20年の取材で話している。その状況はいまも変わらず、通報したサイトでは削除されても、また別のサイトに画像が再度投稿され、「いたちごっこ状態」だ。その背景には、投稿者が投稿動画の無料視聴の再生回数による広告収入などを得ることができる、アテンション・エコノミーの問題がある。

児童ポルノをめぐっては、日本の規制が遅れているとの指摘を海外から長年受けてきた歴史もある。単純所持が禁止になったのは2014年で、主要7カ国（G7）の中で一番遅かった。警察庁の統計によると、19年1年間に摘発した児童ポルノ事件の被害者は過去最多の1559人で、そのうち中学生が621人で最も多かった。また、自画撮りが全体の約4割を占めた。最近は若干減少傾向だが、それでも、23年の被害者数は1444人で、そのうち中学生が592人と最も多かった。自画撮りの割合もほぼ同じだ。

子どもたちがネット上での出会いに抵抗がなくなってきていることも背景にある。情報セキュリティー会社「デジタルアーツ」が2020年2月に10～18歳約600人に行った調査では、約4割が「ネット上のみでコミュニケーションをとる友達がいる」と回答。一方、自画撮り被害の当事者になりうると考えていると回答したのは、5・7％にとどまった。

ICTカウンセラー協会によると、コロナ禍では以前よりも小中学生からの相談が増え、学校から支給されたタブレットで見知らぬ相手とやりとりをしているケースもあった。また、SNSや出会い系アプリ、ゲームを通じて親しくなるケースも増えている。相手はネット上でのやりとりを重ねる中で徐々に要求をエスカレートさせ、子どもの「嫌われたくない」などの感情をうまく利用している。

生前の安川さんは「子どもは画像が外部に出回る危険性を知らず、軽い気持ちで送ってしまいがちだ。児童ポルノへの規制が厳しくなる中、児童による自画撮りは高額でやりとりされ、大人に狙われやすい。子どもたちを守るのは大人の責任。端末にフィルタリングをかけたり、実際の事件のニュースを見せて、ネットの危険性を子どもたちに伝えたりする必要がある」と懸念を示していた。

性的画像などについての相談を受けるNPO法人「人身取引被害者サポートセンターライトハウス」（現在は解散）の相談員をしていた精神保健福祉士の瀬川恵子さんは「SNSで知り合った人に自画撮りした裸の写真や映像を送ってしまったと相談してくる子どもに共通しているのは、『自分が悪いことをした』という意識。学校に知られたら処分されるのではと恐れて、被害を『被害』として声を上げられていない。18歳未満の裸の画像は児童ポルノであり、要求することは許されないことなのだということを子どもも含めた社会の共通認識にしなくては」と話す。

2023年に成立した改正刑法では、わいせつ目的で16歳未満の子どもを懐柔し、面会を求める行為などを対象とする「面会要求等罪」が新設された。威迫したり、ウソをついたりして、16歳未満にわいせつ目的で面会を求めたり、性的な画像を送るよう要求したりする行為は、1年以下の懲役か50万円以下の罰金、実際に面会すれば2年以下の懲役か100万円以下の罰金とされている。こうした規定が、どのような運用がされていくかが今後の課題になっている。

4　繰り返される児童買春

「援助交際」「パパ活」「ママ活」などと呼ばれる、子どもたちの買春行為。一見自らが望んでしているように見えるが、寂しさを埋めるために、泊まるところがないために、修学旅行の費用を稼ぐために、といった背景があることが多い。母親からの虐待や家族からの性暴力から逃れるために家出を繰り返し、SNSで泊めてくれる男性を探す少女も珍しくない。

家出の相談、コロナ禍で2・5倍

家出をした子どもが、SNSやネットゲームで知り合った男の家などで保護される事件も起こっている。子どもを保護者に無断で家に泊めると、状況によって未成年者略取誘拐罪などに問われる。警察庁によると、SNSに起因する略取誘拐の被害児童数は2023年には95人にのぼり、前年比で15人増えた。

困難を抱える子どもが搾取や暴力に行き着かなくてよい社会を目指す一般社団法人「Colabo」(東京都)代表の仁藤夢乃さんは、家出をしたり、家に居づらいと感じたりしている少女たちの相談を数多く受けてきた。少女たちは、家や学校、児童相談所(児相)で何らかのSOSを出しているものの真剣に向き合ってもらえず、大人への不信感を持って自暴自棄になっている。「大人から何度もあきらめられ、自分も自分をあきらめている。自分が悪いと思っているから、一人で何とかしないといけないと思ってしまう」と仁藤さんは言う。「相談は15〜18歳が中心で、ほぼ全員、SNSで居場所を探し、男の家に泊まって性被害を受けている」

新型コロナウイルスの感染拡大を受け、2020年3月からの11月半ばまでは、例年の2・5倍の約850人からの相談を受けた。内容は、「バイト先や学校などの居場所がなくなった」「家出して過ごしていたネットカフェなどが閉鎖されて行き場を失った」などだ。話を聞き、必要に応じて児相や役所に同行したり、Colaboのシェルターを利用してもらったりした。シェルターを利用した少女は60人を超える。虐待で家を出ている子どもの給付金の受け取りの手伝いもした。

仁藤さんは「社会や大人は家出する彼女たちを困った子という扱いをするが、どうして家出するのか背景に気づいてほしい。彼女たちが安全に安心して相談できる場所や環境も用意されていない。社会や大人は自分たちの加害者性に気づいていない。少女たちの問題ではなく、大人の問題ととらえてほしい」と訴える。

脅され強いられた「援助交際」

脅されて「援助交際」を強いられたケースもある。

西日本に住む葉子さん（仮名、41歳）は高校2年のとき、コンパで知り合った大学生に誘われて夏祭りに出かけた。運動部に所属する大きな体の、おもしろい人だった。花火を見た後、立ち寄った公園のベンチで話をしているときだった。いきなり押し倒され、強姦《ごうかん》された。恐怖で体が固まり、逃げることも声を上げることもできなかった。「お前が受け入れたんだからな」と男は耳元でささやいた。

その後、どうやって帰宅したのか、葉子さんは覚えていない。《スカートをはいて行ったのが悪かった》と自分を責めた。そのころは医師の父と母との間で離婚話が持ち上がり、争いが絶えなかった時期で、親には相談できなかった。

翌日、男が「会いたい」と連絡をよこし、家の前に車を乗りつけてきた。「昨日のこと、誰にも知られたくないやろ」。前夜に撮影された写真を2枚見せられた。自分だとわかった。

「これを人に見られたくないやろ。ちょっと手伝ってくれよ。手伝ってくれたら俺は何も言わん」

そのまま別の男の待つホテルに送られた。行為の後、3万円を受け取り、待っていた男の車で家の近くに戻った。1万円札を握らされ、降ろされた。そんなお金は持っていたくなかった。近くのコンビニに入り、募金箱に入れた。店長にはけげんな顔をされた。

それからは週に数回、多いときは5日、客の待つホテルに行かされた。塾が終わった午後7時半ごろに迎えが来た。帰宅は午後10時ごろだった。

高校3年の終わりごろ、異変に気づいた友人が病院に連れて行ってくれた。医師は「妊娠はしていない。おなかの病気もない。でも、膣《ちつ》の中がばい菌だらけ。消毒しておいたよ」と言った。問い詰められることはなかった。そうした対応が、次の診察につなげるための配慮だったことは後で知った。その日の夜も男から連絡があり、「援助交際」に行かされた。

葉子さんは「仕事」のたびに、記憶を一時的に失う解離状態に陥った。生きるための防衛反応だが、「仕事」が終わって我に戻り、体にあざややけどの痕がついていることも多々あった。客の好む行為を強いられ、複数の相手をさせられることもあった。「男の手に入る金は増え、なんでもやらせてくれる女だと客は喜ぶ。解離状態の女性を意のままに操ることはたやすい。しかも客には自ら望んで動いているように見える。それが性被害の恐ろしさだ」と葉子さんは言う。

大学に進んでも「仕事」は続けさせられた。急にフラッシュバックを起こして倒れ、薬を大量に飲むなどして体調は大きく上下した。体重は80キロ近くまで太ったり、逆に30キロにやせたり。それでも客のもとに送られた。

医師から何度も警察や弁護士に相談しようと持ちかけられたが、人に話すのが怖くて断り続けた。何を話していいかわからなかった。食べ物も水も受けつけなくなり、「もう限界じゃない？　体が壊れちゃうよ」と医師に説得されて、20歳のころに精神科病院に入院した。

《私が受け入れた。自分の足で行った。自分が金をもらった》。葉子さんはその呪縛から逃れられず、入院中も自分で腕を切ったり、消毒薬を飲んだり、たびたび死のうとした。

治療を受けて退院した後も状態は一進一退だった。駅などでかつての客から「〇〇ちゃんだよね」と声をかけられると、解離が起こり、その世界に引き戻された。その間のことは全く覚えていない。気づくと、体に傷がついて道路に立っていた。何度も自殺を図った。

医師からは複雑性トラウマと診断された。回復は容易ではなかった。治療は難しく、20代半ばまで精神科への入退院を繰り返した。それでも、治療を通して少しずつ、「悪いのは加害者」と思えるようになっていった。

その後、すべての事情を知った上で結婚した夫と子どもとの生活に向き合うことで、地獄からはい上がってきた。「いま自分があるのは、医師たちとの奇跡的な出会いがあり、命をつないでもらったから」と振り返る。だが、いまも葉子さんは痛みを抱えている。

「好きで体を売る人はいない。生活のため、自分を愛せないため、脅されたためなど理由は様々だが、問題なのは、買春が大きな傷を残す犯罪だと認識されず、平気でお金を払い利用する人間がいること。その社会の構造だ。性暴力は人の尊厳を踏みにじる行為で、それは魂を殺すのと同じ。なのに、社会ではあまりにも軽くみられている」

葉子さんは最近、性暴力被害者の傷に少しでも寄り添える社会にしたいと心理学の勉強を始めた。

非難するより支援「一緒に考えて」

警察庁によると、2023年1年間の児童買春やみだらな性行為(青少年保護育成条例)などでの検挙件数は2015件、前年比では191件減った。しかし、子どもが被害者となった不同意性交等罪と不同意わいせつ罪の検挙件数はそれぞれ709件、1694件で、それらと合わせると、子どもが性被害に遭った事件の検挙総数は4418件にのぼり、前年比で274件増加している。児童買春やみだらな性行為などに限った被害者は23年は1381人。年齢別で最も多いのは高校生で734人。中学生も535人にのぼる。

児童買春をめぐっては、2003年に「出会い系サイト規制法」(インターネット異性紹介事業を利用して児童を誘引する行為の規制等に関する法律)が施行され、出会い系サイトで子どもを誘引する行為は激減した。しかし、最近はSNS上で個別に知り合うのが一般化している。実態は売買春でも「援助交際」や「パパ活」などとも言い換えられ、子どもにも買う側にも抵抗感の少ない呼び方が広まり、足を踏み入れるハードルが下がっている。

富山市で30年以上、産婦人科医として予期せぬ妊娠をした少女らも診てきた種部恭子さんによると、「援助交際」には大きく分けて二つの理由がある。一つは、虐待やネグレクト家庭できょうだいを食べさせるため、あるいは自分が食べるためなど、純粋にお金がないケース。もう一つは、ぬくもりを求めてのケースだ。「彼女たちはそのときだけは大事にされると感じる。自分に何万円かの価値があって、認められたと思う」と種部さんは説明する。両方が理由のこともある。

しかし、こうした少女は児童相談所にはほぼ保護されない。彼女たちも、携帯を持って入所することができない一時保護所に保護されることには応じないからだ。また、妊娠がわかると退学となる高校も多い。種部さんは「そういう対応は相談の遅れにつながるだけだ」と問題点を指摘する。

「必要なのは、少女たちの話を受け止め、一緒に考え、動いてくれる人。婦人保護施設（現・女性自立支援施設）などの公的な施設は使い勝手が悪すぎる。彼女たちが安心できる居場所をもっと整備しなくてはいけない。それも、風俗より敷居が低いところが必要だ。彼女たちに必要なのは罰や非難ではなく、支援だ」

3章

男の子の被害

男の子の性被害は決して珍しくありません。長い間、なかったことにされてきました。ただ、旧ジャニーズ事務所（現ＳＭＩＬＥ－ＵＰ．）の創業者である故ジャニー喜多川氏による未成年者への性加害問題が２０２３年に社会問題化したことで、ようやく日本でも認識されるようになりました。

しかし、被害者に与えるその甚大な悪影響への認識はまだ不十分です。「男は強い」といった固定観念によって、被害に遭っても、本人も周囲も大したことはないと思いがちです。そのため、被害を被害と認識しづらく、相談することへのハードルも高くなっています。周囲の無理解が被害者をいっそう苦しめています。

1　元ジャニーズＪｒ．「死にたい」と願う日々

元ジャニーズＪｒ．（以下ジュニア）の男性が２０２３年５月、朝日新聞の取材に、ジャニー喜多川氏（２０１９年死去）からの性被害を告白し、ジャニーズ事務所を退所した後にトラウマに苦しんできたことを明らかにした。

男性は、大阪市在住の二本樹《にほんぎ》顕理《あきまさ》さん（39歳）。「自分には価値がない」との思いにさいなまれ、うつや依存症に苦しみ、「死にたい」と思い続けた日々だったという。

二本樹さんは、故喜多川氏の性加害問題に日本社会が沈黙してきたことを報じたＢＢＣ（イギリス公共放送）の番組放送後に、被害を実名告白した３人目の当事者だ。

マイケル・ジャクソンにあこがれ、「歌って踊れるアーティストになりたい」という夢を持っていた。中学1年だった1996年の夏に、ジャニーズ事務所に履歴書を送った。まもなく電話があり、オーディションを受けた。1カ月もしないうちに、横浜アリーナでの「KinKi Kids」のコンサートに来るように言われた。ステージに上げられ、KinKi Kidsの後ろに、他のジュニアたちと一緒に立った。

「いきなりあこがれのステージに立ててうれしかった」

当時、二本樹さんは東京都内の公立中学に通っていた。放課後、レッスンに通い始めた。「ジャニーさんはよく話しかけてくれた」と振り返る。ただ、喜多川氏はボディータッチが多く、よく肩を触ったりもんだりしてきた。

一睡もできなかった13歳の夜

秋が深まったころ、平日夜のスケジュールが終わった後に、喜多川氏から「今夜泊まっていきなよ」と声をかけられた。「『社長の家に行ける!』と、うれしかった」と二本樹さんは当時の気持ちを語る。仲が良かったもう一人のジュニアと、喜多川氏の車で六本木のホテルに連れて行かれた。部屋で、高級な焼き肉弁当を食べさせてもらった。豪華な部屋や食事に心が躍った。

二本樹さんによると、夜、寝入ったころに喜多川氏が自分のベッドに入ってきた。「最初は肩や足のマッサージをされ、体をほぐされる感じだった。そのうちに抱擁《ほうよう》され、ディープキスをされた」。二本樹さんは13歳になったばかりだった。性体験もキスの体験もなかった。《気持ちが悪い、どうしよう》。混乱して体が固まった。

「それから下着を脱がされて性器を触られ、口に入れられた」

幼かった二本樹さんには、何をされているのか意味がわからなかった。喜多川氏は無言だった。ただ、荒い息づかいが聞こえた。その息づかいを耳にしながら、寝たふりをし、早く終わってくれと祈るように我慢した。約1時間後、行為は終わり、温かいタオルで体をふかれた。

その後、喜多川氏は二本樹さんを抱くようにして寝た。彼の性器が体に押しつけられているのがわかった。寝息をたてる喜多川氏の横で、一睡もできなかった。「ショックで頭が真っ白だった。セルフイメージ（自己像）を砕かれた」と二本樹さんは苦痛の表情を浮かべる。

翌朝、エレベーターの中で、喜多川氏から「これでおいしいものでも食べなよ」と1万円を渡された。《自分は1万円の価値なんだ》。自分の存在価値を否定されたと感じた。しかし、「性被害を受けた後は優遇されるようになった」と二本樹さんは言う。テレビやコンサートへの出演、テレビドラマの撮影など仕事のスケジュールがぎっしり詰まった。

喜多川氏の自宅マンションにも頻繁に行くようになり、そのたびに親に連絡して泊まった。1年半ほどで10回程度、性被害を受けたという。《もう嫌だ》と思う一方で、せっかく手に入れた活躍の場を手放したくないという思いもあった。

「（性被害を）受け入れることが自分の活躍や出世につながると思っていた。断ったり、抵抗したりしたら活躍できないと思わされていた。周りのジュニアたちも当たり前のような感じだったから」

最初の被害に遭ったときに一緒に宿泊していたジュニアからも、自分の前に同様の被害を受けていたことを、後から聞いた。二本樹さんは喜多川氏の性暴力と振付師の厳しいしごきに嫌気がさし、1998年、中学3年のときに事務所を辞めた。

「そこから、両親もさじを投げるほどグレた」。社会に自分の居場所はないと感じ、反抗心から髪を金色に染めてたばこを吸い、酒を飲んだ。授業に出ずにゲームセンターに行き、無免許でバイクに乗った。けんかも絶えず、何度も警察に補導された。

「自分の中で(ジャニーさんにされたことなどを)どう処理していいかわからず、反社会的なことをして紛らわせようとしていた」「大人を信用できなくなっていた。本来なら良識ある大人は子どもを保護し、監督する。でも僕は大人から虐待された。スタッフも含めて全員が(加害行為を)知っていると思っていた。知っていながら黙殺し、誰も助けてくれないんだと思った」。反社会的な行為をとったり大人に反発したりすることは、性暴力被害によって引き起こされる影響の一つと言われている。

一方で、二本樹さんはそのころから、家にあった父親のギターを手にとり、一心にギターを弾き始めた。16歳のときに父親の仕事の関係で渡米し、現地の高校に入った。半年後にオーディションに応募して合格し、4人組のロックバンド「No Curfew」のギタリストとしてメジャーデビューした。アメリカ、ドイツを中心にツアーをするなど活躍した。

しかし、心の中はすさんでいた。自己肯定感は極めて低く、自分自身を痛めつけるような行動をとった。不特定多数の女性と関係をもつ性依存などにもなった。「心の傷をごまかそうとしていた」。喜多川氏と同年代の男性を見かけると恐怖を感じた。バンドは2年ほどで解散した。うつがひどくなり、自殺願望も強くなった。

「毎日、死にたいと思っていた。自分の存在価値はないと思っていたから」

救いを求めるように洗礼を受けた。21歳で帰国。半年間カウンセリングを受け、依存症の問題は改善に向かった。NGOで働きながら聖書学校で2年学んだ。30歳のころには体調を崩したこともあり、うつがさらにひどくなった時期もある。抗うつ剤を飲んでもベッドから起き上がれなかった。32歳のとき、教会で知り合ったアイルランド人女性と結婚した。妻にはすべてを話し、少しずつ回復の道を歩んできた。いまでもどうしようもない不安に襲われることがあるが、生まれたばかりの長男の姿に癒やされ、祈ることで自分を支えている。

事実が闇に葬られないように

海外経験の豊富な二本樹さんにとっては、喜多川氏の行為が日本社会で問題にならないのはおかしいと以前から感じていた。「自分自身、問題にしたいという気持ちはあったものの、声を上げても、もみ消されるだけだとも思っていた。だから、(性被害のことは)墓場まで持っていくつもりだった」

しかし、2023年4月に喜多川氏から性被害を受けたと会見で明らかにした元ジュニアのカウアン・オカモトさん(当時26歳)の姿が、二本樹さんの背中を押した。「若者が一人で証言していた。援護したいと考えた。このタイミングで(自分が)出ないと、事実がまた闇に葬られてしまうと思った」

カウアンさんに続き、二本樹さんともうひとりの元ジュニアが実名で被害を訴えた後の2023年5月14日夜、ジャニーズ事務所は、藤島ジュリー景子社長が被害を訴えている人やファンにおわびを表明した。このことに対して、二本樹さんは当時、「社長が顔を出してコメントしたことは大きな前進だと思う」と話す一方で、性加害を「(藤島社長が)知らなかった」という点については、「知らなかったはずはない。ジャニーさんはレッスンや公の場でジュニアたちに体を密着させるなど不自然な行動が多かった。周りは気づいていたと思う。それに週刊文春との裁判でも性加害は事実とする判決が確定していた」と批判。「ジャニーズ事務所には、調査をして性加害の事実を認めてほしい。その上で被害者のケアをしっかりしてほしい。事務所は解体あるいは解散し、せめて社名は変えて、やり直してほしい」と訴えた。

二本樹さんは、ここ4～5年は心身ともに調子が良かった。しかし、取材で当時のことを話すと、記憶がよみがえってフラッシュバックが起きるようになった。食事中に吐きそうになることもある。それでも話すのは、「被害者に、生涯にわたってトラウマを残す卑劣な性暴力を、なかったことにはできない」からだ。同時に「自分自身が過去と決別したいという思いもある」。

性暴力については、声を上げること自体がタブーのように感じてきた。被害者がネガティブなイメージで見られる状況もある。だから、被害者が声を上げやすい社会になってほしいとの願いを込めて、活動を続けてきた。二本樹さんは当初から「いま現役で活躍する人たちにも、一緒に闘ってもらえたら」と呼びかけている。

その後の2023年9月、ジャニーズ事務所は記者会見を開き、喜多川氏の性加害を認めて、謝罪した。さらに、翌10月にも記者会見で、社名をSMILE-UP.(スマイル・アップ、以下スマイル社)に変更、被害者の補償に専念すると発表した。同社のホームページによると、2024年10月末現在で、被害申告を申し立てたのは、1002人。そのうち524人が補償内容に合意した。ただ、スマイル社は2回の記者会見以降（24年10月末まで）、会見は開いておらず、被害の全容解明はほど遠い状況だ。

一方、二本樹さんは、40歳になった2024年4月下旬に日本を離れ、妻の故郷・アイルランドに移住した。喜多川氏からの性被害を実名告白して以来、「売名行為」「金目当て」「ウソ」などとSNS上で誹謗中傷を受け、妻の写真がネット上に流出するなどして不安やフラッシュバックで夜はほとんど眠れなくなった。もともと以前暮らしたことのあるアメリカへの移住を視野に入れていたが、妻が日本で子育てしていくことに不安を漏らしたことをきっかけに、誹謗中傷から距離を置くために、早期に行けるアイルランドへの移住を決断した。

しかし、決して簡単な決断ではなかった。小中高で音楽と英語を教えていた教師の職を辞し、二本樹さんは仕事も決まらないまま観光目的で入国せざるを得なかった。その後、配偶者ビザを取得したが、言葉の壁や年齢的な問題もあり、必死に職探しをするもののなかなか仕事には就けないでいる。ただ一方で、日本を離れたことで、睡眠障害やうつの状態は改善している。

「全容解明をした上で再発防止策を」

二本樹さんは2024年夏に、悩んだ末、補償についてスマイル社と合意した。交渉を続ければその分弁護士費用がかかり、円安もあって手元に残る金額が目減りするため、苦渋の選択だった。

「実名で訴えたことは後悔はしていない。やっと被害が認められ、約1千人が被害を申告している。達成感はある」と二本樹さんは振り返るが、一方で、スマイル社のその後1年の対応には、「失望している」と言う。

「スマイル社には誹謗中傷対策をもっと徹底的にやってほしかった。それに再発防止策もまだ明確にされていない。補償金さえ払えば終わりとするのではなく、全容解明をした上で、再発防止策を打ち出し、二度と同じことが起こらないようにしてほしい」

喜多川氏からの性被害を告白した人への誹謗中傷をめぐっては、刑事告訴や被害届の提出も相次いでいるが、スマイル社は２０２３年秋の会見で、「被害者に対する誹謗中傷をしないように」と言及したものの、具体的な対策はとっていなかった。翌24年の2月に誹謗中傷ホットラインなどを運営している一般社団法人の賛助会員となったことを公表し、ホームページに「被害者の皆様及びその御家族に対する誹謗中傷はやめてください」といった呼びかけを掲載したのは、24年の5月末だった。

二本樹さんは、さらにスマイル社が設けた「心のケア相談室」の利用者数を公表し、被害者の回復や復帰のために精神的なサポートやケアを提供し続けてほしいとも訴えている。自身は２０２４年２月に相談室に連絡し、４月から心療内科医やカウンセラーの紹介を受けて治療を受けている。

2 打ち明けた、笑われた

「こいつ、ホモられたんだって」

川崎市に住む一郎さん（仮名、48歳）は高校時代、友人からかけられた言葉を、いまも忘れずにいる。ホモは、男性同性愛者を侮蔑的に表現する際に使われることが多い。《自分の性被害は「被害」と認識されず、からかいの対象になるのか》。一郎さんは、心をえぐられるような思いがした。

きっかけは、友人と、ある女子生徒について交際の話をしたことだった。その流れで、「おまえは女できないのか」と聞かれて、小学生のときの「被害」の記憶が一郎さんの頭をよぎり、あの経験を打ち明けたのだった。

それは——。小学6年のころ、当時仲良しだった近所の中学生の少年の家に遊びに行った。外で野球をしたり、家でゲームをしたりする仲で、家を訪ねるのも初めてではなかった。部屋で、腕を上げて伸びをしていると、突然、後ろからズボンと下着を足元まで下ろされた。下半身をなめられ、中学生の性器を口に入れられた。幼かった一郎さんは訳がわからぬまま、少年への恐怖と、経験したことのない性的な感覚とで、混乱した。以降、その中学生とは連絡を取らず、親にも誰にも何も言えずにいた。「被害」なのかどうか、自分の中でも認識できていなかった。

このことを友人に打ち明け、言われたのが「ホモられたのか」だった。その後、すぐにクラスの女子にもばらされ、しばらく誰も口をきいてくれなくなった。

《「同性間の性被害」は「被害」として認識されないのだ》と一郎さんは痛感した。

大人になるにつれ、この被害の経験を直接思い出すことはなくなった。しかし、いつも、どこか違和感があった。自分を含む男性が怖くなり、加害少年と似たがっちりした体形の男性を避けるようになった。逆に女性に対しては「癒やし」を求め、気がつくと、女性を目で追うようになった。知り合いの女性の体を触ってしまい、「セクハラです」と注意されたこともあった。

数年前、対人関係の悩みから医療機関を受診すると、自閉症スペクトラムとの診断を受けた。その診察中、急に小学生のときの被害の記憶がよみがえってきた。長年の自身への違和感の正体を、ようやく理解できた気がした。2年ほど前から専門のカウンセリングを受け始め、少しずつ、女性に「過敏」な状態は改善されるようになった。ただ、男性への恐怖は消えない。男性用トイレが怖く感じられ、できるだけ多目的トイレを使用する。銭湯にも行けない。性に快楽を感じる一方で、自分が加害者と同じ男性であることへの罪悪感や不安がつきまとう。

「いつか、何かの拍子に、自分も人を傷つけてしまうのではないか。そう思うと怖いです」

一郎さんはそう吐露するが、こうしたつらさを理解してくれる人が少ないことも、一郎さんの苦しみを深める一因となっている。これまでも、知人に被害の経験を話しても「信じられない」と言われたり、「ボーイズラブ」などの漫画作品を連想されていじられたりした。「男ならそんなことでくよくよするな」と言われたこともある。4年前に自治体の相談窓口に電話をしたときも、「この電話は緊急用」「男性の被害には対応していない」と言われ、涙が出た。

最近は男性の性被害も認識されるようになってきて、少しずつ社会も変わったとは感じる。ふだん接する人にトラウマによる影響などを説明しておきたいこともあるが、相手が男性の性被害に理解がある人かどうか、慎重に見極めないと話せない。

「男性も性被害に遭うし、同性間の性暴力もある。そのことがもっと認識され、男性が被害を語れる場が増えてほしい」と一郎さんは訴える。

3 「あなたは男でしょ」相談で深まった傷

「女性ならともかく、あなたは男でしょ」

関東地方に暮らす健太さん（仮名、40代）は、多くのカウンセラーや心療内科の医師などからこう言われ続けた。

子どものころに受けた性暴力被害について相談しようと、22歳を過ぎてから、時間を見つけてはクリニックなどに足を運んだ。しかし、「何が苦しいの？」と問われ、「男性からレイプされた」と打ち明けると、「レイプ？」と首をかしげられた。中には「ケツでするのか？」と問い直す医師もいた。「本当のこと？」「妊娠の心配がなくてよかった」とも言われた。悪気はないのだろうが、かけられる言葉に傷ついた。話を聞いてくれる医療者に出会っても、最後は「男性の性被害はわからない」と言われた。

《探し方が悪いのか？》《他に良い先生がいるかも》。そう思い、健太さんはアルバイトで金をためてはクリニックのドアをたたいた。2年で30の医療機関を歩いた。とどめは、興味をもって話を聞いてくれたカウンセラーだった。3回通ったが、根掘り葉掘り聞かれ、こう言われた。

「男性の性被害者の話を聞くのは初めてだから、毎回、聞いていて勉強になる」

カウンセリング費用はそこそこ高い。《高い金を払ってあなたに勉強させているのか。もういいや》。以来、医療機関を探すのはやめた。

健太さんは、小学校に入学したころからいじめを受けた。担任に「のろま」と言われて目をつけられ、給食を無理やり口に押し込められるなどのいじめを受けた。それで、同級生たちがおもしろがって手を出すようになった。腹を殴られ、ズボンを脱がされた。先生に相談したが、同級生たちからの暴力は逆にエスカレートした。裸で四つん這《ば》いにされ、同級生を背中に乗せて歩かされた。尻をほうきでたたかれた。高学年になると、殴る蹴るの暴力を振るわれてあちこちにあざができた。同級生が床に落としたつばを、自分の舌でそうじもさせられた。

家には重度の知的障害のある兄がいて、母親は兄にかかりきりだった。母親からは「学校のことで迷惑をかけないで」といつも言われていた。父親は家では何もせず、酔うと母親に手を上げていた。父親は、健太さんにとって怖い存在だった。家族にも相談できず、先生も味方にはなってくれなかった。《自分には生きる価値はない》と健太さんは思い悩んだ。

性暴力を見かけても「遊ぶのはほどほどにね」

中学は地元の公立学校に進んだため、同級生のメンバーは変わらず、いじめは続いた。虫の死骸や他人の排泄《はいせつ》物を食べることも強要されるようになった。

ある日、同級生と先輩十数人に放課後、教室で囲まれた。3年の女子が「手でやれよ」と命令してきた。健太さんが「や〜、わかんないです」とごまかそうとすると、思いっきり殴られた。すると、3年の男子が「こうやるんだよ」と股間で手を動かすしぐさをした。

「やれって言ってんだよ！」

ズボンとパンツを脱がされた。「手でしろよ」。健太さんが躊躇《ちゅうちょ》していると集団で暴行された。恐怖を感じて、言われた通りにすると、「本当に立たせてるよ。おもろ」とあざ笑われた。女子からも「射精した。気持ち悪い！」と言われた。

恥ずかしさと、射精後の身体的な感覚とが入り混じり、深い罪悪感に駆られた。以降、毎日のように自慰行為をさせられた。その現場を目撃した女性の先生もいたが、先生は「遊ぶのはほどほどにね」と言って立ち去った。加害の中心にいた3年の男子からは、個人的に呼び出されて無理やり性交もされた。

高校に進んでも、中学で加害をしていた同級生が同じ高校に入ってしまい、「こいつおもしろいですよ」と周囲に言いふらして、同じことを繰り返させられた。

高校卒業後、逃げるように家を出た。接客業や警備会社などで働いた。《自分はゴミ扱いされて、人生を台無しにされた》。自分の身に起こったことを整理したかった。「いじめられた」という認識はあったので、いじめ、引きこもり、不登校、セクシュアリティに悩む人たちの集まりなどに顔を出し、少しずつ自分の体験を語った。その中で、自分の被害は性暴力だったのだと確信していった。健太さん自身、被害に遭っていた当時はいじめを受けていることはわかっていたが、それを性暴力とは認識できていなかった。

ただ、自分でやっと認識できた性暴力被害について、医療機関では相手にしてもらえなかった。30代のときには、性暴力被害の相談窓口が開設されたと聞き、電話をしたが、「加害者としての相談なのか」と誤解された。自分は被害者だと告げたが、「男性の被害は受け付けていない。あなたの方がわかるのではないか」と言われた。「被害直後にそんな対応をされたら自殺する可能性もある。自分の居場所がどこにもないと思うから電話しているのに……」と健太さんは振り返る。それから10年以上が経っているが、現状もそれほど改善されたとは思えない。「いまも男性被害者の相談先は少ない。共感してくれる人も少なく、医療も頼れず、男性被害者は孤立しがちだ」と指摘する。

専門家も男性の性被害をもっと勉強して

健太さんの心は、かつては憎しみに満ちていた。医療機関、同級生、先生……。誰も自分を助けてくれなかったからだ。だが、講演などで被害体験や思いを語ることを繰り返し、自分自身に起きたこと、自分の感情や考えを整理してきた。心ない言葉や質問に傷つくこともたびたびあったが、話すことで少しずつ過去に折り合いをつけてきた。

数年前からは、性暴力被害について語り合う勉強会を主催する。医師や相談員、教員、カウンセラーなど性被害や性の問題にかかわる仕事や活動をしている人が対象だ。「声を上げたい被害者が安心して安全に経験や思いを語り、性被害について様々な視点で語り合う場を作りたい。性被害のリアルを『知る』『考える』『理解する』機会になれば」と語る。

「医療者からの男性の性暴力被害者への二次加害の話はいまもよく聞く。専門家はもっと当事者の気持ちを学んで、理解を深めてほしい。性被害は特に経験者にしかわからないことも多いので、気持ちが整理できている経験者が相談員となって話を聞くピアサポートも増やしたい」

見えづらく、支援に壁

子どもの性暴力被害についてはようやく社会的にも認知されるようになり、内閣府は2022年に、若年層（16～24歳）の性暴力被害の実態に関するオンラインアンケートを実施した。6224人の有効回答を元に出した性暴力被害の遭遇率をみると、16～19歳の男子で、身体接触を伴う性暴力に遭った割合は3・5％、性交を伴う性暴力は0・5％だった。SNSを利用した性被害も1・8％、痴漢の被害も1・1％あった。同じ年齢層の女子は、身体接触を伴うものが11・7％、性交を伴うものが2・7％。SNSを利用した性被害は7・0％、痴漢は7・9％だった。

男子の被害者のうち、4割近くが12歳までに被害を受けており、女子の2割と比べて低年齢で被害に遭う傾向が出た。加害者は男子の場合は教職員や先輩、同級生、クラブ活動の指導者など学校関係者が約6割と多く、知らない人が2割だった。女子は学校関係者が4割弱、交際相手や元交際相手が1割近くだった。女子の場合、加害者は異性が8割を超えたが、男子は6割強が同性だった。

男子の被害について、誰にも相談しなかった人は52・5％。理由は、「恥ずかしくて誰にも言えなかった」「相談してもむだだと思った」「相談するほどのことではないと思った」「被害かどうかわからなかった」の順で多かった。女子は、「誰にも相談しなかった」のは45・7％で、理由は男子と大きな違いはなかった。

名古屋市で男性被害者の相談に応じている「性暴力救援センター日赤なごやなごみ」の医師（泌尿器科）の山田浩史さんは「男性の性被害は表に出づらく、一般に思われている以上の被害がある」と指摘する。山田さんによると、男性の被害者は加害者と支配―被支配関係にあることが多い。特に子どもには、保護者や教職員、先輩などからの被害を人に話せば、生活環境が壊れてしまうという恐怖心があるため、人が怖くて外出できないような状況にまで追い込まれないと相談しない人が多い。

なごみでは、相談開始の２０１６年１月から24年３月までに受けた、被害者の性別などが確認できている電話相談は２９８２件で、うち２２０件が男性からだった。面談に至ったのは、全体では４割強にあたる１２８１件だが、男性に限ると２割にも満たない37件しかなかった。

山田さんは「支援の内容はおろか、男性被害者の存在すら知られていないため、『相談に行ったら何をされるのか』という不安があるのだろう」と分析する。同じような傾向は２０２０年の内閣府の調査にも表れている。なごみをはじめとした性被害者のための全国のワンストップ支援センターを対象にした調査で、面談に至ったのは女性97・９％に対して男性は２・２％だった。電話相談は男性が10・４％を占めているが、男性被害者の相談が面談につながりにくい状況がうかがえる。

なごみでは、被害に遭った際に傷を負ったり感染症にかかったりしていないか、医師が診察し、心に傷を負っていれば心療内科や精神科につなげる。弁護士会や警察とも連携しており、加害者との法的な問題の解決や証拠品の採取についても協力している。支援の中で山田さんらが心がけているのは、被害者は「汚れていない」ということを伝えることだ。「男女関係なく、性暴力は被害者の自尊心を破壊する。特に男性は『男は強くあらねばいけない』というジェンダー意識と、被害者としての現実との間で板挟みになりがちだ。彼らに自信を取り戻させるためには、来所してもらって様々な支援をする必要がある」と山田さんは話す。

男性や性的少数者の被害の相談員などを長年務める、つじゆうさくさんは「ワンストップ支援センターもようやく全国に設置されたという段階。そもそも女性の被害を想定して始まっていて、男性の被害の知識や理解が不足したまま、手探りで対応しているところが多い」と指摘する。

また、ワンストップ支援センターでは、産婦人科と連携している場合が多いが、連携先などと調整しないまま、「男の子の被害は対応できない」と思い込んでいる場合もある。相談員側も、受話器越しの声が男性だと、身構えたり、クレーマーだと疑ってしまったりして、すぐに気持ちに寄り添えないこともある。

「全国的に相談員の報酬は少なく、なり手は不足している。国が十分な予算を確保し、相談員が適切な対応を学べるよう研修を充実させ、経験を積める環境を整えるべきです」。つじさんはそう強調する。

初の実態調査、全国の医師にアンケート

男性や性的少数者の性被害については、2023年に厚生労働省の厚生労働科学研究費（厚労科研費）を受けた初めての実態調査の結果が発表された。医学会を通じて全国の医師にアンケートをしたもので、男性被害者に接した経験は、最も高い救急科でも11・2%にとどまり、泌尿器科（6・1%）、小児科（2・8%）、産婦人科（2・3%）、小児外科（1・1%）と続いた。男性への性暴力について学習機会があるか尋ねると、いずれの科も30%未満だった。

研究代表者の島根大学教授の河野美江さんは一般社団法人「しまね性暴力被害者支援センターさひめ」の運営にもかかわっている。女性被害者を支援しようと2014年にさひめを設立したが、その後、全国では男性や性的少数者からの相談例もあると知った。「さひめは産婦人科医が中心だったの

で、『男性の被害はどうするの？』と議論になった」と振り返る。性暴力の被害者の相談を受け付けている全国のワンストップ支援センターは性別にかかわらず相談を受けることとなっているが、女性支援に比べて男性支援のノウハウは十分に共有されていない。河野さんは「どの医師に診てもらうか、どう支援していいかがわからなければ、センター側も『来てください』とは言いにくい。遠慮なく来てほしいと言える態勢を作らないといけない」と強調する。

研究の結果、男性などの性被害に関する認知度が低く、被害者が医療機関に行っても十分な支援を受けられるかわからない現状が浮かんだ。河野さんたちは、性被害者と接した経験が乏しい医師でも被害者を適切な支援につなげられるようにするため、診察のポイントや関係機関との連携の仕方、性暴力に詳しい医療機関や専門医を紹介するガイドブックを作る考えだ。

河野さんは、医療行政をつかさどる厚労省が女性以外の性被害に目を向けたことに注目する。「これまでは男性や性的少数者の被害についてなかなか理解を得られず、被害者が医療現場を訪れることも少なかった。研究の成果を、より充実した支援につなげていきたい」

4　高2の相談「彼女」は実の母だった

「いつも真剣に聞いてくれているのに、ウソついていてごめんなさい」

電話の向こう側で、高校2年の少年が声を震わせながら打ち明けた。

「実母にセックスを求められる」

そう言って、少年は激しく泣いた。さらに、「コンドームを使うか使わないかも全部母が決める」とも話した。

その話を聞いていたのは、長年、若者から性の問題について電話相談を受けている医療職の梅原花江さん（仮名）だ。

少年から梅原さんに、最初に電話がかかってきたのは、2020年秋だ。そのとき少年は「母から性器を触ったらだめだと言われて育った」などと話し、自慰行為について相談してきた。その後も週に1回ほど、電話やメールで連絡があり、約1年、やりとりを続けてきた。相談は、彼女との関係やセックスに関する話の他、「コンドームがうまくつけられない」「彼女に生理がこなくて妊娠が心配」といった内容もあった。

この日、少年から初めて実母との関係を告げられた梅原さんは頭が真っ白になった。「これまでの相談はすべてお母さんとのこと？」と電話越しに尋ねると、少年は「全部そうです」と答えた。

少年によると、少年は母と二人で暮らしている。中学3年のころに、交際相手と別れた母が風呂に入ってくるようになった。母は体を洗ってくれ、性器を触ってきた。「ごめんね」と言いながら、射精するまで手を動かした。そのうちに性交するようになった。母が迫ってくるのは、部活のない水曜と日曜の夜が多い。母が酒を飲み始めるのが合図で、酔っ払って「お父さんに似ている」と言うのだという。

少年はトイレで自慰をして体が反応しないようにするが、母に口に含まれると反応してしまう。「気持ち良く感じる自分もいて、楽しんでいたところもある」と少年は吐露した。「拒絶できない自分が悪い」と言う少年に、梅原さんは「体の反応としての射精と、行為に加担しているかどうかは別のこと」「あなたは悪くない」と繰り返し伝えた。

梅原さんは児童相談所（児相）に助けを求めることなども勧めたが、少年は「母を捕まえてほしいわけではない」などと固辞した。住所や名前は聞かないからこそ相談してくれている少年の気持ちを考えると、無理やり児相や警察に通報することはできない。梅原さんは少年を励まし続けた。

その後も、少年からはＬＩＮＥやメールでの連絡が続いた。

「日曜日に（母が）お酒飲んで襲われた。（今日は避けるために）いまから友達のトコ行きます」

「お母さんとはその後、何回かＳＥＸしてしまっています。精神不安に陥るって言われると断ることができなくて。お父さんに抱かれている気持ちになれると言われます」

「今日はお母さんの仕事納めなんです。いま、お母さんは飲んでいます。今日もか……って思うと気分が重くなります」

「これを最後にするからね、って毎回お母さんが言うんですが、全然ですよ。お母さんがかわいそうで断固断れない僕も悪いんですけどね」

性被害の後遺症としての「ママ活」

少年は友人宅に行くなどして、なんとか母を避けようとしたが、「寂しいと言って泣くので、かわいそうになって応じた」などと言い、後ろめたさを感じながら、母からの求めに応じていた。

２０２２年６月、少年から梅原さんのもとに、こんなメールが届いた。

「母に彼氏ができた。見捨てられた。ゲス母。怒」

電話もかかってきて、1時間半ほど話を聞いた。少年は母親の悪口を言い、母親のことを「加害者」と繰り返した。数日後、さらにメールが来た。

「ママ活した。3万もらった。大学は薬学部を受けたい。母から離れたい」

「ママ活」の相手はいずれも50代の女性で、2人いるという。毎週末に会って、食事をごちそうになり、話を聞き、セックスをして4万円をもらうと教えてくれた。少年にとっては「セックスが上手」「かっこいい」などと褒められるのは気分がいいが、罪悪感もあり、「自分もクソなことしている」と自覚する。

相談を受け続けてきた梅原さんは医療職で、長年、電話やSNSで若者の性の問題についての悩みを聞き、学校現場でも講演をしてきた。少年について「母親に新しい彼氏ができて捨てられたことがわかり、自分が道具として使われてきたことを悟ったようだ」とみる。「『ママ活』は性暴力被害の後遺症としての性化行動。母親に征服された体で、母親と同世代の女性の体を征服することで、なんとか自分を保っているのだと思う」

性被害は自分の性を加害者にコントロールされた経験だ。被害者は男女を問わず、その体験を塗り替えたくて、自分の性を自分でコントロールしようと性行動に出ることは珍しくない。

高校3年になった少年は勉強しているときだけが「自分でいられる時間」と話す。また、「自分の体は自分のもの。だから自慰は悪いことじゃないと（梅原さんから）聞いたときは衝撃的だった」と梅原さんに打ち明けた。「母からは性器に触らないように小さいときからずっと言われてきた。自分の体は自分のものだともっと早くから知っていたら、母にも自分の体と言えたかもしれない」とも言った。

記者は梅原さんを通して少年に直接取材を申し込んだが、「まっとうなことをしていない僕が取材を受けるのは違うように思う」と返事が来た。同時に、「だけど、僕と同じように母親とか父親にセックスされて悩んでいる子もいると思うので（僕が話したことは）記者に全部話して構わない」と語った。

梅原さんのもとには、他の少年からの相談もある。4年ほど前から2年にわたって電話相談を受けた未成年の少年は、アルバイト先の先輩の女性に誘われて部屋に行ったところ、先輩の友人の女性2人も加わって、3人に性交を強要されたと言った。体の反応を笑われ、心をズタズタにされた。「でも体だけは快感を得た」と話した。その後、少年は3人のうち、優しく接してくれた1人に誘われ、部屋に行くという日々を繰り返した。

1年もすると、少年は大学の先輩たちとカラオケボックスで「乱交パーティー」を開くようになった。連れて来られた女の子が嫌がっても、自分の経験から「やれば気持ち良くなる」と思い、行為を続けた、と打ち明けた。梅原さんは、性的同意の大切さや被害者にとって一生の傷になるということを伝えたが、「どこまで理解したかはわからない」と懸念を示す。

また、高校2年の男子からは、父の再婚相手の義母との関係についての相談もあった。義母を女性として見てしまう自分もいて、酒に酔った義母が布団に入ってきて性行為をした、と打ち明けられた。児童相談所に連絡する方法があることも伝えたが、「よくないことをしているのはわかっている。でも被害に遭ったとは思っていない」と返事があった。

梅原さんは「女性から受ける男子の被害は、本人が物理的には快楽を覚えることが多い。いけないことだとわかっていても、自分が被害者と思えず、むしろ共犯者だと思いがちだ。それに男の子は加害に転ずることも少なくない」と指摘する。長年、若者からの性についての相談に乗ってきて、様々な問題を熟知する梅原さんが最も大事にしているのは、子どもたちの主体性だ。「私には話を聞くことしかできないが、吐き出すことで彼らが楽になるならと思って耳を傾けている」と話している。

「被害者」でなく、「共犯」の思い

母親など女性からの男の子への性加害はこれまでほとんど明らかになってこなかったが、「決して珍しいことではない」と、電話相談を受ける相談員も証言する。

60代の女性相談員は「10代後半の男子からある、実母や継母などからの性暴力についての相談が顕在化してきた」と話す。実母の場合は、多くが母子家庭で、母親が寂しい思いをしながら一生懸命働いている姿を見ていて、自分が嫌でも母親の要望を断れないでいるという。「自分も快感を得ているため同罪だと思ったり、性の問題なので人には言えないと話したりする男子が多い。感じるのは、子どもを取り巻く大人の存在が少ないこと。母子で生活が完結してしまっている」

別の女性相談員も「男子の場合は実母や姉、教師が加害者のことが多い。特に、実母からの加害が多い印象がある」と語る。父から娘への加害ならすぐに性虐待と判断されるが、男子の場合はそうならないとして、「本人も社会も男子に対する加害にあまりにも鈍すぎる」と嘆く。「女性が加害者の場合は、男子本人が性行為に応じてしまったことで『共犯』と感じ、自分が『被害者』だと思わない、あるいは思いたくない、という事例がとても多い。それでも、違和感をぬぐいきれずに電話をしてきている」と話し、「電話の頻度から考えて潜在的な被害は膨大」とみる。

10年ほど前から相談を受ける助産師の有馬祐子さんも「女子よりも男子の方が相談が多い」と言う。女子は友人と話しても共感してもらえることが多いが、男子は友人に伝えても「得したじゃないか」などと言われ、傷つき、その結果孤立しがちだ。

性の相談を受ける3人はともに、男子の性被害が珍しくないことに加え、いかに声が上げにくいかを社会はまず知るべきだと強調している。

強い恥の意識、男性被害の特徴

女性が加害者となった男子の性被害は少なくない。内閣府が2022年に行った若年層（16～24歳）の性暴力被害の実態に関するオンラインアンケートでも、16～19歳の男子で、異性からの被害は3割強あった。

カナダや日本国内で800人以上の男性被害者に接してきたトラウマセラピストの山口修喜《のぶき》さんも「（全体の）3分の1から4分の1は女性からの被害」とみる。母親からの被害も少なくなく、知り合いの年上の女性から誘い込まれるケースもあるとする。しかし、「生物学上の構造として男性はする方で、される方ではないという思い込みが社会にあり、男性が被害者という認識を持ちにくいのが実情だ。女性からの被害は想定されづらい」と話す。

また、山口さんによると、男性被害は恥の意識が強いことが特徴だ。「男性なのに被害を受けた」という意識を持つほか、自分の性器が反応するのを見てそれが恥につながるケースもある、と指摘する。『求めている』『興奮している』と加害者に指摘されることなども恥の意識につながる。恥の意識が強いほど、相談もできない」

山口さんは、カナダで男性被害者の支援センターに6年勤務した後、2011年からは神戸市でカウンセリングオフィスPomu（ポム）を開く。ただ話を聞くだけでなく、体を動かすなどして、身体にこびりついた嫌な感情を取り払っていくと同時に、「あなたが体験している生きづらさは自然なこと、当然の反応なのだ」と語りかける。

男性の場合、被害を打ち明けたときに、「ラッキーじゃないか」「男はそんなもん」「遊びはほどほどに」などの反応をされがちだが、そうした言葉は禁句、と山口さんは説明する。大切なのは、「話してくれてありがとう」「嫌なことをされたんだね」「やった相手が悪い」と伝えることだと言う。「被害者が自分の感覚や感情と向き合うには、まずは大変なことがあったのだと認めてあげることが必要だ」

5　めがねの小学生を見るといまでも

清さん（仮名、52歳）さんは9年前、自宅マンションのエレベーターで、隣の部屋に住む小学生の姉と弟と一緒になった。2人ともめがねをかけていた。

《自分もこんな感じだったな》と思った瞬間、下半身が反応し、意図せず射精した。《ヤバい。なぜ、こんなことになっているのか》。清さんは自分の体に何が起こっているのか理解できず、混乱した。自分の体には何も触れていない。なのに、下半身が反応し、意図せず射精してしまった。以降、めがね姿の小学生を見かけると、同じことが起きた。誰にも言えず、苦しみ続けた。路上でどうしようもなくなって股間を押さえたところ、不審がられて子どもに防犯ブザーを鳴らされたこともある。

自分も幼いころから、めがねをかけていた。めがね姿の小学生を見ると、そのころの自分を思い出してしまうのだ。清さんは体が弱く、薬の副作用で目が悪かった。度がとても強いめがねをかけないと、階段も下りられなかった。

小学5年の5月、帰りの会が終わった後だった。清さんがランドセルに教科書を入れていると、2人の男子に両腕をつかまれ、めがねを外されて教室の後ろの壁に押しつけられた。教室の前には別の男子がいて、黒板に視力検査の「C」を書く。どちらを向いているか尋ねられた。

「わかりません」。そう言うたびに1枚ずつ服を脱がされた。「めがねを返して。なんでも言うこときくから」。懇願しても許してくれなかった。

4回目の「わかりません」でパンツまで脱がされ、全裸にされた。周囲にはクラスの男女が集まってきた。押さえつけられたまま、1人の男子が清さんの性器を強く握って揺さぶり始めた。清さんも他の同級生たちも、何をされているのか、何をしているのか、意味はわかっていなかった。

「おしっこが出ちゃう。やめて」。清さんは必死に懇願した。しばらくして白い液体が、男子にかかった。「なんだ、これ！　くさ〜い!!」。同級生らが声を上げ、教室は大騒ぎになった。清さんには、その後の記憶がない。どうやって服を着て、帰宅したのか、わからない。ただ、帰宅後に、めがねをなくしたことを母親にひどく怒られたことは、覚えている。

毎日続いた学校での性被害

以降、同級生たち5人に休み時間にトイレに呼び出され、同じことをされた。「チクったら殺す」と言われた。そのころは、清さんにはまだ「射精」の知識はなかった。自分の体に起こっていることを理解できなかった。幼いときは補聴器をつけなくてはならないほど耳も悪かった。だから、《目も耳も悪い自分の体がおかしいのではないか》と思い悩んだ。

地元の中学に進んでも同級生の面々は変わらず、連日トイレで行為を強要され続けた。外された自分のめがねに向かって精液をかけさせられた。汚れためがねをそのまま顔にかけて教室に戻らされたため、周囲から「くさい」と言われ、「雑菌」というあだ名がついた。

でも、先生に相談しようとは思わなかった。先生に言えば、親に伝わる。母親は何かあれば「あなたに悪いところがあるから」と言い、褒められたことがない。とにかく親に知られるのが怖かった。思い詰め、列車に飛び込もうと踏切に立ったこともある。でも、目の前を通る猛烈なスピードの列車が怖くなり、後ずさりした。消えてなくなりたいと、竹やぶの中を歩き回ったこともある。結局、帰りが遅くなり両親からひどくしかられただけだった。

《逃げ場はない。このまま言うことをきくしかない》

中学2年の終わりぐらいからは場所がトイレから体育館の倉庫に変わった。加害者側に女子生徒も加わった。彼女が周囲から強要されていたのかはわからないが、この女子生徒から性交もされた。「やめて」と声を上げると、男子生徒から何発も殴られた。

高校では、加害生徒とは違う高校に進んだため、性暴力はなくなった。だが、今度は夢を見るようになった。「視力検査」の場面、女子生徒が覆いかぶさってくる場面……。授業中でもそれらの光景がよみがえってきた。そのたびにトイレに駆け込んで吐いた。

《抵抗しなかった自分が悪い》。自分を責めた。

大学進学後も吐き気が止まらず、半年で退学せざるを得なかった。でも、病院には行けなかった。病院に行けば親にわかってしまうからだ。自営業の父親の仕事を手伝ったり、郵便局やドラッグストアなどでアルバイトをしたりしたが、どこも数カ月しか続かなかった。個室トイレが並ぶ場所がトラウマを引き起こしたからだ。

初めて、心療内科に足を運んだのは7年前だ。不眠の症状があり、薬をもらった。でも、意図しない射精のことはどうしても言えなかった。うつと不眠と診断され、清さんは2019年から生活する横浜市で生活保護を受け始めた。

2020年になって、テレビのニュースで性暴力根絶を目指す女性たちのフラワーデモのことを目にした。《僕の苦しみに似ていないか。自分に起こったことは、同意のない性行為か？》と思った。SNSでいろいろな発言を見るうちに、自分が受けたのは性被害だったことに気づいた。その後、なんとか医師に被害を打ち明けることができた。「つらかったね」「ゆっくり治療していこう」と言われ、初めて自分も何かを目指して先に進んでいいのだと感じた。

フラワーデモには2022年ごろまではよく足を運んでいた。しかし、男性参加者はほぼおらず、加害者は男ととらえて「女性たちが頑張ろう」という雰囲気を感じた。「男性の暴走を許すな」「女性の地位向上」などのプラカードが目に入り、つらかった。男性の性被害は理解されていないと思い、足が遠のいた。

清さんはいま、性暴力による心的外傷後ストレス障害（ＰＴＳＤ）、うつ、パニック障害、社会不安障害などの診断を受け、毎日19種類の薬を飲む。意図せぬ射精は薬で抑えているが、完全ではなく、吐き気はいまも止まらない。めがねをかけた小学生の姿と、風呂に入るときに自分の裸を目にすると、胃液が出るほど吐いてしまう。そのため、風呂にはできるだけ入らない。

「自分には二つの敵がいる」。消えない過去、そして、男性の性被害に無関心な社会。痛みを分かち合える人、共感してくれる人がいないと、清さんは感じている。

心に傷、人に言えず

虐待を受けた子どもたちの治療をしてきた児童精神科医の杉山登志郎さんは、20年以上前から性被害に遭った男の子の診察もしてきた。「男の子の被害は、性暴力によって男性としてのアイデンティティーが崩れることが多く、深刻。それに、被害が加害にひっくり返ることが、女の子と比べて有意に高い」と言う。

かつて勤務していた、あいち小児保健医療総合センター心療科で２００１年11月から8年間に診察した性被害に遭った子ども１５８人（男子50人、女子１０８人）を調べたところ、被害の態様は、女子の場合は性交や性器への接触が多かったが、男子はより侵襲性が高い傾向があり、口腔《こうくう》性交や肛門《こうもん》性交、性器への暴行、の順に多かった。加害者は女子の場合は実父、継父、施設内の年長の子ども、母親の恋人、兄の順で、ほぼ男だったが、男子の場合は、施設内の年長の子ども、母親、実父、継父、姉の順で、加害者は男女どちらもいた。

性被害のその後の影響をみると、解離性障害は男子86・0％、女子83・3％とともに高い割合で発症していたが、PTSDは女子の72・2％に対して、男子は20・0％と低かった。一方、男子は非行（行為障害）が70・0％と、女子の47・2％より有意に高かった。さらに、性的加害行為は、女子の17・6％に対して男子は66・0％にのぼった。

「男子の場合は被害によって高い確率で、青年期ぐらいまでに性的加害を行う可能性がある」と杉山さんは指摘する。その上で、男の子の被害は深刻なアイデンティティーの問題をもたらし、男であることを証明したくて男性性を取り戻そうと、性加害に動いていくのでは、と推測する。男の子は被害の開示が難しく、問題行動をきっかけに受診し、話を聞いていくうちに被害がわかるケースが少なくない。

また、杉山さんは、被害の態様は性交や性器への暴力など侵襲性が高いため、男の子は特定の記憶が抜け落ちる「解離」やフラッシュバックが重い印象があるとも明かす。「治療を受けずに大人になると、最重症のレベルになってしまい、治療が極めて困難になる。加害に転じさせないためにも早く治療する必要がある」と力を込めた。

男性の場合「大きい精神的ダメージ」

法務省が設置した「性犯罪に関する刑事法検討会」のヒアリングに招かれ、男性の性暴力被害について話したこともある立命館大学大学院の宮崎浩一さんも、被害者が男性の場合、傷つきや混乱、怒りなどを一人で抱え込みやすく、精神的なダメージは大きいと指摘する。

背景にあるのが、相談のしにくさだ。社会には、男性が性被害を受けるわけがないとか、抵抗できるはずだ、といった偏見がある。被害者にとって被害を認めることは、こういった「男らしさ」に反してしまい、被害そのものを認められなかったり、周囲に打ち明けにくかったりする。

実際、宮崎さんが男性被害者約30人に行った調査では、半数近くが被害を誰にも打ち明けていなかった。被害を打ち明けるまで5年以上かかっている人が6割、中には30年かかった人もいた。

精神的なダメージは、身体的な症状に現れることもある。性暴力を受けた男性にも女性と同じように、不眠症や摂食障害、自傷、集中困難で学習に支障が出るなど様々な症状がある。また、男性に特徴的な影響として、性的アイデンティティーが揺らぐ可能性も指摘する。勃起や射精を強要する加害行為があるが、これらは性的興奮とは別に身体的反応として起こる。しかし、同性から加害を受けた場合、被害者本人も「本当は望んでいたのではないか」「自分は男性が好きだから反応したのではないか」などと考えてしまう。その結果、自分の男性性を疑ったり、性的指向が変わるのではないかと不安になったりする。

「被害を受けたから性的指向が変わる、ということはないし、被害者の性的指向がどのようなものであれ、加害行為を正当化することにはなりえない」

男性の性被害は、決して少なくない。内閣府の２０２０年度の調査では、無理やりに性交された被害経験があると回答した男性は１・０％いた。また、２００２年に国内の研究者が大学生男女に行った調査では、回答した男性（120人）の31・5%が、無理やり体を触られたり自慰行為を強要されたりするなど、性的な言葉を言われる以外で望まない性的行為の経験があると回答していた。

宮崎さんは「まずは社会が、男性の被害があることを、認識していくことが大事だ」と訴える。

6 香水でよみがえる記憶、1万円札を渡そうとした男

8年ほど前、早めに仕事を終えた昇さん（仮名、30代）は都心の大通りにある大手チェーンのカフェに入った。この後の時間、何をして過ごそうか。そんなことを考えていると、香水の臭いが漂っていることに気づいた。

「うわっ」

胸がドキドキし、自分でも緊張しているのがわかった。穴が現れ、中に吸い込まれていくような感覚に陥った。あのときの、男の呼吸と体温が思い出された。コーヒーカップを口に運び、必死で心を落ち着けようとした。しかし、容赦なくあの日のことがよみがえってきた。

有名なブランドの香水だった。この臭いが、自分の体から漂っていたのが気持ち悪く、耐えられなかったあの日だ。

男は「クラブを経営している」などと話していた。当時、昇さんは14歳の中学生だった。「同性愛」という言葉に自分が当てはまりそうなことに気づいていたが、学校では話せなかった。親しい友人ならわかってくれるとも思ったが、もしも否定的な反応をされたら、きっと耐えられない。自分と同じ

立場の大人は日々をどう過ごしているのか。話を聞いてみたいと思って、男性向けのインターネットの掲示板を使っていると、男が連絡してきた。「クラブ」「芸能人」……。大人の彼が使う言葉に、《格好いい》と思った。

ファストフード店で会うことにした。飲み物を頼み、座った。周りの目が気になって緊張した。男に見つめられた。いすの下で足をすりつけられた。昇さんには意味がわからず、不快だった。「ゆっくりできる場所に行こう」と男は言った。ためらいはあったが、大人の世界へのあこがれもあった。男が経営している店に行くのだろうと思い、一緒にタクシーに乗った。車に酔い、車内にうずくまると、耳の穴に男が指を入れてきた。《ヤバい》《キモいな、早く着けばいいのに》。そう思っていると、運転手が「大丈夫ですか?」と声をかけてくれた。しかし、男は「車酔いしちゃったみたいで」と返事した。

着いたのはどこかの繁華街で、連れて行かれたのは男の店ではなく、ラブホテルだった。男は「少し横になればいい」と言った。吐き気もあり、知らない街で取り残されるわけにもいかず、男の言葉を拒否してはいけないような気持ちだった。ホテルの中は薄暗く、木の床からギシギシと音がした。部屋に入ると、まずガラス張りの浴室があった。たたみの部屋に布団が敷かれ、ちゃぶ台の上にビールがあった。男にビールをすすめられて飲んだ。部屋のテレビでアダルトビデオを見せられた。ますます感情が混乱していった。

男に服を脱がされ、体や性器をなめられた。覆いかぶさってくる男の体温が熱かった。男の性器が口の中に入ってきた。《気持ち悪い》と感じたが、されるがままになっていた。

1万円札の意味

行為が終わり、布団で横になった。男は仕事があるといい、数枚の1万円札を渡そうとしてきた。《買われたのか》。相手の意図がわかり、ショックを受けた。帰りの電車賃を持っていなかったので、交通費だけ受け取り、駅に向かって歩いた。電車に乗った自分の体から、男の香水の臭いがした。「次はご飯に行こう」。その晩、男から届いたメールは軽くデートに誘うような文面だった。なんの罪悪感ももっていないようで、絶望的な気持ちになった。アドレスを変え、男と連絡を絶った。

《なにをやってるんだろう。本当にバカだった》。昇さんは後悔した。

大人になってから、このときの出来事が「気持ち悪い記憶」にとどまらず、心の深い傷になっていると気づいた。きっかけは、東《ひがし》小雪さんの著書『なかったことにしたくない』を読んだことだった。その本には、実父からの性虐待の記憶と向き合う様子が描かれていた。読んでいくと、子どもへの性虐待についてのこんな一節に出会った。

「たとえ子どもでも、身体的に反応することはありえるんですよ。足の裏をくすぐられたら、くすぐったいように。そして、たとえその反応が快感であったとしても、それは子どものあなたが責任をとるようなことではありません」

それを読んだとき、涙があふれてきた。昇さんは、自分がしまいこんでいた苦しさや痛み、恐怖に初めて気づくことができた。

それから、被害の記憶をしばしば思い出すようになった。映像だけでなく、臭いや感触がよみがえってくる。カウンセリングを受けて、被害の経験を打ち明けた。都心のカフェで香水の臭いに気づいてフラッシュバックを起こしたのはこのころだ。

自責感が募った。なぜ男の行為を受け入れてしまったのか。「取り返しのつかないことだった」。自分が汚らわしい存在のように思えて、納得できず、許せなかった。気持ち悪い行為だと思いながら、「気持ち良さ」も感じていた自分のことを、「腐っている」と思った。

一時は自分の人生を「終わらせたい」とすら思い、自死の方法をネットで検索した。ひどい時期は毎日、ビールを1リットル飲み、その後にウイスキーの瓶を半分空けた。ただ、性被害についての知識を得ていくことで、少しずつ傷が癒えていった。大学院で社会学を学び、海外の文献を読み、男性の性被害の深刻さや、その回復の過程などを知った。

日記に自分の思いも書いていった。日本語で書くのは耐えられず、英語で思いをつづることにした。ふり返ると、自分が傷を抱え続けていたことに思い至った。周囲とコミュニケーションはとれていたが、心から自分の感情を出すことはなく、常に「自分を演じている」ような感覚があったことにも気づいた。

カウンセリングを受け始めてから数年経ったころ、被害を思い出してから毎日聴いていた曲を、いつしか聴かなくなった。昇さんは言う。「やっと自分を責めなくなった。いまは自分が自分として生きていると思う」

7 「最後の砦」の施設で、誰にも頼れず

「快感なんだと自分に言い聞かせ、思い込ませないと耐えられなかった」

翔太さん（仮名、35歳）は、自分が育った西日本の児童養護施設での日々を振り返る。

母が病死した後に引き取られた親類宅で虐待を受け、中学1年の夏に、その施設に入った。しかし、翔太さんにとって最後の砦《とりで》だった施設は、安心できる安全な場ではなかった。入所当日に年上の子どもたちに風呂場に連れて行かれ、繰り返し殴られた。

小学生男子との相部屋での生活も、まもなくすると、毎晩、消灯後に別の部屋の中学生2人と同級生が、1人ずつ代わる代わる来るようになった。性器をつかまれ、「俺のを触れ」「なめろ」と命令された。風呂場で殴られたことが頭をよぎり、刃向かえなかった。

そのうちに行為はエスカレートしていった。挿入もされた。

「痛い」「やめて」

懇願してもやめてくれなかった。出血したこともある。嫌で仕方なかったが、当時はされていることの意味があまりわかっていなかった。ただ恥ずかしく、「変態と言われるのでは？」との不安から、誰にも相談できなかった。

翔太さんが射精について知ったのは中学2年になってからだ。自分の身に起こっていることが「あってはならないこと」なのだと思い、余計に相談できなくなった。

見ても見ぬふりの施設職員

加害する子どもが布団に入ってきて下半身裸になっているところを、夜の見回りに来た施設職員に見つかったこともたびたびあった。しかし、職員はその子に向かって「部屋に帰りなさい」と言うだけだった。中学3年のときには職員と二人きりになったタイミングで、意を決して、加害者の名前を出しながら「○○君がいつも部屋に入って来て、性的なことをする」と訴えた。しかし、職員は「離れておきなさい」と言い、それ以上は対応してくれなかった。

《職員に言っても無駄なんだ》。そう思い知らされた。

翔太さんの居場所は施設しかない。頼れる人は誰もいない。できることは、挿入されたときの痛みに耐えるため、自分に言い聞かせることだった。「気持ちがいいんだ」「快感なんだ」と。「そう思い込んで自分をだまし、気を紛らわせた。ただ我慢し続けるだけだったら生きていけなかったと思う」と翔太さんは振り返る。施設をなるべく離れたくて、全寮制の高校に進学したが、週末などに施設に戻ると相変わらず、性暴力を受けた。被害は施設を出るまで続いた。

高校卒業後は工場などで働いた。時給740円で、マスクに無塵《むじん》服を着て、工場で12時間働く日々が続いた。人間関係は希薄で、機械の歯車のような人間疎外を経験した。高所作業中に転落する労災事故にも遭ったが、身寄りがなく、誰も助けてはくれなかった。いくら頑張っても、人生に何も残せていない、と感じた。自分の生きている意味が見出せず、哲学書を読みあさった。「自分は何のために生きているのか?」と考える日を重ねた。

ある日、翔太さんは仕事を終えてコンビニへ立ち寄った。成人向けの雑誌コーナーを通ったとき、心が震えた。「うわぁ、なんでこの人たち、こんなにもてはやされてるの？　エロ本なのに、なぜこの人たちは、こんなにも輝いて見えるのだろう……。うらやましい」。翔太さんの目には、アダルトビデオ（AV）俳優の姿が「表現者」としてまぶしく見えた。それがきっかけで翔太さんは「表現者」としての人生を歩みたいと、28歳で上京し、男性相手の風俗店で働きながら、AVに出演するようになった。「僕の場合、性暴力を受け、（男性に対する）性的な耐性を持ったから風俗の仕事ができている。もし性被害がなければ、その職業には就いていない」

その後、翔太さんは風俗店の仕事を辞め、一念発起して、一般企業への就職活動をし、大手電機会社に採用された。金融システム統括部でエンジニアとして働く。給料はいいが、AV俳優としてネットにブログや動画を出す活動は続けている。AV俳優を続けるのは、自分が実存することを社会に刻みつけたいという強い願いがあるからだ。

社会は「実態を隠そうとしていないか」

翔太さんが「生きた証し」にこだわるのは、小学校の卒業アルバムに自分の写真が載っていないこととも大きく関係がある。

もともとは東京で母と暮らしていたが、母がガンで亡くなり、小学6年で西日本の叔父宅に引き取られた。宗教にのめり込んだ叔父のもと、学校もろくに行けなかった。宗教の集まりに週4回行かされ、言うことをきかないと電気コードで尻をたたかれた。

「僕は叔父のところには行きたくなかった。僕の反対を押し切って、児童相談所が決めた。その判断が違えば、別の人生があったはずだ」

当時の大人たちへの不信感、恨みが根強く残る。2018年に厚生労働省が児童養護施設内での子ども間の性加害・性被害の実態調査を始めると知ったときは「遅すぎる」と怒りの気持ちがわき上がった。翌19年に、調査結果は公表されたが、「子どもたちを守るため」という理由で具体的な内容は伏せられた。その状況を、翔太さんは「実態を隠そうとしている」と感じた。

「公表しないと世の中は何も変わらない。当事者として施設の中で起きたことを知ってもらいたくて取材に応じた。『(男の子から男の子への性加害を性暴力とみずに)同性愛なんだ』『男子同士だから大丈夫』で片づけないでほしい。性暴力被害がその後にどれだけの影響があるのか直視すべきだ」

翔太さんはいま、男女のどちらにも属さないXジェンダーを自認するが、好きな人に対して性的な欲求を抱かない「アセクシュアル」でもある。性被害の影響があったかもしれないと感じている。

「できるなら、中学に入る前から人生をやり直したい」。そんな思いも抱いている。

施設内の性暴力　男子→男子が6割超

児童養護施設は、虐待を受けるなどした子どもたちが保護され、生活する場所だ。子どもにとっては「最後の砦」と言える。行政が権限を持って入所を決定しており、本来は安心で安全な場でなければいけない。しかし施設内では子ども同士の性暴力が珍しくない。その中でも男子の間の性加害・性被害が多いことは20年以上も前から一部関係者の間では認識されていた。にもかかわらず、実態は長い間、公にされてこなかった。

厚生労働省が児童福祉施設などで起きた「子ども間の性的な問題」について初めて調査したのは2019年だ。それによると、17年度は732件、1371人の子どもが性被害・性加害の当事者になっていたが、全体の数字を発表しただけで、具体的な内容は非公表とされた。民間では、施設や児童相談所の職員らが作る「神戸児童間性暴力研究会」が施設で起きた子ども間の性暴力案件の調査を実施、加害児の89%、被害児の64%が男子で、男子から男子への性暴力が全体の62%を占めていたという結果も出ている（7章参照）。

無力感から生み出される支配が性暴力

長年、児童養護施設の子どもたちとかかわってきた山梨県立大学大学院教授（臨床心理学）の西澤哲《さとる》さんは「周囲が、男の子の被害が起こりうるという目を持っておらず、被害があっても見落とすことが多い」とみる。

「施設でもそうだが、男の子の被害は潜在化しやすい」。男の子は被害に遭ったとき、女の子よりも開示をしない傾向があるという。「男の子の方がより恥だと感じる。男は強いものだという信奉があり、余計に被害を受けたと言えない」。男性性が否定されたと感じたり、男性性への疑問や自分が同性愛かもしれないという不安や恐怖が重なったりして、混乱が激しいと西澤さんは分析する。

さらに「施設では、子どもたちが無力感を支配という形で他の子どもに向け、その中で性暴力が起きていると考えるべきだ」と指摘する。施設に入る子どもたちは、なぜ施設に来たのか、いつ家に帰れるのか、どうすれば帰れるのかわからず、親の問題も知らないことがほとんどだ。西澤さんは「突然施設に連れて来られ、子どもは無力感を抱える。無力感を持つと、女の子の多くは依存性を、男の子は支配性を高める。性暴力を振るうことで有能感を持ち、それで自分の無力感を補っていると考えられる」と説明する。近くで一緒に生活する男の子同士の中で、「支配と被支配」の関係を築くのは、「動物が相手に自分の方が上だと示す行動のマウンティングに似たものとも言える」。

施設内の性暴力をなくすには、何が必要か。

「子どもたちの無力感を減らすため、保護の理由や親の状況を理解できるように職員が子どもに丁寧に伝えることが大切だ」と西澤さんは話す。「徹底した情報提供と、職員が丁寧に子どもとつながり、不安や問題を大人との間で抱えていくことができれば、子どもはそれなりの安心感を持つことができる。そうすれば、他の子どもへの支配には向かわなくなる」

西澤さんはさらに、ともに生活する子どもの数を4〜6人に減らすなど、施設を小規模化して、大人と子どもの関係を濃くする必要性も説く。「大人との関係を濃くする支援をしていけば性暴力はおさまる。男子間の性暴力は支配関係を洗い出し、無力を感じている加害者に語りかけることが必要だ」。だが、児童福祉の分野でも、男子間の性暴力については、忌避感をもつ人が多い。「職員は、性暴力は『暴力』なのだということ、なぜ性暴力を振るうのかということを、まずは理解してほしい」と訴える。

8 ― 甲子園を目指した野球部の寮で

真剣に甲子園を目指していた。あのころの自分には、野球がすべてだった。関東地方に住む秀樹さん（仮名、60代）には嫌悪感をずっと抱き続けてきた体験がある。

高校は野球の強豪校に入学し、数十人の部員が生活する合宿所に入った。監督夫妻と一緒に生活しながら、練習に励んだ。部では先輩の言うことには絶対服従だった。何を言われても「はい」と答えなくてはならない。「いいえ」、あるいは「なんと言いましたか？」と聞き直しても、拳が飛んできた。

放課後の練習を終え、合宿所に戻って夕食。午後10時ごろまでの素振りが日課だった。素振りをしていると、秀樹さんは特定の先輩によく声をかけられた。

「午後11時ごろ、来て」

マッサージの依頼だった。そのたびに指定の時間に部屋を訪ね、自分の名前を叫んで「失礼します。入ります！」とドアを開けた。「おぅ、頼むわ」。くつろいだ様子の先輩がいた。

その先輩は二人部屋で生活していた。部屋に2人ともいるときもあったし、1人のときもあった。秀樹さんは、布団の上にうつぶせになった先輩の背中や足を丁寧にもみほぐした。あるとき「もっと気持ち良くしてくれよ」と言われた。先輩が寝返りを打って仰向けになり「エロマンガ」を取り出して読み始めた。下半身を指して「周辺をやってくれ」。そう言われた秀樹さんは、仕方なく先輩のジャージーのズボンを脱がした。「手でやって」。気持ち悪さを押し殺し、パンツを半分ぐらい下ろし、指示された通りにした。《とにかく早く過ぎてほしい》。そう念じながら手を動かした。

射精後の先輩の太ももを、部屋にあったトイレットペーパーできれいに拭き、パンツを引き上げると、「もう帰っていいよ」の声がかかった。まどろむ先輩に「失礼しました！」と頭を下げ、部屋を後にした。

その後もよく呼ばれた。しばらくすると、先輩は「口でやってくれ」とも要求してきた。嫌だったが、抵抗なんてできない。殴られても「はい」と返事をするのが決まりの厳しい上下関係の中、断れるはずもなかった。口の中に出されたことは記憶にあるが、その前後のことはあまり覚えていない。同室の先輩が「やめとけよ」と言うこともあったが、要求する先輩は「いいじゃないか」と意に介さなかった。

自分さえ我慢すればいい、そう言い聞かせ

《自分さえ我慢すればいいんだ》。秀樹さんは、そう自分に言い聞かせ、言われるまま対応した。他にもこの先輩に呼び出されている1年生がいた。同じことをさせられているのだろうかと思ったが、どうしても「自分もやられている」と言うことができなかった。自分がそんな目に遭っていることを言いたくなかった。

被害の訴えが学校や監督の耳に届くことはなかった。

「自分は野球しかやっていない人間。合宿所を出たら自分の居場所がなくなる。逃げ出すのは嫌だった。だから、合宿所にへばりつくしかなかった」

どうしようもない嫌悪の感情を抱いた。同時に、抵抗しなかった自分が悪かったという思いも抱えた。《勇気があれば断れたのではないか》。自己嫌悪にも襲われた。

先輩が卒業し被害はなくなったが、その後も何かの拍子に思い出すことがあった。それでも、すぐに消しゴムで消すように、心の中で、なかったことにしようとした。《忘れよう》。そう自分に言い聞かせてきた。

あれから半世紀近く。秀樹さんは重い口を開き、「当時は、先輩の行為を問題だと考える頭もなければ、誰かに助けを求めようという考えも浮かばなかった」と絞り出した。「最近は運動部の気質も変わってきたとは思うが、自分のような体験を繰り返さないためには、絶対服従の上下関係をなくすことが大切だと思う。体育会の意識変革が絶対に必要だ」

私立高校の寮でも　夜中に隣に寝ていた先輩から

学校の寮でも同じようなことは起こる。

関西に住む徹さん（仮名、46歳）は私立高校の寮で、1年のときに集団暴行を受けた。ほぼ毎晩、上級生たちに部屋をたらい回しにされて、腹、腕など、首から下に殴る、蹴るなどの暴力を受けた。

その中で性被害にも遭った。ある晩、夜中の2時ごろ、隣に寝ていた同室の2年生が体をつついてきた。3人で生活する寮の部屋は6畳。3年が窓際、2年が部屋の入り口側、1年の徹さんはその間で小さくなって寝ていた。

「なめろ」

2年生が自らジャージーのズボンと下着を下ろして、小声で迫ってきた。最初は断ったが、抗しきれなかった。《拒否すれば、さらに殴られるかもしれない》。徹さんは言われる通りにした。10分近くして、やっと解放された。それが、10日間続いた。

《次は何をさせられるのか》《レイプされるのか》

恐怖と嫌悪が押し寄せた。徹さんは何とか担任の先生に話すことができ、2年生はその後、退学になった。だが、学校からは退学の理由を口外しないように口止めされた。そのため、寮内では徹さんのせいで2年生が退学したとみられ、暴行はさらに激しくなった。

徹さんはその後、転校したが、20歳のころから、心的外傷後ストレス障害（PTSD）の症状に苦しむようになった。死にたいと思い詰め、自殺を図った。酒と精神安定剤が手放せなくなった。いまでも年に2、3回は暴力を受ける夢を見て、恐怖で目が覚める。

「自分の中では、殴る蹴るの物理的暴力が続くと、何も考えられないほど意識や感覚がまひしたが、性暴力のときは、意識ははっきりしていた。物理的な暴力より脳の中に焼き付いている」と徹さんは言う。「性暴力は本当に屈辱的。自分の価値、自尊心をここまで落とされるのかと感じた。心の痛みは耐えられなかった」

性暴力の背景に「閉鎖的な不本意集団」

「運動部や学校の寮での子ども間の性暴力はなかなか表には出てこないが、殴る蹴るなどの暴力があるなら、どこかに性暴力があるのではないかと疑ってみるべきだ」と語るのは、九州大学名誉教授

（臨床心理学）の田嶌《たじま》誠一さんだ。田嶌さんは長年、児童福祉施設の中で起こる暴力と性暴力の問題に取り組んできた。性暴力は、施設だけでなく学校や運動部でも潜在的にある。「学校も運動部の指導者も、一般社会も、性暴力に対しての認識が薄すぎる」と田嶌さんは訴える。

田嶌さんによると、性暴力が起こる施設や学校の寮、運動部などに共通するのは、「閉鎖的な不本意集団」になっていることだ。学校の寮や運動部もたとえ最初は自ら望んで入ったとしても、厳しい上下関係やこんなはずではなかったということが重なると、不本意ながら参加させられているという「不本意集団」と化す。それが閉鎖的だと暴力が起きやすく、ストレスが高いと暴力は深刻化、蔓延《まんえん》化していく。簡単には逃げ出せないのも特徴だ。

「暴力など力関係の支配があると、行き着く先として性暴力が出てくる可能性が高い」と田嶌さんは言う。「性暴力は人を痛めつけ、辱め、脅《おど》す手段としては極めて効果的。しかも被害者は人に相談しにくい。また、加害者が自分の性的な満足を得る手段でもある」

対策としては、①集団の中での不本意感を減らし、居心地を良くする、②集団の風通しを良くすることをあげる。「厳しい上下関係があるところには、物理的な暴力だけでなく性暴力が起こる危険性があることを、指導者、学校や経営母体がきちんと認識しなくてはならない」

少年院や少年刑務所に約30年勤務し、奈良少年刑務所では教育専門官を務めた臨床心理士の竹下三隆さんは「性暴力は多くの場合、性欲ではなく、支配欲から引き起こされる。加害をしてしまう子は、相手と対等な関係が築けなかったり、快感の持ち方がゆがんでしまったりしている可能性が高い」と指摘する。特に、性犯罪に走ってしまう人は日常生活の中で抑圧を感じていたり、周囲に甘えることができなかったりする傾向がある。「ある面で理想が高く、それに達していない自分に傷つき、自信がないケースが多い」と分析する。

10代の場合は、若くてエネルギーもあり、「それがゆがんだ方向に注がれないよう、ストレスを発散でき、心が満たされる環境作りが欠かせない。特に寮生活など親元を離れて生活している場合、まだまだ親と離れた寂しさもあり、ストレスを抱えている状況。その気持ちをキャッチすることが大切だ」と竹下さんは訴える。

重要なのは「子どもたちが弱音を吐ける環境作りだ」とも言う。性暴力などの問題行動に走らないためには「規則で行動を規制するだけでは逆効果になりかねない。親元を離れた共同生活で子どもたちがストレスをためないため、『遊び』と『おしゃべり』が必要だ」と説く。「遊び」とは、身体を動かしてストレスを発散したり、トランプやカードゲームなどのアナログな遊びで、人との触れあいを伴ったりするものだ。「大人も一緒になって本気で楽しむことは、子どもにとって『自分といて、相手が楽しんでくれている。こんな私でいいんだ』という自信につながる」。また、「おしゃべり」では、大人を交えたグループミーティングや懇談などを定期的にもうけ、自分について話がしやすい状況を作ることが有効だとする。

「子どもたちには、彼らの『悲しい』『悔しい』などの素直な気持ちを受け止め、『素の自分を出してもいい』と思える存在が必須。そういう安心できる大人がいることは、子どもにとって大きな救いになる」。メンタルサポーターやカウンセラーとして、「先生」や「監督」「部長」など学校や部活での関係とは離れた人が接することも大切だ、と強調した。

9　訴えかき消した教師の評判

最初は冗談だと思っていた。

千葉県松戸市に住む栗栖英俊さん（47歳）が、市内の中学校に通っていたころのことだ。中学1年の夏ごろ、部活の顧問だった男性教師から、練習中に「お前、ちょっと来い」と呼び出された。教師のことは信頼していた。担任でもあり、入学早々野球部を退部した栗栖さんに対して「お前みたいなまじめな奴が来たら先輩たちが喜ぶから、バレー部に来いよ」と誘ってくれた人だ。優しい、面倒見の良い先生、だった。

だが、その教師に呼び出されて行くと、いきなり股間を触ってきた。《なんだ？》。教師は股間に手を当てて、何事もなかったかのようにしている。栗栖さんは意味がわからず、特に何も言わなかった。数日後にまた呼び止められて、股間を触られた。他の部員に対しても触っていたから、そのときは《冗談にしてはしつこいな》と思うくらいだった。

秋ごろになっても、教師は触ることをやめなかった。さすがにおかしいと思い、「やめてほしい」と訴えた。すると、教師は「お前はわがままだ」と言ってきた。他の生徒は嫌がらないのに、自分だけが断っていると指摘しているような言いぶりだった。

「わがままって言われると、人間思い当たる節があるじゃないですか。学校の先生だから一理あるのかな、と思ってしまって」

栗栖さんは「指導」を理由に、放課後に残されるようになった。教師は、人のいない会議室に栗栖さんを呼び出し、カーテンを閉めて外から見えないようにした。「(触られることが)嫌なら学校を出て行け」「お前はまだ本当の意思を言っていない」などと、強い口調で責めてきた。

そう言われ続ける中で、栗栖さんはノイローゼのようになっていった。11月ごろ、「それくらいなら我慢します」と言った。だが、それだけでは終わらず、今度は「お前は俺に股間を触ってくれと言っただろう」「他にしたいことはないのか」と何度も言われた。追い詰められて口にした言葉を、逆手に取られたのだ。嫌がって反論すると、「他の先生や生徒に言いふらすぞ」と脅された。逃れられないまま、行為はエスカレートした。抱きつかれる、キスをされる、口腔性交まで強いられた。空き教室や体育館の放送室など、周りから見えにくい場所で二人だけの状況を作られ、被害を受けた。

ずっと嫌だった。当時は、同性愛への偏見が根強い時代だった。被害を明らかにしても、周囲から同性愛者とみられ、それによって友人との人間関係が壊れるのではないかという恐れから、被害を明らかにすることはためらわれた。

それでも、中学1年の秋と2年のとき、勇気を振り絞って他の先生に被害を訴えたことがある。だが、返ってきたのは「あの先生はそんなことをするような先生じゃない」「お前ら、お似合いだよ」といった言葉だった。自分一人だけが夜遅くまで残されるなど、周囲が異変に気づく場面はあったはずだ。だが、男性教師が男子生徒を遅くまで残していることは「熱心」と受け取られていた。

親には、中学1年のときに股間を触られ続けていることは言った。だが「『わがままなところがある』と言われると、親としては『そういうところもあるよね』となってしまった」。部活を引退する中学3年の1学期まで、最低でも月に2度ほど放課後に残され、被害を受けた。「教師や周囲の人たちは、なんであのとき対応してくれなかったのか。対応してくれていたら、何の問題もなく中学校生活を送れた」。栗栖さんの心には、そんな思いが残り続けている。

「助けてもらえなかった」

中学校を卒業すると、教師との接点はほとんどなくなった。だが、後遺症が続いた。人間不信だ。助けてもらえなかった、という経験があるから、大学卒業後も、人間関係をうまく作れなかった。いまも精神安定剤を飲んでいる。

10年前くらいからは日本社会でも性暴力について徐々に語られるようになったが、男性の性被害は依然として表に出にくく、当事者以外に認識されていないと感じる。特に女性からの被害の場合は「得したじゃないか」「良かったね」などといったコメントが、ネット上で書き込まれることも多い。

栗栖さんは、今回の取材には実名で応じることにした。いまなお、広く知られていない男性の性暴力被害を少しでも知ってほしい。その一歩になればという願いからだ。

「被害を名乗り出ることは難しい。けれど誰かが防波堤になって名乗り出ないと、誰も気づかない、おかしいと思っても声を上げられない状態が続いてしまうから」

栗栖さんは中学時代に性暴力を受ける中、男性教師に下着を奪われていた。その返還を求め、教師を相手取った民事訴訟を起こし、2022年9月に勝訴した。被害そのものは時効になっていたため、民事訴訟を通じて性暴力の実態を公に認めさせることも狙った裁判だった。

裁判で、教師は書面で「転居の際、焼却炉で燃やしたため『ない』」「『もらっていい?』と尋ねていて本人はうなずいていたので、『無理やり』とは……(内心嫌だと思ったのでしょう)」などと答弁した。

松戸市教育委員会は2017年、栗栖さんからの訴えを受けて事実関係の調査をした。だが、教師への協力要請に返事はなかった。被害から時間が経っていたことなどを理由に、当初は教師が直近に勤務していた学校の管理職ら4人に調査、また、裁判で勝訴後の22年末から翌23年1月には当時の同僚2人にも調査をした。しかし、いずれの調査からも事実関係は明らかにならなかった。

2022年9月の判決を受け市教委は「被害に遭われた方がつらい思いをされたことを、重く受け止めている。今後の対応について検討を進めている」とコメントした。再び男性教師に調査を依頼しているが、返事はないという。

裁判が終わってから1年以上経って、栗栖さんに変化が生まれた。「精神的な負担が軽くなり、考え方も前向きになった」。主張が認められたことで、抱き続けてきた性被害の苦しみや、加害者から受けた「洗脳」から解放されたように感じた。体調も回復傾向にあるという。その負担から逃れられたからこそ、長年背負い続けてきたものの大きさが逆に身にしみた。

「子どものころの性被害は、長い間にわたって人間の精神に負担をかけ、苦しめるものだと感じた。それを多くの人に知ってほしい」と栗栖さんは訴えている。

「被害に気づくべき学校現場、認識が弱い」

文部科学省によると、2022年度に「性犯罪・性暴力等」を理由に処分された公立学校の教職員は242人。男性は238人、女性は4人だった。このうち児童生徒（他校を含む）に対する行為で処分されたのは119人だった。ただ、文科省は被害者の男女比などは把握していない。

学校現場での性暴力に詳しい中京大学教授の柳本祐加子さんは「子どもたちの被害に気づくべき学校現場では、まだまだ旧来のジェンダー観が強く、男子も被害に遭うという認識が弱い」と指摘する。

2017年の刑法改正で、それまで女性の被害しか想定していなかった強姦《ごうかん》罪が、性別を問わない強制性交等罪（23年の改正で不同意性交等罪）に改正された。柳本さんは、大学生などの10代後半～20代では、男性の性被害への理解も浸透しつつあるが、高校生以下になると、「教育が浸透しておらず、従来の考え方から抜けきらない部分があると感じる」と言う。特に、10代や幼い子どもたちの場合、「被害をうまく言葉にできない場合が多い。親や学校の先生など、周囲の大人が子どもの異変に気づき、ケアにつなげていくことが重要になる」と話す。

柳本さんは、教員研修のために学校を訪れることもあるが、男子の被害については「やっぱりあるんですか？」と驚く教員も少なくない。「子どもたちが最初に被害を相談する可能性の高い大人が、ジェンダーや性暴力への理解がないと、言葉によって被害児童を傷つけ、二次被害になってしまうこともある」と警鐘を鳴らす。

教員による性暴力を防止する目的では、2022年度に「教育職員等による児童生徒性暴力等の防止等に関する法律」（以下、教員による性暴力防止法）が施行され、わいせつ行為で教員免許を失った元教員の免許再交付などが厳格化された。子どもへの性犯罪歴のある人が保育や教育の現場で働くのを制限する仕組みである「日本版DBS」を導入する法律も24年6月の国会で成立した（5章参照）。

ただ、柳本さんは「加害教員に厳しく対処する視点で法整備や議論は進んだが、まだ被害を受けた子どもをどうケアし、サポートするかという視点が弱い」と話す。「学校では、教員からだけでなく、児童生徒から性的ないじめを受けることもある。日頃から、学校や学校以外にも性被害を相談できる場があることを伝えたり、被害を受けて欠席を余儀なくされた子どもの学習面のサポートをどうするかを議論したりすることが必要です」

10 ― 教授からの性暴力、対応遅い大学

「男性の性被害は認識されない。周囲の人たちも誰も助けてくれなかった」

九州から東京の大学に進み、美術を学んだ浩さん（仮名、27歳）は18歳のときに受けた性被害をこう振り返る。

大学1年だった12月23日。研究室の忘年会が構内であった。自分の指導教官と教授、7～8人の学生が、買ってきた食材を使って作った鍋を囲んだ。用事があった浩さんが1時間以上遅れて研究室に入ると、かなり酔っていた教授が抱きついてきた。

「遅刻したからお仕置きだ」。そう言われて、浩さんはその教授の隣に座らされ、酒を飲むよう求められた。断ると、アルコールに乳酸菌飲料をつがれて差し出された。左側に座った教授は右手を伸ばして、浩さんの下半身をなで回し始めた。

浩さんはどうしていいかわからず、固まってしまった。やっとのことで「やめてください」と言っ

たが、教授は手を動かし続けた。その場にいた人たちはみな見ているのに、誰も何も言わない。先輩たちは笑っていた。

おもむろに指導教官が人種を理由に暴力を受けた人の話をし始めた。すると、教授は手を動かしながら「お前がホモということで殴られたらどう思う?」などと口走った。浩さんは自身がゲイであることを指導教官には打ち明けていたが、その教授には話したことがなかった。指導教官が勝手に話したのだろうか。そう思うと、《もっとひどいことが起こるのかもしれない》と怖くなり、身を硬くした。教授は下半身を触り続けた。

忘年会が終わると、指導教官は浩さんの耳元で「酔っていたから許してあげてね」とささやいて出て言った。《わかっていたのに、止めてくれなかったんだ。ひどい》。絶望した。急に気分が悪くなり、トイレで吐いた。電車で帰宅する間も吐き気が止まらなかった。

性被害で生まれた男性である自分への嫌悪感

《自分が女性だったら周囲の人が止めてくれたはずだ》。浩さんはそう思った。男性嫌悪の感情が生まれ、男性である自分自身にも嫌悪感を抱いた。スマホで「男性　セクハラ」と検索すると、「男性はセクハラをしてしまわないように言動に気をつけよう」という男性が加害者になりうるという前提のページばかりが出てきた。どこに助けを求めていいかわからず、悲しかった。

翌年の1月末、ハラスメント対応をする学内の委員会に相談したところ、調査委員会が立ち上がった。調査は半年以上続き、結果が出たのは10月だった。未成年の浩さんに対するセクハラやアルコールハラスメントがあったと認められたものの、教授は結果が出る前の8月に自主退職しており、教授に対して大学がとった措置は、注意の手紙を送るだけだった。浩さんは処分を求めたが、「当該教員が退職してしまったので、懲戒はできない」と大学側は繰り返した。

行政機関の相談窓口では男性の相談員から「よくあることだ」と言われた。キャンパスセクハラの相談を受ける学外の団体にも電話したが、女性相談員に「先生は悪気がなさそう」と言われた。《安心して生活できる世界じゃないんだ》。浩さんは怖くて家から出られなくなった。人が集まる場所に行くと、フラッシュバックが起きた。

大学からの謝罪も求めたが、結局、「ＬＧＢＴについての啓発を進める」などとする回答しかもらえなかった。「性暴力があったことをなかったようにされ、性暴力の問題をＬＧＢＴの理解の問題にすり替えられた」と浩さんは憤慨する。

毎週カウンセリングに通い、なんとか卒業したものの、浩さんはその後もうつとパニック障害に苦しんでいる。人混みに身を置くと発作が起きて意識を失うこともある。教授と同じような風貌《ふうぼう》の男性を見ると、動悸《どうき》がする。卒業後はアルバイトもしたが、体調が安定せず、いまは無職だ。東京に単身赴任していた父親と同居し、精神科クリニックに通う。

「調査委員会は学内のメンバーではなく、専門家を入れた第三者委員会を作り、加害者の責任を明らかにするべきだ。性被害を訴えているのに、暴力として扱ってもらえていないと感じた。男性が被害者になることが想定されていない」。浩さんはいまも悔しい思いでいっぱいだ。

interview

社会の思い込み、背景に

臨床心理士・公認心理師　熊谷珠美さん

男の子の性被害は理解されにくく、深く傷ついたまま放置されることが少なくありません。女の子の場合も同様のことが多く起こりますが、男の子はさらに被害を申告できず、支援を受けられないことが多い。その背景にあるのは、社会に広くある「男性は被害を受けない」という思い込みです。そのため、周囲も本人も被害を「被害」と認識しにくいのです。

たとえば、いじめで女子が人前で下着になるよう強要されたら大問題だととらえられやすい。けれど、被害者が男子だと周りは「少し過剰だけど、大した傷つきにはならないだろう」と過小評価しがちです。また、男の子が女性からの被害を誰かに話しても「よかったじゃないか」「うらやましい」と性的に良い体験ができたように言われ、被害だと認めてもらえないことも珍しくありません。本人に「男は強くあるべきだ」といったステレオタイプがある場合はさらに複雑です。被害にあったことは「弱さ」であり、「男らしくない」と屈辱的に感じてしまう。そのため、被害を被害として認めない形で対処せざるを得ないことがあります。「自分も楽しんでいた」「良い経験だった」と思うことで「自分は弱くない」と思い込み、傷ついたことを否認するのです。本人も周りも被害を被害だと認識しづらいため、相談することなく、心の傷つきが手当てされないままになり、時間が経ってから様々な生きづらさとして影響が出てしまうことがあります。

男の子は被害後に自分の性について混乱することが多いのも特徴です。加害者が男性の場合、「自分はゲイなのか?」などと不安に襲われることも少なくありません。こうした混乱や不安の背景には、社会に男性同士の同性愛に対する根強い嫌悪感があり、それを被害者が無意識のうちに自分の中に取り込んでいることも影響しています。

声を大にして言いたいのは、性暴力と性的指向は関係ありません。ゲイであろうがなかろうが、誰しも性被害に遭う可能性があります。性暴力は暴力であり、他者を支配する方法です。性的に魅力を感じることとは全く別次元の行為であることを知っていてほしいです。性的指向やアイデンティティーについて、もっと正しい認識が広まることは、性被害に遭った男の子たちを助けることにもつながります。

まず、「男の子は被害に遭わない」「万が一、被害に遭っても男の子は傷つかない」という認識をみんなが改めていきましょう。最近は、男性の性被害についても理解のある相談機関も増えつつあります。男の子には、あきらめずに相談してもらいたい。傷つきからの回復にとって、孤立しないことが何より重要です。一人ではないこと、傷つきは回復できることを、知っていただきたいです。

くまがい・たまみ/日本の大学を卒業後、アメリカの大学院でカウンセリング心理学の修士号を取得。DV・性暴力・性虐待の被害者や困難な状況に置かれた子どもや若者のサポートをする現場を中心にカウンセラーとして活動する

11 頑張って「強い男」になりたかった

京都市在住の大月隆生さん（25歳）は小学校低学年のとき、高校生の男子生徒から性被害を受けた。塾で姉が終わるのを外で待っていると、いつも遊んでくれる高校生男子が「ポケットにいいものあるよ?」と言ってきた。肩車をしてくれたり、一緒に虫を探したり、あこがれの「お兄ちゃん」だった。「ここに入れて」と促され、高校生が着ていたズボンの左ポケットに手を突っ込んだ。何かが当たる感触があった。「（手を）抜いていいよ」と言われるまで、しばらく触っていた。外に出てきた姉と入れ替わるように、高校生は塾の中へ入っていった。その後も2〜3回、同じことがあった。何をされたのか、当時はわからなかった。だが、言ってはいけない秘密を共有するワクワク感を抱いた。

「男らしさ」という社会的に作られた概念

その意味がわかったのは、大月さんが中学生になったころだ。「なぜ自分は嫌じゃなかったのか。自分はみんなのいう〝ホモ〟なのか?」と自問自答するようになった。当時、男性同性愛者を侮蔑的に呼ぶ「ホモ」という言葉を、からかいの対象に自分でも使っていた。「ホモじゃないことをはっきりさせたい。頑張って男にならなきゃいけない」。そんな思いが膨らんだ。

当時の大月さんは、強い男には彼女がいて当然だと思っていた。彼女を作り、性的行為を迫った。同級生の男子の性器を無理やり触ってからかった。焦るように「強い男」を追い求めて、そうした行為を繰り返した。

偏差値の高い中高一貫の私立中学に通っていたが、卒業後は他の同級生たちとは全く異なる進路先を選んだ。入ったのは、自衛隊だった。同性愛者でないことや強い男であることを自分自身に証明しようと必死になった。しかし、自衛隊では周囲との認識のギャップも大きく、半年で辞めた。その後、私立高校に編入したものの、強い不安感を持ち、それを打ち消すための行為を繰り返す強迫性障害を発症し、引きこもりになった。

大月さんは何とかやり直したいと、大学に進学した。そこで「ジェンダー」という言葉と出会い、自分のしんどさは「男らしさ」という社会的に作られた性別概念からくるものなのだと気づいた。それで、少しずつ自分の被害と加害に向き合うことを始めた。同時に、ジェンダー平等や性暴力のない社会作りのための研究や実践をした。しかし、そうした活動をすると、問題を他者化してしまい、自分のこととして考えていない己にぶち当たった。付き合っている彼女にも強引に性的接触を求めるなど、加害性を指摘されることがあった。

2023年春に修了した大学院では、自分の過去を見つめながら、異性間の性的同意についての修士論文を書いた。「男性の性被害が陰に隠れがちなのは、男性自身の加害性のある行為が多いということも関係しているのではないか」と大月さんは分析する。「僕の場合も、自分の加害性に気づいてしまったので、100%被害者ということは言えないと思ってしまう」と話す。

「社会のみなさんには性暴力を自分の問題として受け止めてほしい。加害者に責任があるというのはわかるが、ただ加害者が悪いから排除するだけでは、何も変わらない。彼らがなぜ加害に至ったのかを考えれば、自分と地続きの問題であることがわかると思う」

大月さんにはいま、「お兄ちゃん」を恨む気持ちはない。謝ってほしいとも思わない。ただ、なぜあんな行為をしたのか、できるならば背景を聞いてみたいと思っている。

interview

加害者と向き合ってこなかったことが連鎖に

小児精神科医　奥山真紀子さん

性被害を受けたことは男女ともに表に出てきにくいが、特に男の子は人には言いづらい。男は強くあらねばという社会通念から、被害者になることは弱さを認めることになると考えがちなのも一因です。男の子が被害体験を人に語ることができないのは、いじめ被害なども同様です。ただ、性被害の場合は、「異常な性」と見られる、といった不安があることも影響しています。

私たちの診察を受けに来る男の子は、当初は加害児として来ることが多い。たとえば、男女を問わず友人に性的な加害をしていた小学6年の男の子は、多動で夜尿《やにょう》もあり、背が低く体は小さいのに過度に性的な雰囲気を持った子でした。

当初は面接も困難だったのですが、しばらくして少し落ち着きました。診察する中で、その行為をどこで覚えたのかと尋ねると、顔をこわばらせて小さな声で「おじさんから」と答えました。人形を渡すと、自分に模した人形をおじぎさせ、そのお尻におじさんの人形の性器を押しつけ、「痛かった」と言いました。その様子から推察すると、彼はおじさんから肛門《こうもん》性交を繰り返されていたようでした。

性暴力の加害者の中には、かなりの割合でかつて被害を受けた人がいます。しかし、被害を受けたら必ず加害者になるということではありませんから、誤解は禁物です。被害は相当な数があるので、被害者が加害者になる比率はそんなには高くないはずです。ただ、男の子は被害から加害にいたる危険が女子より高いことは認識する必要があります。また、被害の後に自分の性に対する混乱が起こりやすいことも知っておかなくてはいけません。

性被害を心にしまい込んだり、繰り返し被害を受けたりすると、複雑性PTSD（心的外傷後ストレス障害）になって自己評価が低くなり、感情コントロールがうまくいかなくなることもあります。被害を受けた子どもが暴力的になったり、きょうだいをいじめたりすることも珍しくありません。男女を問わず、「非行」として受診した目の前の子どもの症状や行動は性被害のトラウマ症状なのかもしれない、という見方が医療者には必要です。また親の性的ネグレクトで、アダルトビデオなど年齢不相応な性的な刺激にさらされて性加害にいたる子どももいます。

しかし、子どものトラウマ、特に性被害や虐待被害の治療は難しく、診ることができる医療者は少ないのが現状です。治療ができる医療者を増やす必要があります。児童相談所に性虐待で一時保護されても、性被害は元より、虐待被害を治療できる医療機関を見つけるのは一苦労です。治療ができる場を増やすには、性虐待を受けて保護を必要とする子どもの診療には、診療報酬の上乗せをするぐらいの策をとるべきでしょう。

刑法が2023年に改正され、性交同意年齢が13歳から16歳に引き上げられましたが、刑法は加害者を罰する目的のもので、被害を受けた人の手当ては規定されていません。性被害を受けた子どものケアや治療は、その子の将来の幸せはもちろん、加害につなげないためにも必須です。今後は、性被害の治療費の無料化も考える必要があるのではないかと思います。

加害の陰に被害ありということを認識し、性暴力があったときに、加害者や加害児を罰しておしまい、転校させて終わり、ではなく、加害者も被害者もきちんとケアを受けられるようにしないといけません。日本では加害者ときちんと向き合ってこなかったことが、被害と加害の連鎖を見過ごしてきた原因の一つとも言えます。

故ジャニー喜多川氏の性加害問題について思うのは、日本に子どもコミッショナー（子どものオンブズパーソン）がいないことによる限界です。子どもたちが安心して権利侵害を訴えることができ、調査権限を持つ子どもコミッショナーの制度が必要だと考えます。権限を持つ子どもコミッショナーがいたら、この問題だけでなく、宗教2世の問題も調査が可能だと思います。加えて、旧ジャニーズ事務所（現SMILE-UP.）だけでなく、学校の寄宿舎や児童養護施設など、集団で子どもが生活するところには性暴力が存在する危険性がある、という意識を持って、第三者の目を入れていくことが必須です。

おくやま・まきこ／山梨県立大学大学院特任教授。虐待の問題に詳しい子どものこころ専門医。日本子ども虐待防止学会前理事長

4章 家の中で

性暴力の中でも、子どもが暮らす家で、家族や親族から受ける被害の影響は特に深刻だと言われています。本来なら最も安全で安心できる場であるはずの家庭で起こり、子どもにとっては最も身近で信頼している家族などからの被害だからです。

日常の中で、特に幼いころから行われる場合は、「被害」という認識を持つことや助けを求めることが極めて難しいのが実情です。長期間にわたって何回も被害を受けることが珍しくありません。打ち明けることができても、家計を担う父親からの性暴力であれば、家族の暮らしが優先され、「なかったこと」にされることもしばしばあります。

その結果、心身に甚だしい影響があり、何十年も苦しみ、自殺未遂や精神を患って入退院を繰り返す人もいます。家庭内の性暴力は、加害者が実父母や義理の親だけでなく、きょうだいであることも少なくありませんが、実態は把握されていません。

子どもたちの心と命を守るためには、「そんなことはあるはずがない」「見たくない」「聞きたくない」ではなく、そのつらい現実があることを直視する必要があります。そして、もし被害を打ち明けられたら、子どもの言葉を信じることが、ケアの第一歩になります。

1 「お父さんが触ってくる、助けて」

父にはもう2年ほど会っていない。「死ねばいい」と思うほど、父が憎い。

東海地方に暮らすゆりさん（仮名）は29歳だ。《消えてなくなりたい》。そんな衝動に駆られ、精神科に通ったこともある。無気力になって朝起きられず、大学は中退した。屈託なく笑う同世代の女の子がねたましく、自分が惨めだった。

6歳のころのことだ。山裾に立つ古い木造家屋に家族で暮らしていた。夜は、父親と母親の間に敷いた布団で寝ていた。あるとき、ふと、下着の中で何かがもぞもぞと動くのを感じた。体が凍りついた。動いていたのは、父の手だった。居間でうたた寝をしていても、同じように触られた。はじめは下着の上から、しばらくすると下着の中に手が入ってくる。どこで寝ていても、父は毎日のように体を触ってきた。行為の意味はわからなかったが、《私は悪い子になってしまった》という罪悪感が芽生えた。

小学校高学年になると、父に入浴をのぞかれるようになった。「やめて」と拒むと、「子どものくせに。意識しすぎだ」と逆上された。胸や性器をなめられるなど寝ている間の行為はさらにひどくなっていった。

「お父さんが触ってくる。助けて」

泣きながら母に訴えると、思いもよらない言葉が返ってきた。「男ってそういうものだから」。知識も手段も持たない少女に、逃げ場はなかった。

両親は極度にぜいたくを嫌った。フレームがゆがんだめがねをかけていることが恥ずかしく、他の子がしているコンタクトレンズを父にねだった。《機嫌を損ねると買ってもらえないかも》。中学生だったゆりさんはそう思って、父の行為に耐えた。

虐待だと確信したのは高校入学後に教育評論家の講演を聴いてからだ。父からされていることをメールで送ると、「性的虐待です」と返事があった。パソコンの前で泣き崩れた。助けを求めて近くの児童相談所の前まで行ったこともある。

しかし、《いまの生活を壊すのではないか。私の人生はどうなるのか。母は、兄は、父は……》との思いがよぎった。その場で立ち尽くし、あと一歩が踏み出せなかった。

夜ごと体を触る父。その父に扶養されなければ生きていけない自分。頭がおかしくなりそうだった。《もう限界》。高校2年のある日、誰もいないときを見計らい、荷物をまとめて家を出た。祖母の家に身を寄せたが、約10年に及んだ性虐待の苦しみは終わりではなかった。ふとしたことで父親の息づかいや手の感触がよみがえる。気持ちが不安定になり、精神科に通った。大学を2年で中退し、通信制大学に編入してなんとか教員免許を取得した。

自分がこうなったのは誰のせいなのか。せめて母には理解してほしいと願ったが、「早く忘れなさい。それがあなたのため」と言われた。母はいつも父の味方をしているように見えた。繰り返しフラッシュバックに襲われ、父が部屋に入ってくる悪夢にうなされた。「自分がしたことと、私がうつになったことは関係ないと思ってるんやろ」。あるとき、抑圧された感情がはじけ、ついに両親の前で爆発した。しかし、それがいつのことだったのか、はっきりと思い出すことはできない。20歳を過ぎていたと思うが、毎日が苦しく、命をつないでいくのがやっとだった。

そんな自分に生きる希望をくれたのは、25歳で結婚した夫だ。交際中、何度もうつ状態になり、「何であいつは生きていられるんだ」と激しい言葉で父への憎悪をぶつけても、「一緒に生きよう」とそばにいてくれた。

実家を避ける本当の理由を知ってもらいたくて、義理の両親にも父からの行為を打ち明けた。苦しかった記憶を過去のものとして切り離し、ゆりさんは自分の人生を歩もうと思えるようになった。

父親は2016年ごろに性虐待の事実を認め、ゆりさんに手紙を書いて謝罪した。記者は、日本海側の町に暮らす父親のもとを訪ねた。「娘をうつ病にさせてしまったのは自分が原因。トラウマになるとは思っていませんでした」と父親は言葉に詰まりながら、現在の心境を語った。実の娘になぜ——。記者の問いかけに対し、しばらく沈黙し、「娘はかわいくてきれいだった。触りたい、見たいというのがあった。でも性交をしようとは思っていませんでした」と声を振り絞った。

2019年の夏、ゆりさんは不妊治療を経て待望の女の子を授かった。腕に抱く、確かな重みがいとおしい。「これからは娘のいる人生を楽しみたい。被害者も加害者も生まないために、自分ができることを探していきたい」。いまでも時々、父への怒りが吐き気となって押し寄せてくる。それでも、この子のために顔を上げていたい、と思う。

子どもの安全を壊す、親の加害

どんな形のどんな性暴力であっても、被害者にとってはそれぞれが非常に深刻で、その被害に軽重はない。しかし、家庭内で受ける性暴力は、特に影響が甚大だと専門家は口をそろえる。

東京科学大学准教授（司法精神医学）の安藤久美子さんは「本来なら守ってもらえる存在である親などからの加害は、家という子どもの安心・安全の基盤を根底から壊すことになる」と語る。たとえば、小学校に入る前に被害に遭うと、何が起こったのかわからない。だが、思春期になって友人と話したり、性教育を受けたりして、自分がされたことの意味がわかり、深く傷つく。子どもによって異なるが、再現する形で大人の男性にすり寄る、暴れる、大人に反抗する、などの行動が目立つことが多く、落ち着きのなさは、注意欠陥・多動性障害（ADHD）と間違われることもある。

一方、学童期での被害は、自分が「共犯」という意識を持ちやすい。加害者から「言うなよ」「言えば母親が傷つく」と言われ、口をつぐむ。表面的には良い子を演じているが、心の中は深く傷ついている。「自分は汚いと感じ、多くが自傷行為に走る」と安藤さんは指摘する。性暴力によるトラウマ（心の傷）の影響で、女性の場合には出産後に我が子を虐待したり、ときに解離した状態で気づくと息子の性器を傷つけたりしていたケースもあるという。

トラウマに詳しい国立精神・神経医療研究センターの元認知行動療法センター長で、武蔵野大学客員教授の堀越勝さんは「回復（re-cover）は元に戻すという意味があるが、子どものときに大切な関係の中で性暴力が起こると、戻る場所がなくなってしまう」と説明する。トラウマ体験からフラッシュバックなどの症状が出る心的外傷後ストレス障害（PTSD）に苦しむ人は、起きたことをなかったことにしたり、周囲から言われて「自分が悪かった」と思ったりしていることが多い。中には、何十年も苦しんで自殺未遂や統合失調症と診断されて入退院を繰り返す人もいる。

「回復には、起きたこと、心に傷があることを認め、安全な関係の中でそのことを告白し、怒り、悲しみ、十分な痛みを感じて、もう一度自分の中に傷を納め直すことが必要だ。苦しくて、悲しい作業だが、そのときに一緒に歩いてくれる人がいるかどうかがポイント」と堀越さんは話す。

被害の全体像、把握されず

日本では家庭内での子どもの性被害の全体像は正確に把握されていない。

こども家庭庁によると、２０２２年度に全国の児童相談所（児相）が対応した性的虐待は２３９３件。児童虐待防止法で性的虐待は保護者からの行為と規定されており、この数字にはきょうだいや祖父母、おじ、おばなどからの性暴力は入っていない。

朝日新聞は２０２０年、全国２１４カ所の児相に、18年度に対応した家庭内での性暴力についてアンケートを実施（１５９の児相が回答）した（同年度に全国の児相が対応した性的虐待は１７３０件）。１４８児相が明らかにした加害者１０４０人の属性をみると、実父４６９件、実父以外の父２９６件、実母66件、実母以外の母４件で、保護者以外は、母の恋人88件、兄弟姉妹63件、祖父母18件、おじおば29件、いとこ１件、その他の血縁６件だった。

全国児童相談所長会による「全国児童相談所における子どもの性暴力被害事例（２０１１年度）」では、家庭内性暴力の加害者の４分の１は、親権者・監護責任者以外の家族、親族、同居人だった。23年公表の神奈川県児相の調査ではきょうだい間の性被害が、性被害全事例の17％を占めた。そのうち７割強が実兄からの加害で、前年よりも増えていた。

虐待問題に詳しい認定ＮＰＯ法人「チャイルドファーストジャパン」（神奈川県）理事長の山田不二子さんは「一般的には、家庭内での性被害の方が家庭外よりも、その後の影響が重篤になりやすい要因がそろっている。加害者との関係が近ければ近いほど、被害を受けている期間が長いほど、被害回数が多いほど、性暴力がその子どもに与える精神的な悪影響は大きい」と説明する。また、児童虐待防止法に定められた規定も不十分だとする。「加害者を保護者に限定せず、家庭内外での優位性に乗じた性暴力のことを性的虐待と規定しているのが国際標準だ。実態が把握できていなければ、対応策が十分に取れるわけがない。保護者の行う行為に限定した日本の児童虐待の定義を法改正して変えるべきだ」と訴える。

2 身を守るすべ、知らず悔い

「自分の身に何が起こっているかわからなかった。自分を守るすべを知らなかったあのころの自分は無力だった……」

いまもフラッシュバックに苦しむ東日本在住の晴香さん（40代）は涙をぬぐう。

幼いころに両親が離婚し、父と暮らした。建設の仕事をする父は出張も多く、子どもに無関心だった。晴香さんにとって、父は「帰って来たらお金をくれるおじさん」だった。そのため、近くにある父の実家で過ごすことが多かった。だが、祖母にお仕置きとして冬に全裸で外に出されるなど、父の実家での生活は厳しい環境だった。

実家には父の兄弟のおじが数人同居していた。晴香さんが小学3年のころ、一番下のおじに突然部屋に引っ張り込まれ、性器を口に入れられた。嫌がると、何度も殴られた。しばらくして年上の別のおじが「助けてやる」と声をかけてくれた。信頼し、頼った。しかし、今度は「助ける」と言ったそのおじが一緒に風呂に入ったときに指を入れてきた。「みんなやっている。でも、誰にも言ってはいけない」とおじは言った。部屋に戻ると、アダルトビデオを見せられ、性交された。薬を飲まされたり、塗られたりもした。道具を使われ、写真も撮られた。「やめて」と言っても、「イヤイヤも好きのうち」とささやかれた。いまもその声はよみがえる。

「1万円やるから」と言われ、幼い晴香さんは《嫌だけどお菓子をいっぱい買える》と思って従った。しかし、お金は結局取り上げられ、お菓子は買えなかった。何をされているのか、当時は意味がわからなかった。だが、なぜか《自分は汚れている》と感じた。親友にどう伝えていいかわからず、自分がされていることをしてみた。すると、親友は泣き叫んだ。やっちゃいけないことなんだということはわかった。

いつごろまで続いたのか、晴香さんの記憶はあいまいだ。いつ襲われるのか怖くて夜は眠れなかった。小学生のころから万引きをし、チューハイやウイスキーを飲んだ。定時制高校に進んだ後はパチンコにはまり、借金を抱えて風俗の世界にも入った。《身内とよりはまし》と思った。だが、絶対に性交はしなかった。とにかく、性交は嫌だった。同居した男性との性交も苦痛でしかなかった。フラッシュバックに襲われ、酒浸りになり、中絶もした。うつになり、精神科クリニックに通った。

30代になって、以前好きだった男性と再会し、結婚。子どもを作るためと割り切って、なんとか2人の子を授かった。いまは家族でご飯を食べているときに幸せを感じる。しかし、フラッシュバックは頻繁に起こる。長女のおむつを替えようとしている夫の姿を見て、おじから指を入れられた自身の体験がよみがえり、「てめえ、何やっているんだ。コラッ!」と発作的に怒鳴ったこともある。自分がおむつを替えていてもおかしくなる。おじから鏡で自身の性器を見せられていた自分と、娘の姿が重なってしまうのだ。4歳になる長男が夜におっぱいに吸いついてきたときも、突き飛ばしてしまう。

いまも、かつての記憶が繰り返し襲ってくる。夢にまで出てくる。涙が止まらない。苦しい。

一度だけ、おじたちを問い詰めたことがある。だが、おじは「お前から誘ったんだろ」と言い放った。父にも言ったが、力にはなってくれなかった。「できることならば、訴えたい。でも証拠がない」と晴香さんは悔しさをにじませる。夫にも過去のことは知られたくない。

《自分が悪い》と子どものころには思っていたが、いまは、加害したおじたちを殺したいと思うほど怒りが渦巻いている。子どものために殺人はできない。でも、《おじらが亡くなって棺桶《かんおけ》の中に入ってからナイフでメッタ刺しにしたい。それなら、殺人にはならないだろう》と思うほど、気持ちは煮えたぎっている。

「子どもへの性暴力はいたずらなんかじゃない。圧倒的な力関係の中で起こる。それを知ってほしい」

親が育てられないなら、里子に出してほしかった、と晴香さんは話す。「そうしたら、私の人生も変わった」と。「誰かが気づいてくれるか、自分が、水着で隠れる部分は誰にも触らせない、触らないという『プライベートゾーンのルール』を小さいときからきちんと教えてもらっていたら、状況は違っていたと思う。私は何も知らなかった。身を守るための教育は絶対に必要だ」

晴香さんは過去に向き合うため、ここ数年、カウンセリングに通っている。

遅れる性教育「小学生になってからでは遅い」

「プライベートゾーンのルールを、就学前のすべての子どもたちに教える必要がある」と、西日本にある児童相談所（児相）で働く保健師は話す。「プライベートゾーンと呼ばれる水着で隠れる体の部分を見たり、触ったりしていいのはお医者さんと看護師さんだけ。それ以外の人に触られそうになったら『イヤ』と言って、助けを求めるということを教えることが絶対に必要」と言い切る。

児相では父親から性暴力を受けて一時保護された子どもや施設に入所する子どもなどにかかわっているが、小学生になってから教育するのでは遅いと感じる。同じ部屋に寝るなどして両親の性行為を見ている子どもは、自分の性器を平気で他人に見せたり、自らすり寄ったりすることもある。「就学前でも子どもたちは理解できる。教えれば、ちゃんと『ダメだよ』と言えるようになる。保育園や幼稚園で、家庭で、プライベートゾーンのルールを繰り返し教えるべきだ」と保健師は訴える。

東海地方を中心に多くの学校で性教育をしてきた産婦人科医の丹羽咲江さんも、物心がつかないころに性被害に遭うこともあるため、幼児期から絵本などを使ってプライベートゾーンは他人に触らせてはいけないことを教えることが大切とする。「被害を防ぐだけではない。『してはいけないこと』を認識することは、加害を生まないためにも必要だ」と話す。

性教育については、ユネスコ（国連教育科学文化機関）などが2009年に発表した性教育指針「国際セクシュアリティ教育ガイダンス」に従い、5～18歳を4段階に分けて必要な知識を教える国もある。妊娠や避妊についても中学生までに教えるのが国際基準となっている。一方、日本は刑法で「性行為に同意する能力がある」とみなす性交同意年齢が2023年に16歳に引き上げられるまでは、13歳と定められていた。にもかかわらず、中学校の学習指導要領ではいわゆる「はどめ規定」があり、性交や避妊を扱わないとされている。丹羽さんは「具体的な性的行為やリスクについて教えられていないのに、性被害を受けた子どもが声を上げられるわけがない。日本はまるで鎖国しているかのように性教育が遅れている」と警鐘を鳴らす。

日本財団が全国の17～19歳の男女800人に実施したインターネット調査では、約4割が「学校での性教育は役に立たなかった」と答えている。

3　家族の性暴力を拒めなかった私

「こういう教育が、幼いころの自分にほしかった」

北海道に住む美子さん（仮名、43歳）は、10年ほど前、子ども向けの性教育の催しに小学生の娘と参加した。講師が、水着で隠れる部分をプライベートゾーンと呼び、その部分は人に見せたり、触らせたりしてはいけないこと、人のを見たり、触ったりしてもいけないことを教えていた。

「触られそうになったら嫌と言っていい。もし触られたら近くの大人に話すんだよ」。講師はそう子どもたちに言った後、親に向かっても語りかけた。「子どもが告白してきたら、まずは『つらかったね』と受け止めてあげてください」

美子さんは小学生のころから、風呂に勝手に入ってくる父に胸や性器を触られた。とても嫌だった。でも、このときだけは父が優しかったから、どこかでうれしい気持ちもあった。

2歳のときに母が死亡。一家は父の実家で暮らした。祖父は殴ったり、蹴ったりする暴力的な人だった。父は、手は上げないが、物を投げたり、大声で怒鳴ったりした。「お前なんてどうせ何やってもダメだ」が美子さんへの口癖だった。

風呂で触られ始めてから数年して、美子さんは父にされていることは「おかしいのかも」と思い始めた。胸を触られたときに泣きながら抵抗したら、父は「なんだよ、いつもは喜ぶのに……」と言いながら、手を止めた。

加害者は父だけではなかった。幼いころは母親代わりだった父の妹が結婚して、年に1~2回、夫を連れて泊まりに来ていた。こたつに入って、おば夫妻と二つ下の妹とトランプをしていたときだった。こたつの中で、おじが下着の中に手を入れ、触ってきた。体が凍り付き、何も言えず、動くこともできなかった。「誰にも言っちゃいけないよ」「言ったらおばさんは来られなくなるよ」。おじは耳元でささやいた。妹にとって、おばは母親みたいな存在だ。黙っているしかなかった。

父からも、おじからも、性暴力は続いた。相談できる人はいなかった。誰かに知られるのが怖かった。《断らなかった。嫌と言わなかった。それは受け入れたことだ。自分が悪かったのだ》。美子さんは自分を責めた。

思い出せば涙、フラッシュバックも

高校生になってバイトを始め、家に寄りつかなくなった。生きづらさは感じていたが、表面的には良い子を演じた。卒業後、水商売の世界に入り、毎日、酒を浴びるほど飲んだ。

子どもの発達に課題があったことがきっかけで、12年前にカウンセリングを受け始めた。自分の生い立ちを振り返っていくと、「子どものときの私は悪くない」と思えるようになった。父もおじも自分の人生の外に排除した。もうかかわりたくないし、かかわるつもりもない。それでも性暴力の場面があるドラマや記事を目にすると、フラッシュバックが起こり、何も手につかなくなる。思い出せば涙が出るし、しんどさはいまもつきまとう。

「私も小さいときにプライベートゾーンのルールを知っていればよかったのにと思う。大人は性のことを隠そうとするが、そうではなく、正しい知識を学校で教えるべきだ。それが、私のような被害をなくすことにつながると思う」。美子さんはしみじみと言った。

4 — 夫が娘に、知った母の苦悩

3年前のある夜、ふと目が覚めると、夫が仕事から帰った気配があった。玄関にかばんが置いてあるが、姿が見えない。忍び足で階段を上り、2階にある、当時中学3年だった長女の部屋へ向かった。知子さん（仮名、40歳）がドアを開けると、下着姿の夫が寝ている娘の体を触っていた。物音に驚いて跳び起きた長女が駆け寄ってきて、「ごめんなさい」と繰り返した。

「お父さんにはすぐに出て行ってもらう」。知子さんは泣いている長女をなだめ、急いで夫の着替えをかばんにつめて「もう帰ってこないで」と追い出した。

前兆はあった。それまでは1階の部屋で家族6人で布団を並べて寝ていたが、知子さんが目を覚ますと、なぜか夫が長女の隣で寝ていることがあった。そのうち長女は2階の自室で寝るようになった。

10年ほど前に再婚した夫は長女の実の父親ではない。夫の両親に事実を打ち明けようとしたが、話せば別れることになるかもしれない。夫との実子3人を含めた4人の子どもを一人で育てることになると思うと言い出せなかった。児童相談所に行くことも考えたが、長女が保護される可能性もあり、引き裂かれるのが怖くてできなかった。長女の身に起きたことを、小学生と幼稚園の弟妹たちにどう伝えたらいいのかもわからない。子どもたちに、知子さんは「お父さんは仕事で帰ってこない」としか説明できなかった。「父親が性犯罪者であることを、子どもたちにはどうしても言えなかった」

知子さんは再婚した自分を責めた。再婚時には、両親は長女のことを心配していた。だからなおさら、両親にも本当のことは言えなかった。

夫からはその後、何度も「申し訳なかった」「やり直したい」と連絡があった。

「あのときママは私を守ってくれた。お父さんが何もしないなら、戻ってきてもいいよ」。1年半後、弟妹思いの長女はそう言って、父親が家に戻ることを許した。

それから新たな被害はないが、知子さんの心配は尽きない。長女がトラウマに苦しむのではないか。性被害者が集う東海地方の自助グループに参加し、胸の内を吐露することで自らを支えている。

「経済的な理由から離婚できなかった。でも、本当に良かったのかいつも考えてしまう」

離婚してもつらさは続いた

母親が加害者の父親と別れたとしても苦しみは続く。

関西地方に暮らす薫さん（仮名、53歳）の娘は小学5年のときから再婚相手に性暴力を受けていた。高校1年になったとき、娘が学校の先生に打ち明けて発覚した。薫さんは児童相談所や警察に連絡。夫は「別れたくない。後悔している」と言ったが、黙って引っ越し、離婚した。

父親の実子である妹を気遣った娘は「妹の父を加害者にするのはかわいそう」と告訴を見送った。だが、当時小学2年だった妹は急な転校でショックを受けた。父親とも会えなくなり、家の中で暴れた。ウソをつかれると、あとから真実を知ったときにその人はより傷つけられる。そう考えた薫さんは父親がしたことを妹に少しずつ伝えた。だが、姉妹は殴り合いのけんかを始めた。その激しさは、二人が殺し合いをするのではないかと心配になるほどだった。

「大好きだった父が犯罪者で、しかも姉が被害者。妹もしんどいと思う。私もパニック障害になった」と薫さんは言う。妹はいまもカウンセリングを受ける。

姉は成人後もトラウマの影響で精神障害を患い、働くことができない。姉妹が同居するのは難しく、姉は生活保護を受けて一人で部屋を借りる。だが、食事を作るなどふつうの生活を送れる状態ではなく、薫さんが身の回りの世話をしている。

「なぜあんな男を選んだのか」。別れて6年以上経つが、薫さんはいまも自分を責めている。

5 義父の性暴力、拒めば殴打

秋になると、北海道に住む真理さん(仮名、44歳)は呼吸が浅くなり、動悸《どうき》が激しくなる。秋の気配が、中学2年のときに起きたことを思い出させるからだ。

「下りてこい」

午後11時ごろ、1階から義父の声がした。ラブホテルの清掃の仕事をしている母は不在だった。真理さんが2階の部屋からズボン姿で下りていくと、「スカートをはいてこい！」と怒鳴られた。《逆らえばまた殴られる》。それまでも、ジュースやお菓子を禁止されたり、言うことを聞かなければ木刀で殴られたりしていた。戸惑いながら、制服のスカートをはくと、また怒声が飛んできた。

「それじゃない！」

仕方なく、いつも家で着ていたスカートをはいて下りると、全裸の義父が木刀を手に立っていた。

「下着を脱げ！」

土下座をして「許してください」と懇願したが、木刀でたたかれた。「壁を向け。手をつけ！」。後ろから体を触られ、義父は体を押しつけてきた。声を上げて泣いていると、2階で寝ていた妹が眠い目をこすりながら起きてきた。「母さんには言うなよ」。義父は吐き捨てるように言って体を離した。

翌日、真理さんは母にあったことを話し、「《義父と》二人にしないで。仕事を休んで」と懇願した。だが、母はそのまま仕事に出かけてしまった。妹の部屋に布団を敷いて寝た。大工の義父は、仕事を終えて帰宅し、夕方から1階にいる。怖くて一睡もできなかった。未明に母が帰ってくると、話し声が聞こえた。その後、突然、義父の怒鳴り声が聞こえた。

階段を上がる足音が聞こえ、部屋のドアが勢いよく開いた。「お前、何を言った！　ウソを言って！」。怒鳴る義父に折りたたみのパイプいすを振り下ろされた。真理さんはパジャマ姿のまま、裸足で家の外に逃げた。近くの建設現場に隠れ、夜明けを待った。寒かった。そして、怖かった。

4章／家の中で

1

母は「お前が誘ったんだろ」

いくら頼んでも母は仕事を辞めてくれなかった。いつ義父から襲われるかわからず、夜はいつも眠れなかった。義父の身体的な暴力は激しくなる一方で、食事も満足にさせてもらえなかった。週末、家族でラーメンを作って食卓を囲んでも真理さんの丼は汁だけで、麺を入れてもらえなかった。

暴力を受けていることを察した中学校の担任だけはジュースを買ってくれたり、和菓子を食べさせてくれたり、味方になってくれた。「先生がいたから生きられた」と真理さんは言うが、その担任にも性虐待のことは話せなかった。《死にたい》という思いに真理さんはさいなまれた。

高校時代はパン屋やスーパーでバイトをし、売れ残りのパンを3食食べて空腹を満たした。19歳で結婚してからも、義父は執拗《しつよう》に真理さんと二人きりの機会を作ろうとした。耐えかねて母に訴えても「お前が誘ったんだろ」と言われた。

真理さんは、いまは10歳の息子を育てるシングルマザーだ。4年ぐらい前からカウンセリングを受け、話をすることで少しずつ前を向けるようになってきた。やっと泣けるようにもなった。それでも、急に男の人が近くに来ると、恐怖を感じる。愛する息子が来ても同じだ。両脇に人がいると、逃げ道がなくなるようで呼吸ができなくなる。

「あのころ、逃げる場所がほしかった」と真理さんは振り返る。しかし、「もし児童相談所の人が来ても、ずっと自分が守ってもらえるとわからなければ、保護してもらうことは考えられなかったと思う」とも漏らす。絶対的な支配と被支配の関係の中で行われる性暴力。真理さんは「母親が頼りにならなければ、子どもはさらに傷つき、性暴力にあらがうことはできない。そのことを社会は理解してほしい」と訴えた。

interview

性被害を子どもから打ち明けられたら

エンパワメント・センター主宰 **森田ゆりさん**

性暴力は関係性の暴力と言われます。怖い、痛い、気持ち悪い、というその場で心身に起きたこと自体もトラウマになりますが、それ以上に大きな影響があるのは、その後の身近な人とのかかわりです。

「思い違いでは?」「そんなことあるはずがない」などと、加害者と利害関係にあるが故に大人が子どもの訴えを否定しがちなのが家庭内の性暴力の特徴です。自分にとって大切な人、母親などに信じてもらえないことは、人格形成の核心ともなるべき基本的信頼の心を打ち砕き、誰も信じられない無力感に圧倒されます。その影響は「二次被害」という言葉では軽すぎます。

「子どもが性被害に遭ったとウソを言っている」と言う人もいますが、私の経験から言っても、性被害があったと子どもが言ったときの信用性は高いです。子どもがウソを言うときは多くは次の二つの場合です。①性被害は受けていないとウソをつく、②誰か大人からウソをつくように言われている、です。

子どもから性被害を打ち明けられたら、まず「よく話してくれたね。ありがとう」と言ってください。それから気持ちを聞き、それを受容する言葉かけをしていきます。

被害を受けた子どもの回復を導いていくのは、子どもを信じ、支持してくれる周りの大人の存在です。特に親がそのような存在、すなわち子どもの味方になれるかどうかは、その後のトラウマ回復の分かれ目になります。被害がなかったことにされてしまったために、一生を苦しみ抜いて生きなければならなかった人、結婚をあきらめた人、自殺に至ってしまった人が多くいることを覚えておいてください。

親にはできることがたくさんあります。受け止めようとする心こそが、子どもの自己治癒力を活性化し、医者やカウンセラーよりも大きな癒やす力を発揮します。

もりた・ゆり／元カリフォルニア大学主任アナリスト。元立命館大学客員教授。アメリカと日本で、多様性・性暴力・虐待・DV 防止専門職研修とプログラム開発に40年携わる

6 加害者は兄、縁切れぬまま

東京都に住む看護師の優子さん（仮名、29歳）は、いまでも自分が「被害者」だったとなかなか受け入れられない。

1年ほど前、性暴力関連の本を読んで初めて、「兄からされたことは性被害だったの?」と気づいた。だが一方で、家族を加害者にすることができない自分もいる。

中学2年の夏休みだった。自分の部屋で昼近くまで寝ていた。気がつくと、白いTシャツを着た3歳上の兄が、自分の体の上に乗っていた。パジャマの上を脱がされ、ズボンを下ろされ、裸の下半身をこすりつけられていた。体は凍り付いたように固まり、動けなかった。やっとのことで、「何をやっているの?」と声に出した。兄は「何も」と言い、何食わぬ顔をして出て行った。

数日後にもまた同じことが起こった。《なんだったのだろう》。何とも言えない気持ち悪さが残った。優子さんは1カ月ほどして母に話した。「本当?」と反応した母は兄に確かめた後、「(兄は)覚えていないって。年頃だから仕方ない」と言った。

《しょうがないんだ》

優子さんは夏休み明けから学校に行かなくなった。部活を辞め、友人と遊ぶようになった。たばこを吸い、無免許でバイクに乗り、夜も出歩いた。母はもともと精神的に不安定で、父は家では酒ばかり飲んでいた。だから両親に相談はできなかった。

風呂に入るために洗面所で着替えていると、兄が入ってくる。家にはいたくなくて、優子さんは家出を繰り返した。そのため、中学3年のときは問題行動があるとして、1年間児童相談所に週に1回通うことになった。それでも、兄とのことは話さなかった。「相談できる場だとは思わなかった」と優子さんは振り返る。

兄は大学に進学し、家を出た。安全になったが、今度は《兄を悪者にして、私が(兄を)家から追い出してしまったのかも》と感じ、自分を責めた。

その後、優子さんも家を出て自活した。あのことは過去の出来事になったと思っていたところ、兄から「好きだ」とLINEが来るようになった。《おかしくない？》。そう思って会うのを避けたが、母から家族旅行を提案され、「嫌」とは言えずに参加した。

「家の中で起こったことは外で言ってはいけないとずっと思っていたし、私が受け入れてしまったという思いもある」と優子さんはうつむく。

自分自身の結婚や出産は、いまは全く考えられない。なのに兄が結婚すると、「幸せになっていいよな」という怒りの感情が初めてわいた。だが同時に、家族を祝福できない自分を、また責めた。

誰にも言えずに秘めてきた出来事。人を信用できず、自分には価値がないと思ってきた。付き合う男性は暴力的な人が多い。生きづらさが性暴力の影響だったのかと、最近気づき始めた。

「自分が受けたのは性被害だったのだと、もっと早く知りたかった」。優子さんはカウンセリングを受け始め、少しずつ自分と向き合う日々を重ねている。

父や母の葬式で……縁を切れない兄の怖さ

加害者の兄と縁を切るのは難しい。東京都に住む博美さん（仮名、59歳）が性暴力の被害を口にすることができたのは6年前だ。

5、6歳のころのことだ。いつも5歳上の兄、2歳上の姉と3人で、同じ部屋で寝ていた。ある日、姉がいないときに、兄に「おいしいんだぞ」と言われ、性器を口に入れられた。その行為は、兄が高校に入るまで続いた。

兄と姉が一緒に押し入れに入っているのを見たことがあった。成長してから、姉も被害に遭っていたのではないかと思ったが、姉とは話したことはない。

兄はよく暴力を振るった。体が大きくなるにつれ、両親も止めるのは難しくなった。兄は高校生になると女の子を部屋に連れ込み、性行為をしていた。「うちはラブホテルじゃない」ととがめた父を殴り、それから兄には誰も逆らえなくなった。

そのころには博美さんへの性暴力は終わったが、兄の顔色を見て過ごす生活は変わらなかった。《どうして中学生の兄と一緒に寝かせたのか》《なぜ兄の暴力を止めてくれなかったのか》という両親への思いはくすぶり続けている。

博美さんは、29歳で結婚し、息子と娘、2人の子どもを産んだ。だが、《息子も大きくなったら兄みたいになるのではないか》という恐れを、ずっと抱いていた。我が子なのに怖いと思う自分が恥ずかしく、息子に向き合えなかった。そのせいなのか、息子は非行に走った。悩んだ末に、親子で怒りの感情をコントロールするためのアンガープログラムを受け、心理学を学んだ。その結果、息子は足踏みしながらも大学に進み、最近はようやくふつうに会い、会話もできるようになった。

兄とは9年前、父の葬式で何十年ぶりかに再会した。兄は両親からの仕送りで暮らし、30年以上働いたこともないようだった。遺産相続を主張する兄のことは他人を見ているような気持ちだったが、縁が切れないことを痛感した。90歳を過ぎた母が亡くなるとき、また兄と顔を合わせなければいけないと思うと息が苦しくなる。「実の兄なので葬式などでは会わざるを得ない。そのときが来るのが怖い」と博美さんは顔を曇らせた。

家族の「境界線」課題

兄から妹へのきょうだい間の性暴力が実際にどれぐらい起こっているかはわからない。

こども家庭庁のまとめで全国で年２３９３件（２０２２年度）が把握されている性的虐待には、前述したように、きょうだいや祖父、おじなどからの性暴力は含まれない。児童虐待防止法で「虐待」が子どもを監護する保護者によるものと定義されているためだ。そのため、きょうだいからの性暴力は、現状では親のネグレクトかあるいは兄の非行問題として扱われており、被害の実情は把握されていない。

性暴力に詳しい大阪大学大学院名誉教授の藤岡淳子さんによると、カナダの研究機関の調査できょうだい間の性暴力は１００人に5～24人の割合で起きていると推定されており、親からの性暴力より多いとみられるという。また、臨床経験から、①侵襲性の高い行為が多く、妊娠出産が多い、②精神疾患やアルコール依存、不倫の問題といった家族の機能不全があると推測される、③母からの過干渉があり、兄が窮屈に感じているケースがある、④性暴力を大したことないと矮小化《わいしょう》して家族が一緒に暮らすことを強く求めることも多い――などの特徴があげられる、と藤岡さんは話す。

日本子ども虐待防止学会であった児童相談所（児相）からの報告によると、きょうだい間の性暴力がある家庭は、母子家庭かあるいは、父がいてもほとんど不在で、兄はいじめの体験や他の子どもとのトラブルがあるが、親には従順で表面的には優等生で良い子が多い。兄は妹の方がかわいがられていると思うなど葛藤を抱えていることも少なくないとの指摘があった。また、家族全員で風呂に入る、布団が敷きっぱなし、家族のメンバーが裸で居間をウロウロするなど、自分を守るための距離を保つ「境界線」に課題のある家がほとんどだった。

発表した児相の職員は「きょうだい間の性暴力が発覚すれば、分離を前提にして介入するが、親は家族がバラバラになることを望まず、支援に結びつきにくい」と明かす。きょうだい間の性暴力の問題は、家族が否認したい気持ちを強く持ち、児相の支援や介入に拒否的な態度を示すことも少なくないことだ。そのため、家族が安全に暮らしていくための再発防止支援策まで児相も踏み込めていないのが実情だ。家庭の中でもプライベートゾーンのルールや「境界線」を徹底した上で、機能不全の家族に対してどう働きかけていくのかが大きな課題になっている。

7 一時保護しても…… 悩む児童相談所

2019年5月、青森地裁八戸支部で、長女に対する準強姦《ごうかん》罪などの罪に問われた50代の父親に懲役6年の判決が言い渡された。

判決や冒頭陳述などによると、長女は13歳のころ、暴力を受けたとして児童相談所（児相）に一時保護されたが、父親が児相に暴力を振るわないと約束、長女は約1カ月後に帰宅した。しかし、1週間もしないうちに父親から今度は性暴力を受けた。長女は中学校の先生に相談して再び一時保護されたが、約1カ月後にはまた帰宅となり、その後、数年間にわたり繰り返し性暴力を受けた。

事件が発覚したのは、長女が21歳になった2018年暮れ。弟に対する父親の暴力を長女が止めようとしたところ、顔面を殴られるなどして110番通報したのがきっかけだ。なぜ、児相は性暴力を受けたことを把握して一時保護した後に、自宅に戻したのか。その理由などを担当した児相に尋ねたが、「個別のケースについては答えられない」と回答された。

小児精神科医で日本子ども虐待防止学会前理事長の奥山真紀子さんは「児相が子どもを一時保護したことが、親の虐待を逆にエスカレートさせることはよくある。そのことをきちんと理解しておく必要がある」と指摘する。家庭内の性暴力は、子どもが被害を「被害」と認識しにくい上、家族が崩壊することを恐れて口をつぐむことも少なくない。発覚したとしても、適切な支援につながるとは限らない現実がある。

また、家庭内での性暴力は事実確認が難しく、加害者でない親（非加害親）の協力が得にくいという現状もある。朝日新聞が2020年に実施した、全国214カ所の児相に対するアンケート（159児相が回答）からも、児相が苦慮している一端が浮かび上がった。アンケートでは対応で難しさを感じる点や課題について聞いたところ、非加害親の理解と協力を得る難しさを指摘する意見が多く、九州のある児相は「母親が子どもの言ったことを信じられず、虚言ではないかと疑い、理解を求めるのが難しい」と回答した。

関東のある児相も「加害者と子どもを分離するが、非加害親は家族が壊れることを躊躇《ちゅうちょ》、葛藤する。非加害親の心情の揺れも含めて対応する必要がある」と答え、非加害親が加害者の分離を望まない場合は「子どもだけが家族から分離され、被害者である子どもがさらに心理的ダメージを負う」とした。東海地区のある児相も介入後の支援の難しさを語る。「分離後、生活が変わってしまうなど、子どもへの負担が大きくなる」。子どもが児相に保護されれば物理的な安全は確保されるが、行き先が決まらず、一時保護所での生活が長くなることも多い。一時保護所では基本的に学校に通えず、友人にも会えないため、「帰りたい」と言い出す子どももいる。

また、児相と警察、検察が協力して子どもに事実関係を確認する「司法面接」について問題点をあげた児相も少なくなかった。捜査が優先され、子どもや保護者との面接や接触が制限されている実情があるという。その結果、子どもが不安定になったり、非加害親が加害者に取り込まれて支援者としての役割を果たせなくなったりするなどして、子どもの一時保護期間が長くなる事態が生じているとの訴えもあった。

事件として立件できなかった場合の課題をあげた児相も多い。北海道の函館児相や東北地方のある児相などは、立件が見送られると加害者が「警察が虐待はなかったと証明した」などと自らの行為を正当化して、その後の子どもの施設入所に同意しないなど影響が出ている、とした。

ケアの態勢、整備を

児相の元職員で西南学院大学元教授（児童福祉学）の安部計彦《かずひこ》さんは、性被害を受けた子どもは「人を信じられず、試し行動や暴言暴力を繰り返すなど、支援者を追い詰めることも珍しくない」と話す。親からの性被害のケースは、親元には帰せないため、病院、施設や里親、一時保護所などに回さざるを得なくなり、児相は子どもの居場所探しに苦労している。

子どもの被害を最小限にするためには、「早く見つけ、『守ってもらえる』という安心感を子どもに持ってもらうことが、大きな傷を癒やす第一歩になる」と安部さんは言う。ただ、現状では、「被害を受けた子どものケアの態勢は不十分と言わざるを得ない。性被害は、薬物依存や自傷行為、引きこもりなど社会的不適応につながることも多い。一見大丈夫のように見えても、被害発覚後1～2年は何でも話を聞くというようなケアの態勢を整えることを考えなくてはならない」と指摘する。

また、児相が警察や検察と合同で事実確認をする司法面接についても、かなり広がっているが、課題は多いとする。「事件化されなかったときには、親が同意しない施設入所の許可を家庭裁判所に申し立てる際、共同で面接した内容を児相が使えないなどの問題が起きている。司法面接で得た内容を、誰がどのように使うのか、国はガイドラインなどで整理していくべきだ」と注文をつける。

8 ― 義父の性暴力で妊娠した子を殺害

「あのときの自分はすべてをあきらめていたんだなといまは思います。『助けを求めても誰も私の話など信じてくれない。きっと自分が傷ついて終わるだけ』と」

殺人と死体遺棄の罪で懲役4年の刑に服している彩さん（仮名、33歳）は手紙にそう心情をつづる。

新潟県で暮らしていた彩さんは13歳のときから、母の再婚相手の義父（70歳）に性暴力を受けた。法廷での彩さんの証言と文通を続ける記者に送られてきた手紙から何が起こったかをたどってみたい。

性暴力が始まったのは、彩さんが中学1年のとき。義父のアダルトビデオを興味本位で隠れて見ていたところを見つかり、義父から「セックスしよう」と誘われた。拒んだが、断り切れなかった。それから、性交はほぼ毎日。「やめて」と伝えたが、「母親にバラすぞ。やっとつかんだ母親の幸せをお前がつぶすのか」と義父に言われた。

その結果、彩さんは四度、妊娠した。そのうち、費用が工面できずに中絶できなかった2回、赤ちゃんを手にかけた。その罪を償うために服役している。

彩さんは幼いころ、母にハンガーでたたかれるなど暴力を受けていた。それでも、飲食店で働き、帰りの遅い母を夜中まで起きて待つほど、母のことが好きだった。だから、「母の幸せ」という義父の言葉は響いた。母の幸せを壊さないためにも自分に起こっていることは、誰にも言えなかった。彩さんは中学2年のころから、カミソリの刃で指や腕を傷つけ、たばこの火を押しつける「根性焼き」などの自傷行為を繰り返すようになる。性暴力の影響だった。

中学3年のとき、生理が止まった。「妊娠しているかも」と義父に相談したが、適切な対応はしてくれなかった。中学卒業後の5月の朝、自宅で義父の弁当を作るなどしていたら破水した。しかし、義父はそのまま仕事に行き、彩さんは2階の寝室で、1階にいる母に気づかれないように声を潜め、一人で出産した。生まれたばかりの赤ちゃんの首を絞め、ポリ袋に入れた。1週間後、義父と近くの山に埋めに行った。

彩さんは義父に性交をやめてほしいと訴えた。だが、義父は「それはできない。俺の中で、お前は女だから」と言い、行為を続けた。その結果、18歳と20歳のときにも妊娠した。2回とも、妊娠に気づいた知人の援助を得て中絶した。ただ、その際、母が彩さんと義父との関係を知ることになる。それで、母は義父と一度は離婚した。しかし、3カ月半後には再びよりを戻し、3人での暮らしに戻った。母はアルコールにおぼれていった。

彩さんは義父から外出やアルバイトを禁止され、家出をしてもすぐに連れ戻された。自傷行為を繰り返していた彩さんは19歳でパニック障害になり、精神科に通院するようになった。障害年金を受給したが、それも義父に取り上げられた。

4度目の妊娠は26歳のときだ。義父に中絶の費用を用意してほしいと頼んだが、義父は「そんな金どうやって用意するんだ」などと言って応じなかった。

約半年後、陣痛が始まった。彩さんは自宅の2階に上がり、後を追って来た義父の手を借りて出産した。義父に「泣く前にやってしまえや」と言われ、彩さんはカッターを取り出した。すると、義父は「俺の目の前で殺すんじゃない。俺は下に行ってるから、その間にやってしまえ」などと言って1階に降りた。一人残された彩さんは赤ちゃんを殺害。その後、義父が遺棄した。

28歳になった彩さんはSNSで、ある女性と知り合い、家を出たいと、その女性に相談した。迎えに来てもらい県外の彼女の家に身を寄せた。

彩さんの目の前で女性の2人の子どもが無邪気に遊んでいた。その姿を見ているうちに、彩さんは自分が手にかけた子どもも生きていればこういう感じだったのかとの思いに駆られた。「きれいになってやり直したい」。そんな気持ちがわき、警察に自首した。

「あきらめ続けた結果が、事件に」

刑務所に入ってから2年余り、記者は彩さんと文通を続けている。

13歳から14年間続いた義父の性暴力からは解放されたが、入所後、彩さんは30キロ以上やせた。いまでも、眠れなかったり、緊張したりすると、パニック発作が一日に何度も起こる。ヘルメットを作る刑務作業をしながら、性暴力についての本を読んだり、写経をしたりの日々という。

「(あのころは)考える→あきらめる→一時的に忘れる、を繰り返していたんだなって。答えを出せないまま、あきらめ続けた結果があの事件になったっていまは思います。もっと早く答えを出せていたらって思う。同時に捕まってよかったと思っている自分もいるんです」

「私はずっと親とは離れられないって思い込んでいた。(いまは)私一人でも生きられる。私の中に親はもういらないって気づけたんです。これからは自分のために生きていこうって思います」

殺人にも死体遺棄にもかかわっていないと主張した義父は最高裁まで争った末に、懲役8年が確定している。

2020年に入って届いた彩さんからの手紙にはこうつづられていた。

「人として2人の赤ちゃんの命を奪うなんて最低なことをしたと思っています。刑務所に入ったからといって、絶対に許されるわけないんです」

社会に対して伝えたいことを聞くと、こんな返事が来た。

「『助けてほしい』と言うのはすごく勇気のいることです。私は運良く抜け出せた方ですが、いまも苦しんでいる人がいるかもしれません。少しでも『おかしいな』と思ったら、安心できるように声をかけてあげてください」

「苦しんでいる人へ。あなたが悪いのではありません。私のようにならないで。勇気を出して声を上げてください。あなたは一人じゃない。きっと助けてくれる人がいます」

証明が難しい、家庭内の性被害

現在は、18歳未満の子どもに、親など保護する立場の人物が性交をした場合、暴行・脅迫がなくても監護者性交等罪に問われる。監護者性交等罪は、2017年の刑法改正で性犯罪が厳罰化されたのに伴って新設された。ただ、家庭内での性被害は事実を証明することが難しいといわれる。子どもへの性暴力事件を多く手がける大阪市の弁護士・高坂明奈さんは「被害年数が長ければ長いほど、性行為の様態や日時など過去の事実を特定するのが困難になる」と指摘する。

愛知県内で2017年に実の娘と性交したとして父親が起訴された事件では、地高裁で裁判所の判断が分かれた。娘が19歳のときの事案だったことで、父親は準強制性交等罪（現・不同意性交等罪）に問われた。一審の名古屋地裁岡崎支部判決は、娘が中学2年のころから同意なく父親の性的虐待が始まり、精神的支配下に置かれていたと認めた。ただ、同罪の成立に必要な「抗拒《こうきょ》不能」（抵抗が著しく困難）な状態だったとはいえないとして無罪とした。

2020年の名古屋高裁判決は「父親が実の子に対し継続的に行った性的虐待の一環であるという実態を十分に評価していない」などとして、懲役10年の有罪判決を言い渡した。その後、判決は最高裁で確定した。一審の無罪判決は大きな注目を集め、性暴力に抗議する「フラワーデモ」のきっかけの一つにもなった。

高坂さんは当時、「抗拒不能の定義があいまいであるため、一審と二審で判断が分かれた。スウェーデンやカナダのように同意のない性行為を犯罪とする不同意性交罪があれば、被害者が苦しまずにすんだ」と訴えると同時に、「義務教育で教えられていないのに、性交について適切に判断できない」として、13歳以上とする性交同意年齢の引き上げも必要と言及していた。

こうした声が力となり、被害当事者や支援者たちの粘り強い働きかけもあって、2023年には刑法の性犯罪規定が再度改正された。従来の強制性交等罪と準強制性交等罪は統合され、意に反する性行為を処罰する「不同意性交等罪」となった。同時に、これまでは、被害者の抵抗が「著しく困難」でなければ成立しないとされていたが、要件の明確化が図られ、暴行・脅迫や恐怖・驚愕、地位利用など8項目の要因で、被害者が同意しない意思を形成・表明・全うするのが困難な状態にさせ、性行為に及んだ場合に罰する、と規定された。

性交同意年齢も、13歳から16歳に引き上げられた。また、公訴時効については、不同意性交等罪が10年から15年に、不同意わいせつ罪が7年から12年になった。18歳未満で被害を受けた場合は、性被害と認識できるまでに時間がかかるため、18歳になるまでの年月が加算されることになった。ただ、それでも不十分として、公訴時効の撤廃を求める声はいまも根強い。その他、監護者性交等罪の対象年齢の引き上げや、監護者の範囲を教員や指導者などに広げるべきだとする意見もある。

5章 立場を利用して

5章は、地位・関係性を利用した性暴力について取り上げます。教師、保育士、部活やスポーツクラブの指導者……。子どもの評価や指導などを行う立場にある人たちに対し、子どもたちは信頼を寄せたり、尊敬したりしています。そこには明確な上下関係、権力関係があります。

その関係の中で起こる性暴力に、子どもが抵抗することは極めて難しいです。「被害」と気づきにくい面もあります。加害者が周囲から信頼や尊敬を得ていることも多く、子どもが助けを求めにくい構造もあり、被害が長期化しやすいといわれます。被害を訴えても「まさか」とすぐには周囲に信じてもらえなかったり、対応が遅れたりすることも珍しくありません。異変に気づいたり、被害を告白されたりしたら、子どもの言葉を信じ、しっかりと受け止めることが大切です。

1 小1の私、先生を拒めなかった

小学1年のときの担任だった男性教師はささいなことですぐに激高した。「自由勉強帳がちゃんとできていない」と怒り出し、「先生のせいだ」と言いながら、教壇に自らの頭を強く打ちつけた。「先生、やめてください」。そう言って、幼かった美紀さん(仮名、40代)が駆け寄ると、「あなたは優しいね。こっちにおいで」と、窓側にあった教師の机の方に来るよう促された。みんなもいる中、ひざの上に座らされ、机の陰で下着の中に手を入れられた。美紀さんはとっさに《友だちに知られてはいけない》と思った。

「演劇のようですが、それがいつものパターンでした。私が率先して止めに行っていたから、手なずけやすかったのでしょうね」。東海地方に暮らす美紀さんは30年余り前の出来事をそう振り返る。

行為は毎回、同じように始まり、教室で何度も繰り返された。教師の性器を触らされた。教師は頻繁に自宅にも訪ねてくるようになった。母は「熱心な先生」と信じ、夕食をふるまった。父は帰宅が遅い。こたつの中や、2階の部屋でも触られた。《親に言ったら怒られる》と思い、美紀さんは周囲には何が起こっているかを言えなかった。

自分より体が大きく、教室で突然怒り出す教師が怖かった。拒むことはできなかった。小学2年の夏休みには、姉と友だちと、教師に山中のログハウスに連れて行かれた。そのとき、教師に覆いかぶさられていた記憶がある。立ち上がれないほど痛かった。忌まわしい行為は、教師が他校に異動になるまでの2年間、続いた。

高校1年の冬、突然、過食を止められなくなった。放課後、ファストフード店やラーメン店などをはしごし、家族が寝静まった後には台所をあさった。母親が食べ物を隠しても、必死で探し出した。

小学校時代の教師は、異動先の小学校を1年で退職し、近所で塾を開いていた。ある日、高校から帰宅すると、ポストに教師からのはがきが入っているのを見つけた。「僕の塾に通う女の子の家が貧しくて体操着を買えない。あなたが小学生のときにはいていたブルマを譲ってほしい」という内容が書かれていた。《気持ち悪い》。親には絶対に知られたくないと思い、美紀さんははがきを隠した。

それ以来、ますます過食をやめられなくなった。体重は70キロを超えた。食欲をコントロールできない自分に落ち込み、次第に高校を休みがちになった。自宅に引きこもるようになり、自覚はないものの夢遊病のように夜間、裸足で出歩いたこともあった。

高校3年の冬、精神科に入院した。

通っていたのは、ほぼ全員が大学をめざす進学校だったが、自分だけ進路が白紙だった。卒業後も摂食障害の治療のために入院した。そのとき、看護師に性体験について聞かれ、初めて小学生のときの出来事を話した。主治医は「心的外傷後ストレス障害（PTSD）かもね」と言った。そのときの美紀さんの受け取めは、《過去にあったことがいまの私と関係あるの？》と思う程度の認識だった。

しかし、その後、あのときの教師がいまも自分を見ているのではないか、との思いに駆られ、美紀さんは恐ろしくてたまらなくなり、20歳で地元を離れた。摂食障害、うつ、リストカット、薬の大量服用……。さらに、自分で髪の毛を抜くのをやめられなくなり、帽子やバンダナで隠さなければ、人前に出られなくなった。26歳で親元に帰った。

「それから30代前半までの不安定さが一番ひどかった」と美紀さんは言う。怒りを抑えられず、自殺未遂を繰り返した。過食をした後、のどに指を突っ込んで吐くことを覚え、体重は40キロを切るほどに激減した。不眠や失声、手足のしびれもあり、「身体表現性障害」と診断された。

長い苦しみに光が差したのは2017年ごろだ。過去の被害を詳細に語り、向き合うことで症状の改善をめざす療法に取り組み、《いまの自分は当時の弱かった自分ではない》と思えるようになった。

それでもいまも、過食嘔吐《おうと》をやめられない。教室で子どもたちを支配し、親にも教育熱心と思い込ませて性暴力を繰り返した教師。「いまさら牢屋に閉じ込めたところで何も解決しない。こんなに後々まで影響し、人生を棒に振ってしまった。どう考えても割に合わない。惨めで、切ない」と美紀さんは嘆く。

美紀さんの母親は「教師のゆがんだ性質を早く見抜いていれば。そう思うと娘がふびんで、無念でならない。私は、教師という立場の人間を疑うという考えを持ち合わせていませんでした」と自分を責め続けている。

母親が被害に気づいたのは、美紀さんが高校生のころだ。それから20年近く経ったころ、たまたま性加害を繰り返した教師にバスの中で会い、「私が誰かわかりますか」と呼び止めた。美紀さんがされたこと、いまも苦しんでいることを伝え、「娘に謝罪の手紙を書いてください」と迫った。教師は加害を認め、「ごめんなさい」と手紙に書きつづった。

美紀さんは幼いころから聡明《そうめい》だった。将来がひらけると信じていた。母親は、「真面目で賢くて、素直な子がひどい目に遭う。こんな理不尽が、許されない社会になることを願っています」と言う。

美紀さんは2024年の春になって、教師からの手紙を初めて開いた。謝罪の言葉がつづられた手紙を読み、「自分以外に性暴力があった事実を証明できる人はこれまで誰もいなかった。自分の記憶が裏づけられたような安堵感があったのは事実」と語る。でも、だからといって「謝ったから終わりではない。傷が癒えるわけでもありません」と言う。教師には「自分の犯した罪に向き合い続けてほしい」と求めている。

権力ある立場「教師は自覚を」

教師からの子どもへの性暴力は、地位・関係性を利用した性暴力の典型と言われる。圧倒的に教師が上の立場で権力を持つため、暴行や脅迫を伴わなくても性暴力が起きる。

長年、性暴力の問題に取り組んできた上智大学准教授（臨床心理学）の齋藤梓さんによると、加害する教師は「君のためだ」「指導だ」などと言い、子ども側はたとえ「嫌だな」「変だな」と思ったとしても、教師の主張に巻き込まれて「被害」と認識しにくい。周囲に知られると学校に行きにくくなると思い、子どもが被害を申告するのも難しい。

「教師からの性暴力は発覚しにくく、継続される傾向が強い。被害を受けると、子どもは大人や学校、社会を信用できなくなる。信頼する教師からの性暴力のダメージは極めて深刻。自尊心が著しく低下し、自傷行為や摂食障害に苦しむ人も少なくない。性暴力被害のせいで進路などがうまくいかなくなることもあり、人生に大きな影響を受ける」と齋藤さんは指摘する。

福岡県では、性暴力根絶条例に基づき、２０２０年度から、養成した性暴力対策アドバイザーを県内の公立の小中高校などに派遣し、性暴力についての授業を始めた。子どもたちを被害者にも加害者にもしないことを目的としたもので、22年度からは公立の全校を対象にしている。全国でも文科省などが実施を決めた「生命《いのち》の安全教育」が23年度から実施されるようになった。

齋藤さんはこうした取り組みを評価する一方、大人側の認識にも警鐘を鳴らす。「性暴力をキャッチする大人の感度が低い。子どもから相談があったら、それは『性暴力』だときちんと説明し、対応してほしい。子どもの訴えがあったら、矮小《わいしょう》化や過小評価をせず、真摯《しんし》に受け止めることが必要だ。学校は捜査機関ではないので、速やかに警察と連携をとってほしい」

ＮＰＯ法人「スクール・セクシュアル・ハラスメント防止全国ネットワーク」（大阪府）代表の亀井

明子さんは元中学の教員で、１９９０年代半ばから教師による性暴力やセクハラの防止と被害者支援に取り組んできた。これまでに全国から電話やメール、ＳＮＳで計約３０００件の相談を受け、学校現場での研修も行ってきた。

「とんでもない一部の教師がやったと思われがちだが、そうではない。加害者は教育熱心だったり、物静かでまじめだったり、『とんでもない』のイメージとは異なる先生が多い」

加害行為の背景としては、支配やコントロールの手段として性暴力を使う場合や、職場や家庭でのストレスが影響したケースもある。亀井さんは「何かのきっかけで誰でも加害者になりうる」と指摘する。これまでの研修を通して、権力を持っていることを認識している教師はほぼいなかった。「まず教師が自分たちが権力のある立場にいることをきちんと自覚する必要がある」と強調する。「遠回りに見えるかもしれないが、学校での、教師同士の話し合いや風通しの良さとともに、そうした意識変革が教師からの性暴力をなくすためには求められる」

また、亀井さんによると、故ジャニー喜多川氏による少年たちへの性加害の問題が社会問題化した後は、男性からの、小学生や中高生だったころの性被害の相談が目立つようになった。さらに、最終的に性的行為に及ぶことを目的として、子どもとの信頼関係を構築するための行動をとる「性的グルーミング」の問題も顕著になっている。「恋愛関係にもっていくのは加害者の常套《じょうとう》手段で、この恋愛関係は小学生が対象ということもある。性的グルーミングの加害者は、子どもにいきなり手を出すのではなく、子どもを手なずけて愛着を引き出し、信頼関係を作り出して性暴力に及ぶ」と亀井さんは指摘する。「女子だけでなく男子も同じように性的グルーミングによって被害者になる。教員と児童生徒という関係は、性暴力の加害者と被害者にとっては、互いにとても身近な相手と言える」

2 修学旅行の夜、体触った教師

小学6年の修学旅行のときだった。三重県に暮らす平野利枝さんは、旅館の一室で、クラスの女子15人ほどで布団を並べて眠っていた。平野さんが目を開けると担任の男性教師が隣で横になっていた。教師は平野さんのパジャマをめくり、肌を合わせてこう言った。「温かいね」

修学旅行の少し前にも、教師は平野さんを含む男女6人を自宅での「お泊まり会」に招いた。子どもたちが眠る部屋で、教師は「キスしようか」と、平野さんに唇を押しつけてきた。教室で体を触られたり、休日に教師が車で自宅まで迎えに来て、ドライブに連れて行かれたりしたこともあった。

《気持ち悪い。やめてほしい》と思いながら、拒否することはできなかった。

それから30年余り。《被害に遭ったのは、自分が悪かったせいでは》という思いを、平野さんはずっと誰にも言えずに一人で抱えていた。

40代になった2018年の夏、中学校の同窓会が開かれ、平野さんは同級生から「あなたが先生から被害を受けていたことは知っていたよ。助けてあげられなくてごめんね」と謝られた。このやりとりをきっかけに「やっぱり性犯罪だ。当時のことを確かめたい」と思うようになった。

他にも被害を受けたとみられる女子が数人いたことがわかった。でも、「あなたに謝罪があればそれでいい」「もう忘れたい」と言われた。当時の被害について、進んで語ろうとする人は少なかった。

振り返ると、担任教師は教室を「支配」していた。班同士を競わせ、忘れ物をする子や言うことを聞かない子がいると「班長の責任だ」と厳しく叱った。保護者からは「熱心な先生」と信頼されていた。教師は休み時間も職員室に戻らず、外から教室が見えないように窓を掲示物でふさいでいた。

平野さんは言う。「絶対に従わなければならない。私たちはそう思い込まされ、誰も逆らえませんでした」

同窓会があった年の冬、小学6年のときに隣のクラスの担任だった大原康彦さんに会いに行った。被害を打ち明け、支援を求めた。大原さんは驚き、「小さなことにしてはいけない」と、地元の教育委員会（教委）に通報。他に修学旅行で胸を触られたという同級生ら2人が、教委や当時の教師との交渉に加わった。

「何か知っていることがあれば教えて」。平野さんはＬＩＮＥで同級生にメッセージを送った。ある同級生からはすぐに「変態教師のことやろ」と返信があった。修学旅行の夜、その子も同じ部屋で胸を触られていたという。

教委との交渉を始めたころ、教師はすでに定年退職をしており、再任用教員として、別の自治体で教壇に立っていた。勤務先を所管する教委が聞き取り調査をしたが、教師は「覚えていません」と否認した。一方で、自ら翌年度の再任用の更新を辞退し、２０１８年度末で退職した。

教師が教委に対して何を語ったのか。平野さんは文書で、教委に対して情報開示を求めた。しかし、返ってきた文書はほぼ黒塗りだった。《これでは詳細がわからない。自分たちのことなのにどうして》。不信感が募った。

平野さんは教師にも直接面会を求めた。教師からは「お会いしてお詫《わ》びしなければなりません」という手紙が届いたが、実際に会うと、事実をはっきりとは認めず「あなたたちを傷つけたのなら申し訳なかった」と、あいまいに繰り返した。記者も教師を訪ね、事実関係を尋ねたが、教師は「一切お答えしません。迷惑です。苦しめないでください」と答えた。

平野さんらは、教師が事実を認めて謝罪するまで、面会を求め続けていくと心に決めた。平野さんらを応援する大原さんも「これは学校で起きたことだ」と憤り、「当時の子どもたちが置かれた状況を丁寧に調べることでしか、再発防止策は見つからない」と語った。大原さんにとっては、平野さんたちの案件は自分には関係のないこととは思えなかった。あのころ、窓を閉め切った教室や、子どもたちの様子を見て「おかしい」と声を上げる同僚は自分を含め誰もいなかった。修学旅行の夜にあったことにも気づけなかったのだ。「多くの大人がそばにいたのに子どもたちを守れなかった。あの教師だけの問題ではない」と大原さんは言う。

教師とのやりとりを重ねた結果の謝罪

その後も、平野さんたちは、事実関係を認めていなかった元教師とやりとりを重ねた。その結果、元教師は2021年10月、事実を認めて謝罪する文書に合意した。

平野さんたちは「起きたことを過去のものとせず、当事者の経験を生かしてほしい」との思いから、翌2022年の5月には市民活動団体「声を聴きつなぐ会」を立ち上げた。平野さんは「自分のような子どもを二度と出したくない」と実名を公表して被害を語り、教員向けに研修を開く活動を始めた。

平野さんたちは、２０２１年の12月に、地元の教育委員会（教委）に被害が発覚したときの適切な対応や予防策を求める要望書を提出した。このとき、教委に対して平野さんたちが直接、思いを訴えた内容をここで記したい。

私たちは小学校で担任教師から性暴力を受けていました。性暴力を被害として認識し、声を上げるまで約30年の時間がかかりました。性被害は人権や尊厳を侵害するとても深刻な問題です。大人になって被害を告白できたとき、証拠や時効の壁で教師は処分されることなく辞めていきました。被害と加害の関係をはっきりさせたい。本当のことが知りたいと思ってきました。

私たちがウソを言っているわけではない。この経験を無駄にしてほしくない。そういう気持ちを行政にも届けていきたいと思ってきました。しかし、時間が経過するほど、警察も弁護士も学校も私たちを守ってくれなかった。それでも私たちの小さな声を信じて、支えてくれた先生、家族、友人のおかげで、教師に個人的に面会し、４度の対面を経て事実を突きつけることができました。

彼はいくつかの性被害を認め、30年にわたって子どもたちを傷つけてきたことを認め、謝罪しました。

私たちは被害後の苦しみ、悲しみ、痛みを押し殺し、心を凍らせて生きてきました。性暴力は犯罪です。この取り組みはきっと未来につながる。その思いを要望書という形に表しました。

いま振り返ると、私自身が圧倒的に知識不足でした。被害を受けて嫌だと思っても、同じことを繰り返されるのが怖くてやめてほしいと言えず、誰にも相談できずに教師の指示に従うままでした。プライベートゾーンや性の大切さを、交通ルールを学ぶように当たり前のこととして子どもたちに伝えてください。私たちは卒業まで教師の支配に耐えるしか選択肢がありませんでした。子どもにとって教師には絶対的な力があると、教職員の皆さんに認識してほしい。そして、被害に遭った子どもや、加害の疑いがある教職員への聞き取りを専門家に任せる仕組み作りをしてください。調査で何度も何度も同じことを聞かれるのはとても苦しい作業でした。

性被害はその一瞬ではすみません。トラウマや後遺症は長く続き、心的外傷後ストレス障害（PTSD）は数年後、数十年後に現れます。長く被害者の心と体をむしばみ、爪痕は永久に残ると知ってほしい。加害教師の肌の生温かい感覚や、唇の感触、臭いはいまでも鮮明に残っています。

性被害の告白には時間がかかります。児童生徒だけでなく、卒業生から相談を受けたときのことを想定して、仕組み作りをしてください。

文科省、窓をふさがない工夫求める

文部科学省は2021年の4月に、児童生徒にわいせつ行為をした教員に対し「懲戒処分を行わず依願退職を許すようなことは、学校や教育委員会（教委）の信用を著しく損ねる行為であり、決してあってはならない」として、各都道府県教委に厳正な処分を求める通知を出している。しかし、平野さんの担任だったこの教師は定年退職後の再任用で、自ら翌年度の更新をしない選択をし、退職した。平野さんらの訴えを受け、調査に当たった教委の担当者は当時、「疑いがあったとしても、警察ではないので加害者に事実を認めさせることは難しい」と苦悩していた。

文科省は教員が密室でわいせつ行為に及ぶのを防ぐため、教室の窓を掲示物でふさがないようにするなどの工夫を求め、平野さんらの訴えを重く見た教委の担当者も「授業中に校長や他の教員が自由に教室に出入りできるようにするなど、校内になるべく死角を作らせないように努めたい」と話した。一方、平野さんが小学校時代を過ごした地元の自治体でも2020年度から、教員からの体罰を児童生徒に問うアンケートに「必要もないのに先生から体を触られたり、体のことについて性的な発言や行為を受けたりしたことはありますか」などと尋ねる項目を設けた。こうした動きは、千葉県や静岡県、大阪市などにも広がったという。

学校でのハラスメント問題に詳しい名古屋大学大学院の内田良教授（教育社会学）は「体罰やいじめと同様に、学校でも性暴力やセクハラが起こりうることを子どもに自覚させるようになってきた点は評価できる」とした上で、「性暴力は隠れた場所で行われ、被害者保護を理由になかったことにされやすい。学校でもセクハラが起きるとの前提で被害を『見える化』することで、初めて対策を立てられる」と指摘している。

3　教師からの性暴力、命絶った娘

那覇市に住む泉さつきさん（42歳）は、娘の日和《ひより》さんの声が聴きたくて、携帯電話の動画ばかり見ている。

16歳の日和さんが台所で勢いよくキュウリを切った後、刺し身を手に「どのお皿?」と笑顔を向けるところで終わる1分41秒の動画だ。よく見ると、日和さんの両手の甲にはかきむしった赤い傷がある。そのころ、さつきさんがその傷について「かゆいの?」と尋ねたが、日和さんは「虫刺され」と答えていた。病院に行こうかと水を向けても、「大丈夫」がいつもの返事だった。

日和さんが「息をしていても酸素が入っていかない。苦しい」と言い出したのは、2013年、市立中学3年の夏休みのころだ。その後、泣いて過呼吸になることが何回かあった。そのため、心療内科を受診した。診察中も話しているとパニック発作が起きた。医師からは「何か原因があるはず」と言われたが、理由はわからなかった。服薬しながら通院を続けることになった。

同じ年の11月14日、午前8時半すぎ、学校からさつきさんに電話があった。「(日和さんが)過呼吸を起こしたので、薬を持ってきてほしい」との連絡だった。この日は受験対策のための朝の特別勉強会があり、寝坊した日和さんをさつきさんが車で朝の7時ごろに学校に送り届けていた。

さつきさんは学校に急いだ。校舎に着くと、目を真っ赤に腫らし、やつれきった日和さんがいた。駆け寄ろうとすると、「学年主任がいるから大丈夫」と担任に止められた。薬を渡して学校を後にした。

夕方、帰宅した日和さんは疲れた様子だった。送ってくれた友人が「今日だけでいいので、寝ないで見守っていてください」と言った。どうしたのか原因を知りたいと思ったさつきさんが「けんかしたの?」とその友人に尋ねると、「そうじゃない。でも自分の口からは言えない」との返事が返ってきた。その横で、日和さんは何も言わなかった。《触れない方がいいのかな》。そう思ったさつきさんは何も聞かずにそのまま様子を見た。

翌日の夜、校長ら教員3人が突然、自宅を訪ねて来た。校長が、日和さんに対して学年主任によるわいせつ行為があったと土下座した。14日朝に、朝の勉強会を主催する理科教師の学年主任が、日和さんの唇にキスをしたという。

学年主任は日和さんが所属する部活の副顧問でもあった。朝の勉強会は、部員の3人の女子生徒を対象に夏ごろから週に2回早朝に開かれていた。その日参加したのは、たまたま日和さんだけだった。キスをされた日和さんはパニックを起こし、トイレに飛び込んで泣きじゃくった。それを見かけた友人が事情を聴き、学校側が知ることになった。その日の夕方に保健室で養護教員が話を聞くと、日和さんは「先生は悪くない」「どうしても友だちに相談したかった」「でも話さなければよかった」と泣きながら繰り返したという。

校長らからその話を聞いて、さつきさん自身がパニックになりそうだった。涙があふれ出た。でも、隣の部屋には教員と話をしている日和さんがいる。落ち着かなくてはと自分に言い聞かせた。「娘さんを守るために他言はしないでほしい」。そう言って校長らは帰っていった。《これ以上、日和を傷つけたくない》。さつきさんはそっとしておいた。

明らかになった学年主任の加害行為

その後の調査で、学年主任の日和さんへの加害行為が明らかになった。学校側の資料などによると、「泣きそうになった日和さんの手を握ったり、背中をさすったりした」「ひざの上に乗せて後ろから抱きかかえた」「背中をとんとんしながらハグした」「ドライブに誘い、後ろから抱きしめた」「手をつないで歩き、『高い、高い』をした」「スカートの下に手を入れてお尻をたたいた」――。

さつきさんは警察に相談した。女性の警察官が何回も来て日和さんと話をした。当時は強制わいせつ罪（現・不同意わいせつ罪）などは親告罪で、告訴するには、被害者が13歳以上の場合は本人の同意が必要だった。だが、日和さんは首を縦に振らなかった。

「先生の家族はうちみたいに母子家庭になるの？」

「先生は捕まるの？」

「先生は学校を辞めるの？」

「そうなったらどんな生活になるの？」

「周りが不幸になるなら、自分が我慢した方がまだマシだ」

日和さんはそう繰り返した。自分がひどく傷ついているにもかかわらず、学年主任のことは、決して悪く言わなかった。

さつきさんは言う。「人を思いやるようにと言って育ててきたことが裏目に出たのかもしれない。まだ先生を信頼したいという気持ちがあったのだろうか。こんなに我《が》を通す日和は初めてだった」

日和さんは以前から加害者の学年主任を信頼していた。声優になるのが夢で、「有名になったら、恩師として先生の名前を言う」と話していたほどだった。

告訴することを拒んだ日和さんだったが、その後「死にたい」と漏らすようになり、たびたび泣き出した。精神科にも通ったが、睡眠薬を飲まないと眠れず、体重は42キロから35キロに一気に減った。学校は休みがちになったが、それでも、内申に響くからと何とか登校して卒業した。合格した私立高校では運動部に入り、笑顔が増えていった。さつきさんの目には、日和さんが落ち着いてきたように見えた。

しかし、2014年12月4日、日和さんは通院していた精神科の女性医師に「11月ごろから思い出して泣くことが多い」などと打ち明けた。「記念日反応」と呼ばれるものとみられた。被害者が、被害に遭った季節になるとそのときのことを思い出したり、その影響で体調が悪くなったりすることは珍しくない。この日のカルテには「(先生とのことは)仲の良い友達しか知らないと思っていたら、高校に入ってからみんな知っていた。うわさになっていたと聞いた」とも記入されていた。

これが、最後の診察になった。同じ日の29日の未明、日和さんは自ら命を絶った。

「加害した教師を日和は信頼していた。その気持ちを利用したことが許せない」とさつきさんは言う。加害教師は日和さんへの行為を認め、2014年3月に懲戒免職処分を受けた。だが、その後、官報には掲載されていなかったことがわかっている。

「性加害で懲戒免職になった人には教員免許の再取得はしてほしくない。傷つくのは子どもだ」とさつきさんは絞り出すように話した。

日和さんが健在ならばこうやって声を上げることは控えていたかもしれない。だが、教員による性暴力事案が後を絶たない現実に「日和の死や苦しみを無駄にしたくない」と、さつきさんは実名で取材に応じることを決めた。

加害教師からは2015年10月に手紙での謝罪文が届いた。「訃報《ふほう》を知り、目の前が真っ白になり頭を鈍器で殴られたような大きな衝撃を受けた」「日和さんに与えてしまった影響は消えることなく苦しめていたことに改めて自分の過失の大きさを知り、日和さんとお母様に対して本当に申し訳ない気持ちでいっぱい」などとつづられていた。

さつきさんは、日和さんが亡くなってから、「先生とのことを思い出すと苦しくて、自分の手をえぐるようにひっかいていた」と日和さんが友人に打ち明けていたことを知った。《目に見えるSOSになぜ気づかなかったのか》。さつきさんは自分を責める。

どんな言葉をかけられても、日和さんはもう帰ってこない。さつきさんは訴える。「加害者にとっては『たかが抱きしめ』『たかがキス』なのかもしれないが、とんでもない。教員の行為がどれだけ子どもを深く傷つけるのか考えてほしい。同じような被害は絶対に繰り返してほしくない」

日本版DBSの創設

性暴力で懲戒免職になった教員が再び教壇に立つことを防ぐために検討されてきた新制度「日本版DBS（Disclosure and Barring Service）」創設を盛り込んだ「学校設置者等及び民間教育保育等事業者による児童対象性暴力等の防止等のための措置に関する法律」（こども性暴力防止法）が2024年6月に、国会で成立した。犯歴が確認された場合の配置転換などが義務づけられ、就業を部分的に制限する仕組みが、26年中に始まる。

日本版DBSの詳細については後述するが、まずはこれまでの動きを振り返ってみたい。

以前は、わいせつ行為などが発覚し、懲戒免職処分になって免許が失効しても、教育職員免許法では3年経てば再取得できる仕組みになっており、免許を失効した教員の名前が官報に掲載されていない事例も相次いだ。また、勤務地が変わった場合などに処分歴が共有されにくい問題もあった。

たとえば愛知県ではこのようなケースがあった。2017年に教え子への強制わいせつ（現・不同意わいせつ）容疑で公立小学校の臨時講師の男が逮捕、起訴された。男はその4年前の13年に他県で児童買春・児童ポルノ禁止法違反の罪で略式命令を受け、停職6カ月の懲戒処分となり、依願退職していた。しかし、免許は失効していない上、男が改名したこともあって処分歴は共有されておらず、愛知県の公立小学校で働き、性犯罪を繰り返していた。

こうした事態を受けて文部科学省は2021年2月に、処分を掲載する「官報情報検索ツール」の閲覧期間を直近の5年から40年まで延ばした。またこれまで官報には処分理由が記載されていなかったが、21年4月からは処分理由をわいせつ行為など5種類に分け、掲載するようにした。

この他、教員による性暴力案件が次々に報道されたことなどから、児童生徒へのわいせつ行為で懲戒免職になった教員について、失効した教員免許を再交付しない権限を都道府県教育委員会に与える「教員による性暴力防止法」が議員立法で2021年5月に成立。翌22年4月に施行された。それまでは、懲戒免職になり教員免許を失効しても、3年経って申請すれば自動的に再交付を受けられたが、この法律によって各教育委員会が再交付を拒否できるようになった。

この法律では、教員による児童生徒や18歳未満に対する性交やわいせつ行為などを、同意の有無を問わず「児童生徒性暴力」と定義し、その禁止も明記されている。また、国や自治体に、過去にわいせつ行為をした教員の情報を共有できるデータベース（DB）の整備も規定されたことから、教員や保育士ですでに性加害を行った人の情報を共有するＤＢ化が進められている。文科省は２０２３年４月に、わいせつ行為による懲戒免職などで教員免許が失効した元教員の情報をＤＢ化し、全国の教育委員会や学校法人に共有。過去40年までさかのぼって22年度までに約２３００人をリスト化した。教育委員会や学校法人は、教員を採用する際にＤＢで履歴の有無を確認しなければならない。

保育士については後述するが、２０２２年６月に成立した改正児童福祉法で、児童への性暴力で登録を取り消された保育士に関するＤＢの整備が盛り込まれ、24年４月から運用が開始された。教員同様、過去40年分（当面は、保育士登録制度が始まった03年度以降）の情報が登録され、自治体や保育施設が保育士を採用する際に、ＤＢを検索することが義務づけられている。

ただ、これらのＤＢはそれぞれ、学校や保育施設以外の民間事業者では利用できない。そのため、民間学童や学習塾、スポーツクラブなどの子どもに接する施設で、子どもへの性暴力を行った人をどのように排除していくかは今後の課題だとされる。

参考にしたのは、イギリスの制度

一方、日本版ＤＢＳが参考としているのは、イギリスの制度だ。18歳未満の子どもや障害者にサービスを提供する者から一定の犯歴がある者を排除する法律があり、「ＤＢＳ」という政府系機関が犯歴照会に応じる。イギリスでは、子どもにかかわる仕事の雇用主が求職者の情報をＤＢＳに照会し、ＤＢＳから開示を受けた求職者は、性犯罪歴がないことの証明書を雇用先に提出しなければならない。特に、８歳未満の子どもに１日２時間以上接する業務に就く人は、学校や保育施設・シッターなどの監査をする教育水準局（Ｏｆｓｔｅｄ）への登録が必要で、ＤＢＳの証明書が必須となる。ＤＢＳは、警察が保管する個人情報のデータベースも用いられ、確定した犯罪だけでなく、暴力トラブルなどの通報も記録される。保護者はＯｆｓｔｅｄの監査情報をチェックすることで、サービス提供者が登録審査をクリアしていることや評価を確認できる。

子どもへの性暴力に詳しい弁護士の寺町東子さんは「日本では職業選択の自由などの観点から、わいせつ行為などをした人を保育や教育の現場から永久追放すべきか、社会的コンセンサスがない。子どもとの接触機会をなくし、再犯の引き金となる環境を作らないことは、加害者にとってもメリットになる。まずは子どもの人権を優先するべきだ」と話し、日本版ＤＢＳの導入を強く求めていた。

こうした世論の大きな声に押され、こども家庭庁は、２０２３年６月に刑事法や民法、児童心理の専門家、保護者らによる有識者会議を設置。９月には、事業者が従業員の性犯罪歴をデータベースで確認し、子どもと接する職場への就労を事実上制限する措置を求める――とする報告書をまとめた。

報告書は、学校や認定こども園、保育所、児童養護施設、障害児入所施設などについては、性犯罪歴の確認の義務化を求めた一方、認可外保育所や放課後児童クラブ（学童保育）、学習塾、スイミングクラブなどは、政府が「認定」した施設を対象とすることが適当だとした。また、対象となる犯歴は「裁判所による事実認定を経た前科」とし、不起訴処分や行政による懲戒処分などについては、確認の対象に含めるのは難しいとの見方を示した。ただ、与党内からも「義務化の対象を広げないと実効性が伴わない」など見直しを求める声が相次ぎ、検討が続いていた。

２０２６年中に新たに始まる日本版ＤＢＳでは、犯歴確認する対象は、採用希望者や現職で、学校教育法など行政に監督や認可の法的根拠や権限がある学校や認可保育所などで義務化されることになった。学童保育や認可外保育所、学習塾などは任意の認定制度となり、希望する事業者が一定の要件を満たせば国が認定し、犯歴確認などが義務化される。認定を受けていることは広告などで示すことができる。

確認対象となるのは、不同意わいせつ罪などの刑法犯や、痴漢など自治体の条例違反事案で、不起訴事案や行政処分は含まれない。犯歴を照会できるのは刑を終えてから20年、執行猶予がついた場合は判決確定日から10年、罰金以下は刑を終えてから10年となった。犯歴が確認された場合は、配置転換などの措置をとることが義務化され、配置転換が難しい場合は解雇もありうる。

犯歴の照会期間は、刑を終えて一定期間を経ていれば刑が消滅する刑法の規定を踏まえ、性犯罪を繰り返す人が再犯に及ぶまでの期間を調べて決められたが、「無期限とするべきだ」との声は根強い。また、事実上の就業制限となるため、「裁判所による事実認定を経た前科」が対象とされ、不起訴事案や行政処分は含まれていないが、そうした事案や処分も含めるべきではないかなどの声も多く、課題は少なくない。国会から政府への注文となる「付帯決議」は19項目にのぼり、いかに実効性を高めるかが課題といえる。寺町さんも、新たな法制度については「『認定』を受けた事業者に犯歴の有無を回答する方法では、対象事業者が限定され、実際に犯罪が起こっている認可外保育施設やベビーシッターが認定されず、置き去りになってしまう可能性がある」と指摘する。

同時に、こども家庭庁に申請して「犯罪事実確認書」の交付を受けるという形になっていることに懸念も示す。「『犯歴』という非常に重要な個人情報が国家機関の外に出て、認定された事業者が悪用すれば、犯歴が漏洩《ろうえい》してしまうリスクがある。犯歴者の更生の観点からも問題がある」。その上で、寺町さんは、犯歴を事業者に渡すのではなく、子どもにかかわる仕事に就く人は全員、国の機関、たとえばこども家庭庁への登録を義務づけるという方式にすべきだとする。「こども家庭庁は登録申請を受けたら、その都度法務省に問い合わせをし、もしその申請者に性犯罪歴があれば『登録を拒絶する』とだけ回答し、登録ができなかった人は、子どもにかかわる仕事に就くことはできない、というような仕組みにすべきだ。併せて、登録要件に研修受講なども義務づければ、登録拒否=犯歴者と推定されることも避けられる」と提案している。

オーストラリアでは犯罪歴の照会後に証明書発行

朝日新聞の「子どもへの性暴力」の連載を読んで、海外から現地での取り組みを寄せてくれた人もいる。オーストラリアのニューサウスウェールズ州で教師をしている庄島美香さんだ。

庄島さんによると、同州では有給、無給を問わず18歳以下の子どもに接する場合は、ワーキングウィズチルドレンチェック（WWCC）という証明書の提出が必要だという。WWCCを取得するには、オンラインで免許証などの個人情報を入力した上で、州政府が全国の警察に申請者の犯罪履歴を問い合わせ、子どもと接することが適当だと判断を受けた場合に発行される仕組みだ。学校はもちろん、図書館、スクールバスの運転手、救急救命士など様々な職業が対象で、ボランティアでも提出が必要となる。

しかも、5年に1度の更新が必要で、日本円で7千円ほどの自己負担がある。庄島さん自身も教員になる前の教育実習の際にＷＷＣＣを取得した。また、教員資格の取得には、チャイルドプロテクション（児童生徒保護研修）の受講が必要で、庄島さんは半年かけて虐待の兆候をどう発見するかなど、性暴力を含めて子どもを守る方策を学んだ。

勤務する学校では、年に1度、全職員が児童生徒保護研修を受ける。子どもへの虐待はどのようなものがあるのかを学び、個別ケースについて3～4人で話し合う。身体的なもの、精神的なもの、育児放棄、性的なものなど様々な虐待があることを再確認し、兆候や被害を覚知した場合の対応を共有する。庄島さんは「オーストラリアのケースが完璧なわけではないですが、子どもをどのように守るかを考えて作られた制度。自分で何ができるのかを日々考えながら子どもたちに接しています」と話している。

資格の再取得はありか、なしか

教員や保育士など子どもにかかわる仕事につく人たちの資格取得はどうあるべきなのか。わいせつ事案で懲戒免職となった教員などについては「再犯の恐れがあるので、資格の再取得はさせるべきではない」という声は多い。2020年9月には、小中高校生の保護者らで作る「全国学校ハラスメント被害者連絡会」（東京都）が子どもにわいせつ行為をして懲戒処分となった教員について、免許の再交付をしないよう求める約5万4千人分の署名を文部科学省に提出している。

そうした動きに対して、加害者臨床にかかわってきた大阪大学大学院名誉教授（司法犯罪心理学）の藤岡淳子さんは「治療にかかわる人に対しては、子どもがいる職場はやめるべきだと忠告する」と前置きした上で、「一律に再取得を認めないというのもどうか」と首をかしげる。カナダの研究では性犯罪者が10年間プログラムを受けるなどして再犯をしないで過ごすと、その後の再犯はほぼないとの結果が出ているという。「加害者は教員に戻れなくても経歴を隠して塾などの先生になることも考えられる。免許の再取得を不可能にすれば終わる話ではない」

藤岡さんによると、加害教員はいくつかに類型化できるという。

①熱心で高い評価を受け、子どもには恋愛と思わせるなどする「手なずけ型」（対象は高校生が中心で、性暴力は継続的で性交を伴うことが多い）

②虐待など厳しい環境で育ってきた子どもに過剰に同情し、「自分が助けなくては」と思ってしまう「救済者願望型」（自分の指導に自信がない比較的経験の浅い教員が多い）

③自分が不当に低く評価されているなどと不満に思うなどして加害に及ぶ「性暴力型」（小中学校中心）

④自己主張が苦手でおとなしく、一人の世界にのめり込む「盗撮型」——など

「本気で対策を考えるなら、まずは全国の加害教員のデータを集め、それぞれの特徴に合わせて何が必要なのか見極めるべきではないか。免許の再取得不可や対策を練るには、データの集積と分析が不可欠だ」と藤岡さんは話している。

4　教師の性暴力を訴え、学校を自主退学

「どれだけの勇気を持って告白したか。それをなかったことにされるのは悲しい」

東北地方にある国立の高等専門学校（5年制）を自主退学した陽子さん（仮名、19歳）は、そう話す。

陽子さんは3年になった春、当時のクラス担任だった男性教師の研究室に所属してゼミ形式の授業を受けることになった。尊敬し、信頼していたその教師とのゼミ形式の授業を選んだ学生は一人しかおらず、1対1の授業だった。教師が選んだ教材は、ミシェル・フーコーの「性の歴史1　知への意志」。性の歴史を元に抑圧について考察する内容だった。陽子さんはもともと成績は良かったが、哲学書だったので内容が難しく1ページを理解するのに1時間以上かかり、睡眠時間も短くなった。授業では1対1の空間で性的な言葉を口にしなくてはならず、苦痛を感じた。陽子さんによると、欲望についての説明では「どんなときにエッチなことを考える？」などとも問われて混乱した。「全く理解してないね」などと高圧的に指摘されることもあり、週に一度の授業が恐怖になった。

あるとき研究室を訪ねて「もう無理です」と伝えると、「おいで」と手を広げられ、そのまま抱きつかれた、と陽子さんは言う。「気づいたときには背中に教師の手があり、上半身が密着していた。何が起こったのかわからなかった」。その後も「頑張りなさい」と頭をなでられたり、背中をぴったりとくっつけて腕の長さを比べられたり、不快な身体接触が何度もあった、と陽子さんは訴える。

陽子さんは単位をもらえなくなることを恐れ、「自意識過剰なだけだ」と自分に言い聞かせようとしたが、自分の体が汚く感じられ、涙が止まらなくなったり、食事も満足に食べられなくなったりして、3年の9月からは学校に行けなくなった。

学校側、調査や対応に難しさ

陽子さんの訴えを受けた学校は調査委員会を立ち上げて調査した。性的な言葉が多用されている教材を使ったこと、正規の授業時間を超えて授業をしたことはハラスメントに当たるとして、翌年2月に教師を訓告処分とした。性暴力については直接的な証拠がないとして認定できなかったとしている。教師は取材に対し、背中を合わせて腕の長さを比べたことがあったことは認めたが、「抱きつきなどセクシュアルハラスメントに相当する行為は一切行っていない」と答えた。また、LINEなどで来た陽子さんの相談に親身になって応じたが、陽子さんを授業で精神的に追い詰めるようなことはしていないと話す。

調査委員会の委員長を務めた前副校長はその後、陽子さんが退学したことについて「気の毒だし、胸が痛む」と話しつつ、「両者の言い分が一致しないときにどちらが本当かはなかなか決められない。我々は警察ではないので、それ以上は踏み込めない」と学校としての調査や対応の難しさを明かした。

学校で性暴力の訴えがあったときに事実をどう認定するかは大きな課題だ。被害を訴えた側だけでなく訴えられた側の人権も考慮する必要があるからだ。情報提供を受け、記者は陽子さんをはじめ、両親、主治医、学校、教師などに取材をした。

陽子さんは心的外傷後ストレス障害（PTSD）の診断を受け、カウンセリングを受けている。いまも学校の近くに行くことさえできず、テレビドラマで抱きつくシーンなどを見るとフラッシュバックが起こって息が苦しくなる。「私のような思いをする人が出てほしくない」と願う一方で、「いまは人の多いところが怖い。これからが不安で仕方ない」と話している。

5—〈元生徒の告発〉あの先生が、まだ教壇に

法廷で闘った末に、教師からの性暴力の事実を、社会的に認めさせた女性もいる。

東京都在住の写真家、石田郁子さんだ。石田さんは41歳だった2019年2月に、中学卒業前から大学生のころまでの間、中学時代の教師から性暴力を受けたとして、札幌市とその教師に対し損害賠償を求めて東京地裁に提訴した。

この裁判で、石田さんは、2015年12月に札幌市内で教師と会食したときに教師が行為を認める発言を録音したものを証拠として提出したが、東京地裁は、被害から20年が経過したため賠償請求権が失われたとする「除斥期間」を理由に訴えを棄却した。納得できなかった石田さんは控訴。20年12月、東京高裁は訴えを棄却する一方、教師の性加害行為を認定する判決を出した。その後、判決は確定した。裁判の結果を受け、札幌市教育委員会が教師を懲戒免職にした。

性暴力をめぐっては、相手側が否定した場合の調査や処分の難しさといった課題もある。裁判を起こした理由やこれまでの思い、社会に求めることについて石田さんの声を紹介する。

石田さん「気づいたのは22年後、あれは性暴力」

悪いことをした人が、そのまま先生をしているのはおかしい——。その思いで教師と札幌市を相手に損害賠償を求める民事訴訟を2019年に起こしました。教師だけでなく、子どもたちが通う

教育現場にその教師を勤務させ続けている教育委員会も許せないと思ったのです。

提訴までは何人もの弁護士に「勝てない」と断られ、周囲からは「なぜいまさら?」「相手も家族がいる」「好きだったんじゃないの?」などと言われて、理解されないことがつらかったです。でも、私自身は何も悪いことはしていない。実名で顔を隠さないで会見しました。世の中の受け止めは肯定的なものが多く、「世の中は自分が思っていたより安全だ」という感覚を持ちました。一、二審ともに請求権が消滅する除斥期間が過ぎているとして敗訴でしたが、2020年12月の高裁判決では中学時代から教師に性暴力を受けていたことは事実認定されました。


中学校の卒業式の前日、当時通っていた札幌市の公立中学の美術教師に美術館に誘われて、展覧会を見に行きました。自宅アパートに連れて行かれて「好きだ」などと言われ、抱きつかれてキスをされた。1993年3月のことです。教師は当時28歳。私は美術科のある高校への進学も考えていて、他の生徒と一緒にこの先生に実技指導を受けていました。絵を描くのが好きになり、褒められたいという思いがあった先生でした。

以降、高校入学前は美術準備室で、入学後は先生の自宅アパートなどで体を触られ、キスされ、性交されました。当時の私には、先生を疑うという発想はありませんでした。先生は自分を好きだから性的なことをしてくると思う一方で、子どもである私が性的なことをするのは悪いことだという思いもありました。私は教師から交際だと思い込まされていたのです。

大学卒業後、アルバイトをしながらフォトグラファーとして働きましたが、自己肯定感を持てませんでした。中学時代は生徒会長を務めるなど積極的な性格でした。でも、大人になって生きづらさを感じるようになりました。カウンセリングに行きましたが、なぜそうなっているのか自分でもわかりませんでした。恋人はできても真剣に付き合えないということも繰り返しました。

2015年5月に、東京高裁で性暴力事件の裁判を傍聴する機会がありました。刑務所や裁判について知りたいと傍聴に通っていて、たまたま行き着いた裁判でした。加害者は20代の児童養護施設職員で、被害者は16歳。加害者が「恋愛だ」と主張しているのを聞き、自分と教師との間に起きたことが重なりました。ショックで、泣きながら帰宅しました。その後、法律などを調べるうちに「あれは性暴力だった」のだと理解しました。

そのころから眠れなくなりました。教師の行為は性犯罪であり、他の生徒にも被害の可能性があるのではないかと思い始めました。自分だけの問題ではないと思うようになったのです。

謝罪した教師、一度は見送られた処分

周囲には反対されましたが、その年の12月、教師に連絡し、札幌市内の飲食店で会いました。教師が当時のことを記憶しているのか、どう考えているのかを知りたかったからです。当時のことを聞くと、彼は私にした行為について自ら話し、謝罪しました。私はこのとき、性暴力があったことを周囲に理解してもらうには証拠が必要だと考え、会話を録音していました。

翌2016年に札幌市教育委員会を訪ね、教師の行為を説明して懲戒処分を申し入れました。飲食店で録音した教師との会話の内容も提出しました。ずいぶんやりとりをしましたが、市教委は本

人が否定しているとの理由で処分はできないと連絡してきました。そのころから、当時の状況や感覚がよみがえるフラッシュバックが起こり、また同じことが起こるのではと強い恐怖を感じるようになりました。後に、心的外傷後ストレス障害（PTSD）と診断されます。

ところが、2020年に高裁判決が行為を事実認定したことを受け、札幌市教委は教師を懲戒免職とする処分を決めました。大嵐が静まり、突然太陽の光が差したように感じました。でも、私は裁判で提出した資料を5年前に市教委に提出しています。市教委は本人の否定を理由に処分を見送りました。これでは、教師が否定すれば処分は免れるということになります。一方で、今回の処分は私が望んだ結果ではありますが、処分決定までの市教委の私への対応は不誠実なものでした。処分の過程できちんと市教委が証拠や主張を吟味して事実認定をするべきで、それがちゃんと行われたのか疑問も感じました。

被害を最小限にするのは「加害を防ぐ」視点

市教委にも提言しましたが、教員による性暴力を防止するには、懲戒処分の対象となる行為が疑われる場合は、事実認定についての調査・判断は第三者委員会が行うべきです。また、子どもたちに定期的にアンケートをするなど実態調査も必要です。教員に対して、何が性暴力なのかといった研修もきちんと行わなくてはなりません。性暴力行為の疑いがある場合は、教員を一時的に学校現場から外し、依願退職や異動などによる責任回避をさせないことも必要だと思います。

現状（2021年のインタビュー当時）では、懲戒処分されても3年後には教員免許の再取得が可能ですが、再取得はできないようにしてほしい。被害を最小限にするのは、「被害を防ぐ」でなく、「加害を防ぐ」という視点をより重視してほしいと考えます。

子どものころから、ものをとること、お金をとることはいけないと教えられます。たとえ100円でも、盗んでいいとは誰も言いません。ですが、性的なことになると、「ちょっと触っただけ」となります。性暴力に軽重はありません。

子どもたちにもあなたに起こっていることは大変なことなのだと伝えなくてはいけないと思います。「被害者がつらくなる」と言う人がいますが、そうではありません。私もそうですが、被害者は自分に起こった恐ろしい出来事を見ないようにして、大したことないと思い込むのがふつうです。それは後の生活や人生に悪影響をもたらします。大変なことが起きたと認識し、ちゃんとケアされる必要があります。そういう意味でも、私は「スクールセクハラ」という言葉は軽い印象を与えるので、使ってほしくありません。多くの被害当事者がこの言葉によって傷ついています。また、「わいせつ」という言葉についても、被害当事者たちから被害を矮小化しているという声も上がっています。今後はきちんと「教員による性暴力」と表現していくべきだと考えます。

市教委「事実認定には限界」　相談態勢を見直し

札幌市教育委員会（市教委）が当時の教師に聞き取り調査を行ったのは2016年で、3回の聞き取りに対し、元教師は一貫して性暴力を否定した。市教委が相談した弁護士も「客観的な事実が認められない現状で懲戒処分を行った場合、処分の取り消し請求をされると裁量権の逸脱・乱用であると判断され、市教委側が敗訴する」との見解だった。結局、市教委は16年12月、懲戒処分はできないと結論づけた。

しかし、２０２０年12月の高裁判決を受け、市教委は翌21年1月末、一転して懲戒免職に踏み切った。司法が判決の中で性暴力の事実を認めたことを重く見た。市教委の担当者は「16年の調査では本人が否定している以上、捜査機関ではない市教委が事実認定をするのは限界があった。いま思えば、当時、石田さんが出した証拠を元に踏み込んで詰めるなど、もっと方法はあったかもしれない」と振り返る。教員による教え子への性暴力は、密室の場合が多いことや、児童・生徒自身が声を上げることのハードルが高いことなど、市教委も把握の難しさを認める。市教委は21年4月から、これまでの体罰相談窓口を拡充し、性被害に関する相談受付も開始した。

一方、元教師側は２０２１年の3月に懲戒処分の取り消しを求めて札幌市人事委員会に審査請求を行った。元教師側は、大学生のころの石田さんとは「交際していた」とするが、高裁が認定した行為については、当時の勤務状況や周囲の状況などから「そうした行為を行うことは極めて困難」などと否定する。石田さん側が提出した録音記録については「刺激しないように話を合わせた」と説明し、高裁判決は「事実誤認」と主張。判決としては元教師側の全面勝訴のため、上告はできないとも訴える。「市教委は一方的に処分を行った」としている。朝日新聞は元教師側の弁護士を通じて元教師への取材を申し込んだが、元教師は取材に応じなかった。市人事委は23年3月、市教委の懲戒免職処分を妥当とする判断を出した。これを受けて元教師側は、処分の取り消しを求めて札幌地裁に提訴している。

interview

被害の影響、自責感強く

精神科医・武蔵野大学教授　小西聖子さん

性交がなくても、キスや抱きつきも性暴力です。子どもたちの心身を深く傷つけます。私は臨床の現場で、このシリーズで書かれているような教師、保育士、スポーツクラブの指導者、施設職員、医者からの地位や関係性を利用した性暴力の被害者を診察したことがあります。年齢によっても違いますが、恋愛だと思い込まされたり、実は強制されているのにそう思えなかったりして、自責感が強いのも特徴です。

治療の場に来たとき、眠れない、学校に行けない、思い出せない、感情がない、思い出すと具合が悪くなる、などと訴える人が多いですが、それらは性暴力を受けたことで生じる反応です。死にたくなる、自傷するというのも症状です。性暴力に伴う心的外傷後ストレス障害（PTSD）は、うつと一緒に発症することも多く、また「解離」のある人は自分の感情がわからなくなっているので、衝動的な行動をとりがちです。そうした行動化の背景には、絶望の気持ちがあります。絶望する一番の理由は孤立。被害者には支えてくれる人の存在が必要です。

また、SNSで誰かと知り合って性交するという行動も若い性被害者には起こります。そこには、前の体験をなかったことにしたい、成功体験として塗り替えたい、人にコントロールされ、侵害された体験を塗り替えて自分がコントロールする側になりたい、金銭を得て復讐《ふくしゅう》したい、などの気持ちが働いています。性暴力の体験を傷ついた体験として残したくないという思いがあります。

当事者には、被害の影響として自責感が生じることや性的な行動が起こること、抱える症状が治療によって良くなることを知ってほしい。自分はどうしようもない人間だと思うことはありません。起こったことは消えないけれど、トラウマの症状は良くなります。苦しさが整理され、「私は悪くない」と思えるようになります。

周りの人は、本人がどう困っているかを聞き、信じてあげてください。でも、そう簡単ではありません。支援している被害者がSNSを使って誰かに会いに行き、性行為をしていたら、どう思いますか。それが性暴力を受けた後には起こることなのだということを知らなければ、被害者を信じ続けるのは難しいのも事実です。だから、周囲も性被害がどんな症状や行動をもたらすのかを理解することが大切です。

学校では、最近は理解ある養護教諭が治療につなげてくれることが増え、少しずつ変わってきました。とはいえ、どうしていいかわからずに遠巻きに見ているとか、逆に大したことないと考えて放置するということが起きています。学校での性暴力は珍しくないこと、被害者がとる可能性のある行動は教員が理解して対応する必要があります。

教師のような権力のある人が加害をした場合、生徒が抵抗しなかったとしても、被害者にはいろんな心理や恐怖が働きます。どうしていいかわからなくてニコニコすることもあれば、先生のことを悪く思ってはいけないという気持ちを持つこともあります。他の人に訴えることで先生の人生を壊してしまうことが怖いと言う人もいます。

教員は、学校には様々な子どもたちが来ていて、中には脆弱《ぜいじゃく》な子どもがいることを理解しておくべきです。加害行為があっても「嫌」とはねのけることができる生徒はいるかもしれません。でも、できない子もいる。「NO」と言わなければ受け入れられたと思うのはとんでもない考えです。そうしたことを教員に教育するべきです。教員による性暴力は明らかになっていないものがかなりあると思います。

こにし・たかこ／武蔵野大学心理臨床センター長。専門は臨床心理学、トラウマ・ケア。心的外傷後ストレス障害（PTSD）の治療に関する研究をしている

6 「内緒だよ」保育士から言われ

2020年2月下旬の深夜。千葉県野田市の順子さん（仮名）のもとに、同じ保育所に通う「ママ友」から電話があった。娘の担任の保育士の男（26歳）に関する連絡だった。安心して預けていた保育所だ。「お宅の娘さんは大丈夫？」と聞かれ、「うちの娘が『先生のおちんちんをなめちゃった』と話してきた。どうしよう」と言われた。順子さんは《まさか》と耳を疑った。

娘に「先生と二人になることはあるの」と尋ねると、娘は少しうつむいて「ママ、怒らない？」と

ためらいながら話し始めた。「『積み木が入っているから触って』と言われて触ったことがある。お昼寝のお部屋で、まわりの子は寝ているときだった。でも先生に内緒だよと言われているの」

順子さんはすぐ保育所へ行き、事情を伝えた。だが、園長は「保育士と子どもが1対1になることはない」と説明した。

まもなく、男は他の園児への強制わいせつ（現・不同意わいせつ）や強制性交（現・不同意性交）の容疑で逮捕、起訴された。順子さんも警察に被害届を提出したが、娘への行為については起訴されなかった。検事からは「（男は）行為を否定していないが、子どもの記憶があいまいで、証拠も弱いので、正確な日時を特定できなかった」と説明された。

納得できない思いを抱えながらも、順子さんは夫と公判を傍聴した。2020年7月に始まった公判で、男は3件の起訴内容をすべて認め、「園児10人前後へわいせつな行為をした」と述べた。被告人質問で男は「未就学児や小学生を性的対象として見てしまう性質で、園児に性的感情を抱いてしまった」と話し、今後は専門の治療を受けると誓った。

しかし公判では、男が専門学校時代に小学生の男児にわいせつ行為をし、民事訴訟になっていたことも明らかになった。そのときも男は治療に通ったが、自らの意思で中断したという。《そんな人がなぜ子どもと接する職業に就いてしまうのか――》。順子さんと夫は、憤りの気持ちがさらに大きくなった。

2021年3月、千葉地裁松戸支部で男に懲役6年の判決が出た。だが、事件の爪痕は家族に色濃く残る。娘は急に泣き出したり、きょうだいに当たり散らしたりすることが増えた。20年に小学校に入学したが、学校で「おなかや頭が痛い」と訴え、いまも保健室登校が続く。心的外傷後ストレス障害（PTSD）と診断され、2週間に一度のカウンセリングを受けている。だが、医師からは「一生忘れることはない」と言われた。

順子さん自身もストレスで自殺や離婚を考えるようになった。うつ病と診断され、治療中だ。下の子どもは保育所に通いたがるが、目の届かない場所に置くことが気がかりで預けられない。「娘も家族もめちゃくちゃになりました」と順子さんは言う。

最近、一緒に入浴した際、娘の股に順子さんの手が触れた。すると、娘は「それ先生にもやられた」と言った。娘は事件発覚後、一人でトイレに行けなくなった。自分で股を拭くこともできなくなり、代わりに順子さんが優しく拭いても「痛いよ、痛いよ」と繰り返すこともあった。当時は聞いても否定していた娘が、いまになって被害とみられることを語り始めている。それでも順子さんは《まだ「内緒だよ」という約束を守り続けているのではないか――》と思う。

「娘は先生のことが大好きでバレンタインにはうれしそうにチョコを渡していた。子どもにとって先生は特別な存在。それを利用するなんて卑劣で許せない」

夫はこの事件を機に、娘との接し方に悩むようになった。「僕は父親だから男でもある」と言う。以前は何も考えず、抱っこしたり、くすぐったりしてじゃれあっていたが、変なところに触ってしまい、《嫌な出来事を思い出させたらどうしよう》と考えてしまう。前はお風呂で体を洗ってあげていたが、いまは背中を流してあげることしかできない。何をしていてもすべて事件に結びつけてしまう。夫妻は将来、娘が被害を自覚したときが不安でたまらない。「（男性保育士は）刑務所で6年服役したらそれで終わりかもしれないが娘は一生背負っていくしかない」

年齢が低く、自ら被害を語らない場合もある。

東海地方に住む会社員の正人さん（仮名、30代）は3年前、警察からの電話で次女の被害を知った。次女が通うこども園の保育士の男が他の園児への強制わいせつ（現・不同意わいせつ）容疑で逮捕され、押収品に次女の被害が記録されていたという。被害届を出したが、司法面接で次女が被害について語ることはなかった。口止めをされたのか、本当に記憶にないのかはわからない。

公判で、男は昼寝や延長保育の時間に行為に及んでいたことが明らかになった。同じ園に通っていた長女も、被害を受けているかもしれない。正人さんは被害者参加制度で法廷に立ち、「起訴された以外には本当にやっていないのか」と男を追及したが、男は否定するばかりだった。

男は計4人の園児に対する強制わいせつ罪（現・不同意わいせつ罪）で、懲役9年の判決が確定した。

娘たちが小学生になったある日。他の子から事件のことを聞いた長女が、男について「悪いことをして逮捕されたんだ」と言い出した。それに対して次女は「先生がそんなことするはずない」と男をかばい、姉妹で口論になった。

正人さんの妻は何も言えず、胸が痛んだ。《長女の言い分は正しいが、自分が被害者だとわかっていない次女の前で説明できることではない》。見ていることしかできなかった。

被害を自覚できない幼さにつけ込んだ性暴力。服役を終えた男が、また保育の現場に戻るかもしれない。正人さんの妻は「事件を起こした人物が再び子どもに接するのは脅威。二度と戻れないようにしてほしい」と訴える。

外部の目、入りやすい仕組みを

子ども虐待の問題に詳しい認定ＮＰＯ法人「チャイルドファーストジャパン」理事長で医師の山田不二子さんは、「関係性を利用した性暴力の場合、被害を受けても打ち明けられない子どもたちがとても多い」と指摘する。被害を「被害」と認識していなかったり、加害者から口止めや脅しを受けていたり、自分が悪いと思っていたりするためだ。

そのため、「まずは日頃からの性教育が欠かせない」と説く。性器・肛門《こうもん》・乳房などの「プライベートゾーン」を幼いうちから教え、「そこを触られたら、信頼できる大人に話すことの大切さを日常的に伝えることが重要です」。

その上で、子どもから被害を打ち明けられた人は、「何があったの？」「それをしたのは誰？」と最小限の情報だけを聞き、「信じがたい内容だったとしても否定しない。もっと深刻なことが起こっていることも想定し、速やかに児童相談所や警察に通告・通報するべきだ」と話す。専門家などが正確な情報を聞くための司法面接では、打ち明けの妨げとなっている要因を取り除きながら、被害の詳細を誘導せずに聞き取ることが不可欠だ。

保育施設側はどんな対策をすべきなのか。「東京男性保育者連絡会」の事務局長で、東京都板橋区の保育園の園長を務める山本慎介さんは「これだけ事件があるなか、保護者が不安に思うのは当然。保護者から信頼を得るには、どのような対策をしているかを情報公開することが大切だ」と訴える。

山本さんが気をつけているのが「密室保育」にならない環境作りだ。山本さんの園では、すべての保育室にカメラを設置。トラブルがあった際は録画映像を見返せるようにしている。死角を作らないようにドアには窓をつけ、職員を多く配置することで子どもと保育士が1対1になることが極力ないようにもしている。

一方、「自治体や国のレベルでも取るべき対策はある」とする。その一つが、園に問題がある疑いがあるときに、保護者や職員が告発しやすい仕組みを作ることだ。「そもそも園のトップに問題がある場合、自浄作用が働かない。外部の目が入りやすい仕組みが必要です」と山本さんは指摘する。

2020年は、保育士資格を持つ男性ベビーシッターによる事件が相次いで発覚し、マッチング会社がひとくくりに男性シッターの新規予約を停止するなどして波紋を呼んだ。山本さんは「子どもたちの成長の幅を広げるには、性別に限らず多様な保育者がいた方がいい。特定の性別を排除するだけでは解決にならない」と話した。

こども家庭庁によると、保育士に登録した人は全国で累計約190万人。そのうち女性は約180万人、男性は約10万人で、制度が始まった2003年以降、男性118人、女性91人の登録が取り消されている（2024年4月現在）。

保育士のデータベースは24年4月から運用開始

こども家庭庁は、子どもにわいせつな行為をし、保育士の登録を取り消された人の名前などを保育施設が照会できるデータベース（DB）の運用を2024年4月から始めている。保育施設に対し、雇用時の確認を義務づけることで、子どもの安全を確保する狙いがある。ＤＢに掲載されるのは、子どもへのわいせつ行為や盗撮など、「教員による性暴力防止法」に規定する「児童生徒性暴力等」の行為をし、保育士登録を取り消された人の記録だ。記録は少なくとも40年間残る。４月１日時点で97人分が集まったという。

保育士が国家資格になった２００３年以降の記録を、同庁が都道府県から集めた。刑事処分にならなくても、都道府県がわいせつ行為と認定し、取り消したケースも含まれる。都道府県は今後、保育士の登録を取り消すたびにＤＢに追加していく。保育士登録は、一度取り消されても、最短で３年が経過すれば再登録が可能になる。同庁はＤＢを活用することで、子どもの安全を確保したいとしている。保育士の雇用時に、ＤＢによる確認を義務づけられた施設は、保育所や児童養護施設、放課後等デイサービスなど、全国の約10万施設にのぼる。個人情報保護の観点から、データベースを利用できるのは施設や事業者の採用責任者に限定し、国がアクセスに必要なＩＤやパスワードを提供する。内定を予定していた採用希望者がＤＢに記録されていた場合、本人に詳細な確認をしたり、本人の同意を得て過去の勤務先に確認したりするなど、施設には慎重な雇用の判断を求める。すでに雇用している保育士については照会できないという。

7　治療装い、医師から撮影され

「性病にかかっている。子どもを産めなくなるかもしれない」。10代の少女はおなかが痛くなって訪れた東京都内の診療所で、エコー検査などを受けた後に内科医の男（68歳）からそう言われた。

幼少期からかかりつけで通っていた診療所だった。言われるままに少女は診察台に仰向けに横たわった。だが、男の言った「病気」はウソだった。男は、少女の下半身を触り、その様子をデジタルカメラで撮影した。それが性暴力だったとわかるのは、男が他の事件で逮捕された翌年になってからだった。

男は治療を装って10代の少女4人を含む患者8人の下半身を触ったり写真を撮ったりするなどしたとして強制わいせつ（現・不同意わいせつ）や児童ポルノ禁止法違反などの罪で起訴された。裁判で、その手口が明らかにされた。

男はインターネットのページを患者に示すなどして「ウソの病気」の説明をし、必要な診療だと信じ込ませた。写真や動画はパソコンに保存していた。男の妻は診療所の院長で、少女の母親は裁判で「院長にお世話になり、１００％信頼していた」と語った。

被害者の中には、違和感や嫌悪感を持ちながらも、早く良くなりたいと我慢して通っていた人もいた。ある被害少女の母親は、意見陳述で「娘は、嫌だと言えなかった自分が悪いと言っている」と涙した。「改ざんした資料を見せられ、『同じ診療をしたことがある』と言われて信頼してしまった。娘は、病院に行くなら女性の医師がいいと言っている。一生消えることのないトラウマを植えつけられた」

男はかつて勤務していた大学病院で教授になれなかったことなどがストレスだったと言い、「はけ口としてわいせつ行為に至った。欲求にあらがえなかった」と語った。相手を選ぶ基準については

「体形が好みで、素直に話を聞いてくれる、下半身を診察しても理由がつく人が対象になった。10代後半〜20代後半が好みの年齢だった」などと法廷で話した。「時間をかけて患者に説明して納得してもらえば、傷つけることはないだろうと思った」とも繰り返した。

２０２１年1月に東京地裁が出した判決は懲役10年。男は控訴したが、東京高裁で棄却され、刑は確定している。

X線室での出来事、男性が怖くなった

西日本に暮らす美代子さん（仮名、60代）は、小学生になる直前に病院で性暴力を受けた。足をひねり、骨折を心配した父が知り合いの外科病院に連れて行ってくれたときだ。

名前を呼ばれて一人でX線室に入った。医師だったのか、放射線技師だったのか覚えていないが、そこには、若い男がいた。台に座るように促され、「スカートのボタンはどこ?」と問われた。左の腰を指すと、男がスカートのボタンを外し、下着の中に手を入れてきた。さらに、口にキスをし、「気持ちいい?」と聞いてきた。美代子さんには、意味がわからなかった。体も動かなかった。廊下で待つ父に助けを求めることもできなかった。

美代子さんはバレリーナを夢見る活発な女の子だったが、小学生になると外に出るのが好きではなくなった。人混みの中に入ると、突然、自分が透明人間になったように感じ、ものすごく気分が悪くなる。いまならそれが「解離」という症状だとわかるが、そのときは混乱するだけだった。

病院で体験したことの意味がわかるのは、中学生になってからだ。《「嫌」と言えなかった自分がい

けなかったのではないか》と自分を責めた。

中学3年のときに親友と映画を見に行った。隣の席の男がスカートの中に手を突っ込んできた。病院での記憶と結びつき、男の人が怖くなった。高校では、同級生の男子と口を利くことができなかった。父のように自分を守ってくれると感じる先生や先輩とは話せたが、それ以外の男子は気持ち悪く感じた。《また被害に遭うかもしれない》。いつも不安を感じていた。首都圏の大学に願書を出したが、怖さが先に立って一人で上京することができなかった。運転免許も男性教官の存在に恐怖を感じてあきらめた。

美代子さんは大学で出会った男性と結婚し、長男を産んだ。だが、性的なことは苦痛だった。長男はかわいかったが、体が成長していくと、嫌悪感が生まれた。長男と二人きりになると圧迫感に襲われ、動悸《どうき》がした。《なるべく接点を持たない方がいい》。長男が高校生になると、長男が家を出るころに起き、弁当は3年間作らなかった。夕食は作り置きして、長男を避けるように出かけた。

周りに背中を押され、生きづらさを抱える女性たちの自助グループを立ち上げたのは40歳のころだ。ミーティングを重ねる中で、《私は一人じゃない》と思えるようになった。被害の内容も年代も違うが、仲間がいると感じることができた。

振り返ると、それが回復への第一歩だった。美代子さんは当時、両親に病院での被害を告白したところ、ものすごい剣幕で怒られた。「それ以上言うなら家に来るな」と言われた。《あのときなぜ守ってくれなかったのか》と両親を憎んだが、その気持ちも自助グループの仲間に聞いてもらった。いまは、両親はどう反応していいかわからなかったのだろうと理解している。活動を続けていくうちに自信がつき、50歳を過ぎてやっと一人で電車やバスに乗れるようになった。

「私の時代はケア態勢など全くなく、自分で自助グループを作らないといけなかった。もっと早くケアできていれば、私の人生も、長男との関係も変わっていた。長男には本当に申し訳なかったと思う」。一方で「私は強姦《ごうかん》されたわけではない。大した被害ではないと言われがちだし、私自身もそう思っていた。でも、私はつらかったし、苦しんできた。それをわかってほしい」

美代子さんはいま、困難を抱える女性たちの相談にものる。自らの体験から、本人のつらさに寄り添う支援を心がけている。

二人きりの密室、対策に限界

医療関係者による患者への性暴力について、兵庫県こころのケアセンター副センター長を務める精神科医の亀岡智美《さとみ》さんは「診察と体を触るなどのわいせつ行為の境界がわかりにくい上、いかにも診療行為をするように被害が始まるため、大人でも抵抗するのが難しい」と指摘する。被害は医師と二人きりの「密室」で起きることが多く、立件に必要な証言や証拠を集めるのも困難だ。ただ基本的に、対策はそれぞれの病院に任せられている。日本医師会の関係者は「ガイドラインがあるわけではなく、医師の倫理観に委ねられている」と話す。

数年前に医師による児童へのわいせつ事案があったある病院では、再発防止策として、男性の医師が女性患者を診察する場合、必ず女性看護師が付き添うように徹底している。ただ、担当者は「すべての医師の行動を逐一把握することには限界がある」と漏らす。医師が診療時間外に呼び出して診察したり、夜中に回診したりするときもある。2020年の12月には福岡県の精神科医が、診療と称して中学生の少女を外に連れ出し、みだらな行為をした疑いで逮捕される事件もあった。

亀岡さんは「患者は医師を信頼しているからこそ、医療処置を受ける。高い倫理性が求められる医師は患者の尊厳を守り、治療に誠意を尽くすべきだ」と話す。厚生労働省などによると、診察時のわいせつ行為で、免許取り消しなどの行政処分を受けた医師・歯科医師は2010年から14年間で20件。うち9件が未成年に対するものだった。「氷山の一角かもしれない」と話す関係者もいる。

8　スポーツ「指導」控室で触られ

「指導者という立場を悪用し、保護者らの信頼に乗じて幼い被害者らを意のままにした犯行は卑劣極まりない」。2020年1月、九州地方の武道教室で教え子にわいせつな行為をした60代の男に対して、懲役7年の判決が言い渡された。男は、「指導」と称して当時5～9歳の女児3人を一人ずつ控室に連れ込んで体を触るなどし、その様子をスマートフォンで撮影していた。

「被告は私たちに時限爆弾を残していった」。裁判で被害女児の両親はこう語った。「娘が成長して、されたことの意味を知ったとき、家族としてどう向き合えばいいのか」

スポーツの世界で、指導者の教え子への性暴力は後を絶たない。2021年3月には、滋賀県で運動教室の指導者をしている60代の男が、通っていた小学校低学年の女児を連れ出し、キスをするなどしたとして強制わいせつ（現・不同意わいせつ）の疑いで逮捕された。その他、部活動の女子中学生十数人にマッサージと称して服を脱がせ、胸を触るなどの行為を繰り返した顧問の男性教師が免職になったこともあった。24年には、バトントワリングのチームに所属していた男性選手にわいせつな行為をしたとして、京都府警が指導者を強制わいせつなどの疑いで逮捕した。

西日本に住む20代の由子さん（仮名）は小学校のときに通っていたスイミングスクールで、男性コーチにお尻を触られた。《指導なのだろうか》。戸惑う気持ちに自分でも気づかないふりをした。「お尻が大きくなってきた」とあざ笑われたこともあった。その後、人との距離がうまくつかめず、次第に成長していく自分の体が憎く、拒食症にもなった。

触られたとき、それが優しさの手か怖い手か、由子さんにはわからなかった。「指導かどうかの線引きが難しく、『コーチ』におかしいとか嫌とかは言いにくい」と由子さんは振り返る。

セクハラ見聞き、指導者3割

日本スポーツ協会の調査では、スポーツの現場で、セクシュアルハラスメントを見聞きしたという指導者は約3割にのぼる。見聞きした指導対象を年齢別で見ると、未成年が3割を上回り、成人（大学生年代を除く）よりも多かった。調査は2019年9〜10月、同協会に登録された指導者2万8547人を対象に過去5年間に見聞きしたかをオンラインで聞き、2611人（9・2％）が回答した。セクハラの背景についての質問への回答では「指導者の人間性・人格」が90％と高く、「被害を訴えにくい関係や環境」72％、「結果主義・勝利至上主義」45％が続いた。

少し古いデータだが、日本オリンピック委員会（JOC）が2013年に実施した調査でも、トップ選手の11・5%が暴力を含むパワーハラスメント、セクハラを受けたことがあると答えている。自由記述では「信頼関係さえあれば問題ない」とする選手も少なくなかった。

スポーツジェンダー論に詳しい明治大学教授の高峰修さんは「指導者と選手の間には圧倒的な権力差がある。大会への出場など決定権を持つ指導者に選手は受け身になりがちで、セクハラをされても言い出しにくい」と指摘する。また、合宿や遠征など共有する時間が長いうえ、指導などで身体的接触が多いこともセクハラが起きる一因だ。「被害に気づかぬ間に時間をかけて距離を詰められていることもある」とする。

一方で、「セクハラに対する取り組みは遅れている。多くの競技団体でセクハラは禁止事項になっているが、丁寧なガイドラインなど防止対策があるわけではない。セクハラは起きるという前提に立ち、相談窓口を増やすべきだ」と話す。

アメリカでは2017年、体操代表チームのスポーツ医による選手への性的虐待が判明したのを機に、独立機関「米国セーフスポーツ・センター」が設立された。スポーツをする子どもの虐待相談の調査などにあたっている。国際人権団体「ヒューマン・ライツ・ウォッチ（HRW）」は、国内の対応は競技団体ごとにばらばらで統一基準がないことを問題視し、独立行政機関「日本セーフスポーツ・センター」（仮称）の設置を提言している。

スポーツ界の性暴力に詳しいスポーツライターで、津田塾大学非常勤講師を務める山田ゆかりさんは「子どもも試合に出て家族が喜ぶと思えば、指導者のわいせつ行為を我慢する。スポーツ界のセクハラは損得が絡み、特殊だ」と話す。スポーツ現場では、セクハラが「かわいがり」や「愛情」だと見られることもある。保護者の多くが指導者に信頼を寄せている場合、被害を訴えた児童や親が孤立するという事例も見てきた。

あるスポーツ少年団で、小学生の女児が親に「コーチにお尻を触られるのでやめたい」と訴えたところ、親に「やめたいからそんなこと言っているんでしょ」と言われた事例を聞いたこともある。山田さんは「スポーツ界の性暴力をなくすには、親の認識も変えていく必要がある」と話す。

9 部活顧問のマインドコントロール

「お前はクズだ」「キャプテン辞めちまえ」

ソフトボール部の男性顧問の怒声が飛ぶ。恐怖に襲われて跳び起きると、夢だった。高校を卒業して四半世紀が経とうというのに、西日本に暮らす美和さん（仮名、40代）は、いまも悪夢にうなされる。

美和さんが通っていたのは中高一貫のカトリック系の私立名門女子高校だ。スポーツ校ではないが、先輩たちの代では県大会でいいところまで勝ち進み、顧問の手腕が認められていた。顧問は、高校では国語と生徒指導の担当で、授業はわかりやすく、保護者の間でも熱心な先生として一目置かれていた。

美和さんは中学1年のときにソフトボール部に入った。男性顧問が中・高の部員約40人をまとめて指導した。放課後は毎日、真っ暗になるまで練習し、週末も練習や試合が詰まっていた。ミスをすれば「なんだ、そのプレーは！」と容赦なくビンタが飛んだ。

次は自分かもと、美和さんはいつもおびえていた。バットが飛んでくることもあり、ただただ怖かったことを覚えている。しかし、部内には「なんでそんな（たたく）ことをするのか」といった雰囲気はなかった。絶対服従の世界だった。「先生がいるから私たちはうまくなる」。そんな意識だった。昼食は、部員がコンビニで顧問の好みのコーヒーと食べ物を買って届けた。試合のときは部員がお茶を顧問に差し出した。顧問は君臨する「王様」だった。

高校1年の秋に、キャプテンになった。その日から「帰るときに報告に来い」と言われた。中学生ら後輩たちを、げた箱近くで待たせ、生徒指導部長として顧問が使っていた部屋に行った。中に入り、「着替えたので、全員帰ります」と声を上げた。

顧問は「マッサージをしてくれ」と言い出した。このとき、美和さんには違和感はなかった。なぜなら、以前、先輩が顧問のマッサージをしているのを見たことがあったからだ。腰を痛めた部員の腰を、顧問が押している姿も見ていた。「整体・マッサージ」を教えてやるとも言われ、嫌だとは言えなかった。だが、怖い顧問と二人だけの空間で「整体・マッサージ」をするのは、恐怖以外の何物でもなかった。毎日、後輩や仲間たちを待たせながら、20分程度、顧問の肩や腰を押したりもんだりした。

そのうちに「便秘解消」として下腹部を押さえることもさせられた。苦痛だったが、断るすべはなかった。さらに、顧問に言われるまま「整体・マッサージ」を互いにやりあう形になっていく。顧問は美和さんの首や背中、腰を触り、恥骨まで押してきた。

「おっぱいも触るぞ。嫌なら言え」

一方、練習では相変わらず「出来の悪いキャプテンだ！」「死んでしまえ」「キャプテンなんか辞めてしまえ」などと罵声を浴びせられ続けた。

美和さんは毎日泣きながら、帰宅した。電車を降りて駅から家までの15分の道のりも涙が止まらなかった。風呂の中でも自分の体を抱え、声を殺して泣いた。毎晩悪夢も見た。目を覚ましては夢遊病者のように家の中をウロウロ歩き回った。体重は3カ月で5キロも減った。

しかし、誰にも言えなかった。顧問に逆らってはいけないと思っていたからだ。「補欠になるのが怖かった」と美和さんは振り返る。たまにエラーをし、何回か外されたことはあるが、それでも試合では使われた。自分が素直に従っているからだと思った。

「心の奥底にレギュラーを外されないため、キャプテンを外されないため、という気持ちがあった」

誰かに相談すれば、顧問が辞めさせられ、みなが頑張っている部活動が維持できなくなるかもしれない。先輩の思い出を壊してしまうのではないか。顧問の家庭も崩壊するかもしれない。懸命に働いて高校に通わせてくれているひとり親の母が落胆するのではないか――様々な思いが去来した。それでも美和さんは、「『マッサージ』は顧問が体の負担を減らすためとやってくれているものなのだ」と無理やり自分を納得させようとした。

しかし、高校2年の8月末、「性的目的では」との疑念が生まれることが起こった。夏合宿で旅館に泊まっていた月曜の夜。顧問の部屋に呼び出された。入った部屋のテレビでは午後9時からのドラマが放映されていた。顧問に「寝ろ」と言われ、言われるまま畳の上に横になった。

「スポーツをする高校生女子の体・筋肉を知る必要がある」。顧問はそう言って、美和さんの肩や腕などを押してきた。さらに「おっぱいも触るぞ。嫌なら言え」と言った。それまで美和さんは男性に胸を触られたことはなかった。恐怖で体が動かなかった。早く終わることだけを祈って我慢した。以来、顧問に近づくと体が固まった。しかし、どうすることもできなかった。指示されるままに、互いにやりあう「整体・マッサージ」を続けた。

11月の最後の大会の前、「整体・マッサージ」後に顧問は「明日は水着を着てこい」と命じた。さらに「水着を着ないとよくわからん」と言った。疑問に思った美和さんは、その言葉には従わず、水着を着ていくことはしなかったが、「整体・マッサージ」は続いた。

最後の試合はあっけなく負けた。「やっぱりキャプテンを代えておくべきだった」。試合後、顧問は他の部員たちの前でそう言い捨てて、去っていった。

「ああ、すべて終わった」。美和さんは肩の荷を下ろした。

10年近く経ち、高校に被害を訴え

高校を卒業、大学に進学した。しかし、あれだけ嫌なことがあったにもかかわらず、なぜか「顧問は恩師」という思いは消えなかった。毎年、顧問に賀状を出し続けた。母校で教育実習をしたときも、毎日あいさつに行った。しかし、大学を卒業して就職すると、反動が出た。「なぜ断れなかったのか」。断れなかった自分が悪いのだという気持ちが頭をもたげてきた。《悪いのは自分なのだ》と自責の念に苦しんだ。

美和さんは大量に酒を飲み、刹那《せつな》的に違う男性と次々と付き合った。「女として求められるとうれしかった」と振り返る。自己肯定感が低かった美和さんにとっては、そのときは、求められることが自尊感情につながった。まもなく、うつ病を発症。息をしているだけでもつらく、一日じゅう泣いていた。「何のために生きてきたのか」「消えたい」という思いが頭から離れなくなった。休職せざるを得なくなり、その後、会社も辞めた。

美和さんがやっとの思いで、周囲の信頼できる人に過去を打ち明けると、されたことは「性暴力だ」と指摘された。考えた末に、卒業から10年近くして、高校に被害を訴え、事実調査や再発防止の対策を求めた。

高校とは1年近くにわたってやりとりをした。書面を4度出し、対面で3回話し合うなどした。当初顧問からは、謝罪の言葉とともに「あなたが何も言わないことを良いことに、整体やマッサージの実験として、あなたの体を触ってきました」などと記された書面が、学校を通して送られてきた。美和さんがそのとらえ方に抗議をすると、次の書面では「私の行為は、あなたがおっしゃるように犯罪です。しかも悪質だと思います。生徒を支えるべき学校で起こしたこと。先生と生徒という立場、監督とキャプテンという立場を利用したこと。あなたの私に対する信頼を逆手に取って利用したということ（略）」などと顧問は書いてきた。

さらにこんな記述もあった。「なぜ私は破廉恥な行為に及んでしまったのか。当時の私の傲慢《ごうまん》さに触れないわけにはいきません。県大会に駒を進められるようになって、鼻高々でした。もっともっと強くしたいと思うと同時に、自分は家庭を犠牲にして部員のために頑張っているのだから、部員は自分の言うことを聞くのは当たり前、自分に感謝して当たり前と思っていました」

学校からは顧問から聞き取りをした内容が書面で送られてきた。それによると、顧問は、夏合宿で女性を部屋に呼び、整体・マッサージをし「おっぱいを触るぞ」と言って触ったことについて、「まちがいなく性的な興味があった」と答えていた。また、書面には顧問が副校長に辞表を提出したことも記されていた。

矛を収めてしまって良かったのか

その後、副校長と教頭が最終的に、県外に住む美和さんを訪ねてきて、謝罪をした。食事も一緒にした。その際、顧問からとして数万円を渡された。美和さんはそれを受け、「自分の屈辱感を顧問にもわかってもらえた」などとして自分の気持ちを収める旨の書面を送った。その書面には、当初は顧問に教師を辞めてほしいと思っていたが、辞表を提出したと知らされ「自分が本当に辞職を願っているのかわからなくなった」と書き、(顧問の辞職はなしとした)学校側の判断に異論はないとも記した。教頭らへの感謝の他、礼儀や人へ感謝することを教えてもらった顧問は「大切な存在であることには変わりません」などともつづった。

まもなく、教頭からこんな手紙が来た。

「○○さん(顧問)も私も娘をもつオヤジですので、時折生徒たちを娘と同じような思いで見てしまうことがあります」「性的云々《うんぬん》と彼は言っていましたが(中略)、端的に言えば、たぶん、あなたを好きになってしまったということなのでしょう」

美和さんはその文面に困惑し、混乱した。何を言っているのだろう、と。しかし、「もう何を目指しているのかわからなくなってしまった」。それ以上の追及はしなかった。その後、美和さんは結婚し、母となった。子どもたちを巻き込みたくない。「もうあきらめよう」と自分に言い聞かせた。それで、心の中では、区切りをつけたつもりだった。

しかし、6年ほど前に高校のホームページを見た。授業風景として、教室で教える顧問の姿が真っ先に出てきた。「自分はこんなに苦しんできたのに、相手はいまも変わらない生活を送っているんだ」と思うと、怒りがこみ上げた。あのやりとりで矛を収めてしまったが、あれで本当に良かったのだろうか。いまでも整理がつかない。

「私は礼儀などを教えてくれたと、顧問への感謝の気持ちをどこかに持ち続けていた。マインドコントロールが解けたのは最近だ。結局、一番支配しやすかったのが私だったのだと思う」

3年前からは、再び悪夢を見て眠れない日が多くなった。うつ病と診断され、仕事、子育てをしながら、精神科に通う。

「性被害を受けると、死ぬまで苦しい。どれだけ謝られても、お金をもらっても心は元には戻らない。私の青春、あの5年間を返してほしい」

美和さんは絞り出すように言った。

美和さんが通っていた女子高校に取材を申し込んだところ、教頭が美和さんの被害については「事情を知る者が学校にはもう誰もいない」とし、「顧問だった先生も、対応された教頭も何年も前に退職した」と話した。

性暴力が起きたときの現在の態勢を尋ねると、3年前に高校を運営する学校法人本部にハラスメントに対応する委員会が設置され、その委員会が、性暴力やいじめなどの相談を受けるほか、希望があれば対話や調査、環境調整などの措置もとるとした。学校法人本部に委員会を設置したのは、生徒が所属する学校にしか窓口がないと、うやむやになる可能性もあるとしてのことだという。生徒には毎年、相談窓口の連絡先が記されたクリアファイルを配り、周知徹底を図っている、とも話した。

10 頼る親がいない、職員に狙われ

1枚の写真がある。4歳の夏だった。水色のテントの中でめがねをかけた男性のひざの上に乗り、不安げで不機嫌そうな顔をカメラに向けている。

「自分がやられたことの一つの証明として、持ち続けている。このテントの中でもやられた」

関東地方の児童養護施設で育った正夫さん(仮名、33歳)は、施設にいたころの写真が入ったアルバムを保管する。そのアルバムに、この写真は収められている。

写真の中で、幼い正夫さんをひざの上に抱えていた男性は、正夫さんを担当していた施設の職員だ。この施設では、夏休みなど長期の休みに、帰る家がない子どもは職員宅に泊まりに行くなどしていた。写真は、担当の職員と海に遊びに行ったときのものだ。

この職員は優しかった。施設の他の子どもたちにも人気があった。

記憶にあるのは4歳ぐらいからだ。夜遅く、他の子どもたちが寝静まってから、当直をしているこの職員の部屋に呼ばれ、同じ布団に入った。職員の性器を口の中に入れられ、「ミルクだから飲んで」と言われた。自分のも触られ、口に含まれた。

眠れなくて自分から当直の部屋に行ったのか、男性に連れて行かれたのか、始まりは定かではない。でも、月に10回ほどある職員の当直のたびに部屋に行った。《また行かなくてはいけないのか》。その思いがある一方で、寂しさもあり、足を運んでいた。正夫さんには何が起こっているのかは、わからなかった。ただ、職員からは「他の職員に言ってはダメだよ。内緒だよ」と繰り返し言われた。

小学生になると、まだ他の子どもがいる時間でも、職員は階段などで触ってきた。「今晩ね」と耳打ちもしてきた。トイレを指し、「先に行っていて」と言うこともあった。トイレの個室で性器を口に含まされた。そのうちに、「四つん這《ば》いになって」と言われた。痛かった。嫌だった。気持ち悪かった。「やめて」と言ったこともある。だが、職員が不機嫌になり、すごい顔でにらんできたから、それ以上拒めなかった。正夫さんには母親がいるが、生まれた直後に乳児院に預けられた。施設にしか自分の居場所がないことは、幼いながらもわかっていた。

《お兄さん（男性職員）は優しくしてくれている。断って優しくされなくなったらどうしよう。よくしてくれるなら仕方ない》。正夫さんはそう思った。

被害は10歳ごろまで続いた。実は9歳のころ、施設で遊んでいて押し入れの中に入り、他の男の子の性器を触った。職員からやられていたことだった。すると、「何だよ！」と強く言われた。そのとき、自分がされていたことは、ふつうのことではないんだと気づいた。

中学生になって、友人らと性的な話をしたり、本や動画を見たりして、正夫さんは自分の身に起こったことは異様なことだったと確信した。9歳のころに自分が友人にしたことも「なんてことをしてしまったんだ」と後悔した。あの職員はその後、他の子どもを殴ったことが問題になり施設を辞めた。いま看護師として働く正夫さんは「『ふざけんな。なんでそんなことをしたのか』と（あの職員に）言ってやりたい」と言う。さらに、「僕は親が面会に来ているわけでもなく、家に帰る予定もなかった。頼る人もおらず、寂しかった。そこが狙われたのだろう」と自分なりに分析する。

正夫さんは記憶に厚いふたをして生きてきた。忘れたかったからだ。しかし、記憶は鮮明だ。思い出すといまでも吐き気がするし、職員と似た感じの俳優がテレビに出てくると、心がざわつく。それでも、今回つらい体験を語ったのは、「自分が話すことが、施設で暮らす子どもたちのためになれば」という思いからだ。「自分に起こったことは、誰にも経験してほしくない」と正夫さんは言う。

この施設で当時働いていた、ある職員によると、この件以外にも、他の2人の男性職員が子どもたちに性的虐待をしていたことが後年発覚したという。「加害職員は子どもたちと熱心にクラブ活動をするなど、子どもにも他の職員にも自分を『良い職員』としてアピールしていた。巧妙に接近して虐待していた」。この職員は、運営法人や施設長からは被害を過小評価したり、隠蔽《いんぺい》したりしようとする意図を強く感じたと指摘し、「子どもを守るためには倫理綱領などをいくら策定しても意味がない。加害者の言動の特徴を知り、業界全体で対応策を考えていくべきだ」と力を込めた。

関西に暮らす美優さん（仮名、21歳）も幼いころ生活した児童養護施設で、職員から性暴力を受けた。

4、5歳のとき、夜になると、男の職員が懐中電灯を手に部屋に入ってきた。寝ているふりをしていると、パンツを脱がされ、光を当てられた。そして、触られた。当時は幼すぎて、《何しているんだろう》と思うだけで、よくわからなかった。他にも、夜、部屋に入ってきて抱っこし、頬にキスをする職員もいた。《先生に好かれているのかな》と思い、深く考えなかった。

施設内では暴力もあり、大きな声を出すと「調子にのるな！」と髪を引っ張られ、顔をたたかれた。耐えきれずに小学校高学年のときに、美優さんは施設から逃げ出した。家に戻されたが、その後、窃盗などを繰り返して自立支援施設に送られた。

中学生のころには幼いころの夜の体験の意味がわかったが、「恥ずかしくて言えなかった」と明かす。「職員はやったことを認めて、謝ってほしい。私たちには暴力を振るっておいて、彼らは何もなかったかのように自分たちの生活を送っている。それが許せない。私の幼稚園、小学生時代を返してほしい」

「口外・抵抗したら、よりひどいことされる」

里親からの性暴力もある。西日本で中学校に通う敦子さん（仮名）は13歳のときに里父から被害に遭った。

夜、風呂上がりにパジャマを着てソファに座っていると、里父が横に来た。「誰にも言うなよ」。ひざの上に乗せられ、胸を触られた。抵抗できずにいると、ズボンを脱がされ、性器を触られた。体が固まってしまって動けなかった。

「おじちゃん、こんなことしたらいかんのに、ごめんな」と言いながら、里父は手を動かした。敦子さんは《なんでこんなことするのだろうか》と思いつつ、《このことを人に言ったら怒られるだろうか》《言ったら、転校しなくてはいけなくなる》と恐怖と不安を募らせた。その後も里父は何回も加害を繰り返した。

敦子さんは幼いころから児童養護施設で生活し、小学4年のときに里親宅に移った。帰る場所はなく、「口外したり抵抗したりすれば、よりひどいことをされると思った。(実の)親がいないから我慢するしかないと思った」と振り返る。それでも、しばらくして、なんとか学校の友人に相談することができ、事件が発覚した。里父は監護者わいせつの疑いで逮捕され、有罪判決を受けた。

敦子さんはこう振り返る。「里父は(裁判で)自分への加害の回数を少なく言っていた。事実を言ってほしかった」。また、情状証人として法廷に立った里母も、里父をかばう発言を繰り返し、ショックを受けた。「里母も私を守ってくれなかった」と絞り出すように言う。児童相談所に対しては、「ちゃんと仕事をして子どもを守ってほしい。担当者があまり会いに来てくれず、相談することもできなかった」と語った。

敦子さんはいまでも、たびたび夢を見る。里父からされたことがよみがえり、汗をかいて目が覚める。慌てて電気やテレビをつけて気を落ち着かせる。「里父は人として最低。二度と子どもにかかわることをしないでほしい」。それが、敦子さんの願いだ。

後絶たぬ虐待、責任明確化を

虐待などで実の親と暮らせず、行政に保護される「被措置児童」と呼ばれる子どもたちは、施設や里親のもとで、安心で安全な生活を保障されなくてはならない。しかし、被措置児童に対する虐待は後を絶たない。２００９年４月に施行された改正児童福祉法で、被措置児童への虐待の通告や届け出を受けて、調査などをして、都道府県がその状況を公表することになった。

厚生労働省によると、２００９年度から２０１８年度の10年間にあった通告・届け出の受理件数は計２０６９件で、うち都道府県が虐待だと認定したのは３割強の７２８件。そのうち施設職員や里親らによる性虐待は２割弱を占め、１３３件だった。19年度以降は増加傾向で、こども家庭庁によると、19年度、20年度、21年度、22年度の通告・届け出の受理件数はそれぞれ２９０件、３７２件、３８７件、４２２件あり、虐待と認定されたのは、それぞれ94件、１２１件、１３１件、１４５件と年々増加している。被害を受けた子どもは19年度から22年度まで、１１４人、２１５人、２２５人、２８２人と推移し、加害した職員や里親らは97人、１５０人、１６１人、１８８人だった。性虐待の認定件数は、19年度13件、20年度16件、21年度20件、22年度14件だった。

しかし、対応が不適切な自治体も散見される。児童福祉法には子どもなどから施設内虐待の訴えがあった場合、事実確認などの必要があると認めるときは速やかに都道府県知事に通知すると定められている。知事はその結果や子どもの状況を児童福祉審議会（児福審）に報告して意見を聴くことになっているが、２０２０年12月に総務省が公表した報告書によると、総務省が調査した都道府県や市町村など34自治体の児童養護施設で、14年度からの５年間で虐待と認知された73件のうち、６件が知事に通知されていなかった。児童相談所（児相）の勘違いの他、事業認可が取り消されて養育先がなくなることを懸念して通知しなかった例もあった。

11自治体では、虐待なしと判断した事案について児福審の意見を聴いていない事例があった。虐待なしとした判断が児福審で覆る事例もあり、児福審からの意見の聴取を徹底する必要がある、と報告書は指摘した。また、被措置児童虐待の通告・届け出がゼロという自治体もあり、被措置児童虐待について正確に把握されているとは言いがたい状態だ。

報告書では、施設内での性虐待の発見につながった取り組みとして、「安全委員会方式」が紹介されている。安全委員会方式は、職員から子どもへの暴力、子どもから職員への暴力、子ども間の暴力といった、あらゆる形の暴力を禁止する取り組みだ。入所児童全員を対象に月1回、個別に聞き取りし、その結果を外部有識者も含む安全委員会に報告、そこで事案を吟味し、対応策を検討する。①たたかない、口で言う、②優しく言う、③相手が悪くてもたたかない——を合言葉にし、予防とともに、早い段階で発見対応することを目指す。その中で性暴力についても対応する。

この取り組みは、これまでに全国の児童養護施設や乳児院など30を超える施設が導入。山形県では児相の一時保護所の他、「里親養育支援委員会」として里親家庭でも取り入れている。

市民団体「施設内虐待を許さない会」は長い間、児童福祉施設内での人権侵害について活動してきた。少し古いデータだが、許さない会が1995年度から2017年度までの23年間で確認できた児童福祉施設内での人権侵害事案の報道205件のうち55件が性虐待で全体の27％を占める。会の代表で、自らも施設で性虐待を受けた経験がある竹中勝美さん（1章参照）は個別に施設内虐待の相談を受けることが珍しくないことから、「表に出てくるのは氷山の一角だ。何の後ろ盾もない子どもたちが虐待、特に性虐待を訴えるのは非常に難しい」と指摘する。

「現状では、虐待事案が発覚しても、『子どもを守るため』として施設名が公表されないなど、結局、責任者が責任を問われない。被害者は地域が守っていかなくてはいけないが、被害を繰り返さないためには加害者や施設責任者の責任をきちんと明らかにしていく必要がある」と訴えている。

読者からの声

地位・関係性を利用した子どもへの性暴力は、発覚しにくく、被害が長期間にわたることが少なくない。教師や保育士、医師、スポーツの指導者、児童養護施設の職員や里親などが信頼関係を築いた上で加害行為に及ぶため、抵抗しづらく、また行為がエスカレートすることが多いと言われる。子どもは何をされているのかわからなかったり、「指導」「自分のためだ」などと思い込まされたりして、「被害」と認識することが難しいのが実情だ。しかし、その影響は大きく、自己否定感をもち、非行や自傷行為、自殺企図に走ることもある。連載時に読者から寄せられた声の一部を紹介する。

●医師からの性暴力について明かしてくれた川崎市に住む女性（56歳）

幼稚園に入る前、身体検査を受けました。「おじいちゃん」ほどの年に見えた男性医師が、胸に聴診器を当ててきながらパンツの中に手を入れ、性器を触りました。「えっ、なにこれ!?」とびっくりし、恥ずかしさや嫌悪感とともにその一瞬の感覚を鮮明に覚えています。

当時は「男の子か女の子かを触って確かめたのだ」と思い込もうとしました。でもどうにも気持ち悪くて、家に帰ってから母に伝えました。母は嫌悪感をあらわに顔をしかめました。それきりでした。

田舎の閉鎖的な町に住んでいたので〝お医者様〟にもの申すことなどできなかっただろうと思います。でも私の他にもたくさんの子どもたちが、毎年の身体検査で気持ちの悪い趣味の対象にされていたかもしれないと思うと、子どもの無知と無力、親の無力につけ込んだあの医師の陰湿な行為が腹立たしく、悔しい思いでいっぱいになります。まさかと思うようなことが起こりうると知っておくことは大切です。子どもの言葉に耳を傾けて、まずはしっかりと抱き締めてほしいと思います。

●小学6年の修学旅行で男性教員から性暴力を受けたという男性（68歳）

修学旅行の晩、寝ていたときに担任の先生にキスをされ、舌を入れられました。私はトラウマにはなりませんでしたが、もっと被害を受けていた男子の友人は、大人になった後の同窓会で「あいつのことは思い出したくない」と話していた。何年も傷が残っているのだと思いました。

先生は熱心で、子どもにも保護者にも人気がありました。ピアノが得意で、ジャケット姿がかっこ良かった。その一方で、一部の男子に授業中にキスをしたり、宿直室に泊まらせたりしていました。

学校という狭い空間の中で、教員の中には支配欲を抱く人がいます。子どもに好かれ、慕われる。批判もされない。そんな中で性的な行為をしても相手が喜ぶと思い込むのではないでしょうか。子どもの側は、先生に好かれているのか、もてあそばれているのかがわからない。

私自身も高校教員を務めました。教員と子どもの人間関係は、教育と愛情、支配が混然一体となるような難しさがあります。被害を防ぐためのルールをはっきり示し、教員にたがをはめるべきだと思います。

●牧師による性暴力について意見を寄せてくれた神奈川県の50代女性

「聖職者」と言われる牧師が性暴力を行っている場合もあります。私自身、18歳のときに牧師から性行為を強要されました。当時は、牧師を信じており、自分に何が起きたかわからないまま、記憶にふたをしてきました。

数年後、この牧師は他の女性から性暴力の告発を受け、教会を追い出されました。

私も別の教会に移り、そこの関係者に過去の被害を打ち明けました。しかし、言われたのは、「信じられない。あなた、おかしいんじゃない?」。教会の信者の中には、牧師を疑うことを不信仰と見なし、告発した側に矛先を向ける人もいます。そのため、牧師の性暴力は、社会的に裁かれることが少ないと感じます。

教師と同様、牧師も大変な仕事です。誠実に信者に向き合っている人も多くいます。しかし、人から求められるあまり、一線を越えてしまいやすい側面があると思います。誘惑に打ち勝つには、周囲の助けや理解も必要です。牧師を過剰に持ち上げたり、崇《あが》めたりして、神格化してはならないと感じます。

6章

脅かされる日常

6章は、日常生活に潜む性暴力を取り上げます。通学路などでの見知らぬ人からの突然の性暴力、電車の中での痴漢、性的な盗撮……。日常を脅《おびや》かすそうした行為は、被害者の心身を深く傷つけます。多くの場合、被害者は、被害に遭った自分が悪いのではないかと自責の念に駆られます。助けを求められなかったり、被害を打ち明けられなかったりすることは珍しくありません。痴漢や盗撮が軽く見られることもあります。被害者に落ち度があったかのような目で見るのではなく、何があっても悪いのは加害者であるということ、痴漢や性的な盗撮が悪質な性暴力であることを社会は認識する必要があります。

1 学校近くの公園で、遠のく意識

あの日、声をかけてきた男の正体を、さゆりさん(仮名、50歳)はいまも知らない。

小学2年の春。新学期が始まって1カ月ほどした、よく晴れた日だった。放課後に、関東近郊にある学校近くの集合住宅が立ち並ぶ住宅街の公園に行った。まだ、他の子は来ていなかった。帰ろうか迷ったが、一面に咲くシロツメクサが目に入り、《この花で遊んでいれば、そのうち友だちも来るだろう》と思って公園に入ると、薄緑のジャンパーを着た年配の男が現れた。

「ちょっと手伝ってくれないか」。そう声をかけられた。さゆりさんの視界に、道向かいに止まる白いバンが見えた。《学校に荷物を運ぶのかな》。そう思ってついて行った。しかし、男は車の横を通り過ぎ、歩き続けた。《いけない》と思ったが、体が動かなかった。成人の男に対して、7歳の自分は非力すぎた。その場を離れるための言葉も浮かばなかった。

周辺は都心で働く世帯のベッドタウンで、通勤時間以外は人通りがぐっと減った。誰か人がいないか見回したが、人影は見えなかった。すぐ近くの団地に連れて行かれ、エレベーターで上の階に上がった。屋上につながる内階段の踊り場で男に下着を脱がされた。横にさせられ、下腹部を触られた。コンクリートの床はひんやりと冷たかった。《殺されて、土の中に埋められたらこんな感じなのかな》。さゆりさんはそう思った。

男は「気持ちいいか」と尋ねてきた。さゆりさんは意味がわからず混乱した。性器を口に入れられた。息ができず、意識が遠のいた。《私は死ぬんだ》。そう覚悟した。行為を終えると、男はその場を去っていった。

さゆりさんには何が起きたのかわからなかった。呆然《ぼうぜん》としたまま、団地を出た。少し歩き、ふと空を見上げると、真っ青な五月晴れだった。息のできない苦しさで長い時間が過ぎたように感じたが、男から声をかけられてから1時間程度しか経っていなかった。帰り道、ぼんやりとした頭で、「あれは何だったんだろう」と考えた。《ちんちんで人を殺せるのかな》。そう母に聞きたかったが、「何を言っているの」と怒られるだけだと思った。《人に説明できないことを考えても仕方ない。忘れよう》。言葉が見つからないまま、胸の内に秘めた。

被害の記憶に苦しむ自分「心が弱いからだ」

しかし、その後、さゆりさんは食べ物がのどを通るのが苦痛であまり食べられなくなり、大人がそばにいると警戒心で気が張り詰めた。《自分は何もできない》と感じ、周囲と見えないガラスで隔てられているような感覚を抱き続けた。

10歳のとき、学校で生理や妊娠に関する説明を受けた。《自分はすでに汚された身なんだ》と思った。未来が真っ暗になった気がした。《自分が死ねば、身勝手な大人のせいでこんなに苦しむ子どもがいると気づいてもらえるのでは》とも考えた。死ぬしかないと思い詰め、マンションから飛び降りようと試みたが、足がすくんだ。その後も、加害者が捕まっていない中、再び被害に遭うかもしれないという不安は消えなかった。

高校生になると、フラッシュバックが頻繁に起こった。きっかけは、性被害の描写がある小説を読んだことだ。その日以来、ふとした瞬間に何度も「あの日」に連れ戻された。

男に声をかけられ、団地の内階段に連れて行かれたこと。下着を脱がされ、死ぬのではと思ったこと――。意思とは関係なく勝手に記憶がよみがえり、そのたびにどっと疲れた。当時は心的外傷後ストレス障害（PTSD）に関する知識もなく、《そんなことに苦しむのは、心が弱いからだ》とさゆりさんは自分を責めた。

社会人になって性被害に関する本を読んだ。被害の記憶に苦しめられるのは自分が弱いからではなく、性暴力によるものだと気づいた。それまでは死にたい気持ちばかりで、助けを求める発想もなかったが、性暴力や女性の人権に関する活動に参加しながら、学びを深めていった。

20代半ばで自治体の相談窓口や警察などに相談したものの、証拠はない。とっくに時効も過ぎていた。図書館に行って昔の新聞記事も読みあさった。しかし、あの男と関連しそうな記事は見つけられなかった。被害を訴えられる年齢になったときには、被害を訴える場もない。刑事司法制度の壁の高さを強く感じた。

さゆりさんは結婚、出産を経て、子を育てる立場になった。被害から40年以上が経ち、防犯への社会の意識もかつてよりは高まった。それでも子どもの被害は絶えない。

「子どもが被害に遭ったときに、自分を責めなくて済むようにしてあげられないかと思うんです」。それが、いまの強い思いだ。

さゆりさんは数年前から、学校での読み聞かせや、放課後教室のボランティアに参加する。少しでも子どもたちに寄り添い、見守りたいとの思いからだ。子どもたちが大人を信頼して、何かあったら相談できる力を育んでほしい。そして、万が一被害に遭って心身に様々な影響が出ても自分のせいだと思わないでほしい――。そう願いながら、毎日を過ごしている。

子どもの被害、午後3~6時に集中傾向

通学路や近所の公園など、身近な生活圏で子どもが狙われる事件は後を絶たない。

2017年には千葉県松戸市で小学3年の女児（当時9歳）が登校中に殺害される事件が起きた。女児が通う小学校の保護者会長だった男（50歳）が逮捕され、殺人や強制わいせつ致死（現・不同意わいせつ致死）などの罪で無期懲役の判決を受けた。18年には、新潟市で小学2年の女児（当時7歳）が下校中に連

れ去られて殺害され、殺人や強制わいせつ致死などの罪に問われた元会社員の男（27歳）に無期懲役の判決が出た（その後、いずれも確定）。

相次ぐ事件を受け、警察庁や文部科学省などは2018年6月、「登下校防犯プラン」を策定した。子どもの被害は午後3〜6時の下校時間帯に集中する傾向がある一方、防犯ボランティアは高齢化などで担い手が不足している。放課後に児童クラブなどで過ごす子どもが増えて下校・帰宅の在り方も多様化しており、「『見守りの空白地帯』が生じている」として、登下校時の防犯対策の強化を打ち出した。警察や教育委員会・学校、PTAなどの関係者が防犯対策について意見交換などをする「地域の連携の場」を構築する。通学路の緊急合同点検をして危険箇所を洗い出し、警察官のパトロールなどを重点的に行う。警察や学校で担当者を決めて不審者情報を共有し、警察からは保護者らが防犯対策を取りやすいような形で情報を発信する——などだ。警察庁によると、管轄の警察署と情報共有体制を確立した学校は、小学校で95・8％、中学校で95・6％（いずれも2024年5月末時点）になる。

一方、立正大学教授（犯罪社会学）の小宮信夫さんは「防犯を呼びかける際は、人ではなく、場所や景色に注目することが大切だ」と話す。従来の啓発ポスターなどでは「不審者に気をつけろ」などと、怪しいサングラスをかけた人が不審者として描かれがちだ。だが「本当の犯罪者はふつうの大人の格好をし、巧妙に子どもをだます」と小宮さんは指摘する。「だましの手口はいくらでもあり、子どもに犯罪者を見抜くことを求めるのは酷。それより危険な場所を見極める力を養うべきだ」と訴える。

小宮さんが強調するのは、塀が高く家の窓がほとんど見えない道や建物の階段や屋上、ガードレールや植え込みがなく子どもを車に乗せやすい歩道など「入りやすく、見えにくい場所」だ。同じ公園でも、フェンスに囲われている「入りにくく、見えやすい」公園よりも、フェンスはないが木々に覆われている「入りやすく、見えにくい」公園などの方が、犯罪が起きやすい。実際に子どもたちと身近な町を歩いて景色を観察することが大事だとして「どういう場所で大人が声をかけてきたら警戒するべきか。日頃から一緒に考えることで『犯罪が起きやすい場所』を見抜く力が養えるはず」と語る。

2 暗がりに酒臭い息の男、子ども部屋に侵入

自宅で被害に遭うこともある。「姉ちゃんは鍵閉め魔だ」。西日本に暮らす50代の道子さん（仮名）が、妹からそう言われるようになったのは、あの夜以降だ。

誰にも言えなかった40年以上前の出来事がいまも、心の奥底に澱《おり》のようにただよう。

地方都市で暮らしていた小学4年のとき。長女だった道子さんを筆頭に、きょうだい3人で平屋建ての自宅の端にある子ども部屋を一緒に使っていた。夜は3人がそれぞれのベッドで寝ていた。

夏が過ぎたころのある晩、ふと目を覚ますと、暗がりの中、足元に男がいた。男は布団をまくり上げ、道子さんのパジャマのズボンに手をかけていた。恐怖で体が動かなかった。現実かどうかもわからなかった。《目覚めたことを気づかれてはいけない》。そう思って、必死で寝たふりをした。ズボンと下着を脱がされ、触られた。何が起こっているのか全く理解できない。とても痛かった。声を殺して泣いていると、「握ってくれ」と言われた。怖くて従った。「あなたが好きだからこういうことをするんだ」。年配の男は酒臭い息でささやいた。ガチャガチャとベルトの金具の音をさせながら、掃き

出し窓から立ち去った。

道子さんが強く思ったのは、《誰にも知られてはいけない》ということだった。両親にもきょうだいにも友人にも。何があったかは、誰にも言えなかった。

当時は、子ども部屋の窓の鍵をかける習慣がなかった。玄関ではなく、部屋の掃き出し窓から学校や遊びに行っていた。しかし、あの夜以降、道子さんは部屋中の窓に鍵をかけてまわり、窓の鍵が閉まっているかが気になって仕方なくなった。

5年生になり、生理など体の仕組みを授業で教わった。道子さんも、自分の身に起きたことの意味がわかり始めた。混乱した。《妊娠していないだろうか》と、恐怖にも襲われた。

この秘密を一度だけ打ち明けたことがある。高校卒業後に友人に話した。が、返ってきたのは「本当にあったの?」「そんなことを聞かせないでよ」という言葉だった。拒絶されたと感じた。《人に話すことではないんだな》と思い知らされた。

以来、あの晩のことは、心の奥底に封印したまま結婚し、母親になった。

しかし、数年前、性暴力根絶を訴えるフラワーデモを知り、心がざわつきながらも足を運んだ。過去の体験を話す人がマイクを握った。自分も声を上げたいと思ったが、体の震えが止まらなくなった。

「嫌なことは嫌と言っていい」教育の大切さ痛感

道子さんは、年配の男性や酔っ払った人は苦手だ。初老の男性にはなぜか攻撃的な口調になってしまう。それも、あの体験の影響と最近気づいた。道子さんには、いまでも自分を責める気持ちがある。《私が鍵をかけていなかったから、子どもの自分が弱かったから、あんな目に遭ったんだ》と。同時に《私の他にも被害者がいたかもしれない》と思うようにもなった。

プライベートゾーンと呼ばれる水着で隠れる大切な部分は人に触らせても人のを触ってもいけない。触られたら嫌と言っていい。触られたら信頼できる大人に相談する――。最近、幼い子への教育が必要と言われているそんなルールを教えてもらっていたら、自分の人生も違っていたかもしれない。プライベートゾーンのルールを知っていたら、あのとき声を上げることができたかもしれないし、被害直後に母親に話すことができたかもしれないとも思うのだ。「子どもだった自分が本当にかわいそう」とつぶやき、道子さんは涙した。

そんな自分の経験を踏まえ、道子さんは、息子には小学生になったころから「嫌なことは嫌と言っていい。おかしいことはおかしいと言っていい」と言い続けている。学校の先生には息子は自己主張が強いと不評だが、意に介さない。「子どもたちがおかしさに気づき、それをきちんと伝えられるようにするのは社会的責任だと思う」。教育の大切さを痛感している道子さんは、自分のような被害に遭わないために、嫌なことは嫌と言っていいと、かつての幼い自分を重ねながら、息子に語りかけている。

「子どもも大人も、適切な性教育を」

性暴力対策に取り組んできた警察庁官僚で慶応義塾大学教授（2021年の取材当時）の小笠原和美さんは、警察庁なども下校時間帯の見守り活動を強化していることに触れつつ、「どうしても帰宅途中など、子どもが一人になってしまう場面は出てきてしまう。だからこそ、子ども自身に身を守る知恵と勇気を与えていく必要がある」と話す。

注目するのは、子どもへの暴力防止プログラム（CAP）などの予防教育だ。CAPは、ロールプレイなどを通し、子どもたちが様々な暴力から自分を守る方法を教える人権教育プログラムだ。過去の調査で、性犯罪加害者が被害者を選んだ理由として「警察に届け出なさそう」「おとなしそう」などの理由が多くを占めた。「早い段階で『この子は抵抗する子だ』と感じたら、加害者はその犯行をあきらめる可能性が高い」と小笠原さんは言う。

ただ、実際の被害の場面では、恐怖から体がフリーズしてしまう被害者も多い。だからこそ「子どもがいざという場面で行動を取れるよう、日頃から繰り返し、実践を通して教えていくことが大切」と小笠原さんは話す。もし被害に遭ってしまった場合でも「早期に専門家による適切なケアにつなげられれば、子どもには回復する力がある」。被害を警察に届け出て、きちんと加害者が罰せられることも、被害者の心の回復につながる、とする。

そのためにも、まずは被害を打ち明けられる環境作りが欠かせない。子どもには、水着で隠れる「プライベートゾーン」を触られそうになったら、拒否したり信頼できる大人に相談したりすることを伝える。被害を打ち明けられたときに保護者らが子を責めず適切な対応が取れるよう大人側にも適切な性教育をする――ことなどが必要だという。

3 — 通学中の電車、人混みから手

私が叫んだらどうなるか——。触られながら、いつも想像した。《周りにやばいヤツだと思われるかも。逆切れされて殴られるかもしれない》。そう思うと、声も出せなかった。電車の中で男性たちの手が体に触れる。そのたび、恐怖で頭が真っ白になり、体は硬直した。

初めて触られたのは、高校に入学した翌日だった。東京都在住の殿岡たか子さん（活動名、23歳）は、その朝の感触をいまでもはっきり覚えている。

高校から始めた電車通学は超満員で、151センチの身長では、息をするだけで精いっぱいだった。乗車してすぐ、何かがお尻に当たった。トントンとドアをノックでもするようなリズム。それがぐるりと裏返り、手のひらだとわかった。何度かお尻をなでられ、ぎゅっと握られた。《手がぶつかっているだけなのかも。満員電車ってこんなこともあるのかもしれない》

真新しい制服のスカートはひざがすっぽり隠れる長さで、ブラウスのボタンも一番上までしっかり留めていた。痴漢なんて、漫画やドラマの世界の出来事だと、たか子さんは思っていた。しかし、現実だった。5回ほどお尻を強く握られ、やっとの思いで腰をずらすと、手は人混みに引っ込んだ。乗車時間わずか10分。電車を降り、高校まで泣きながら歩いた。校門に立っていた男性教諭が事情を聴いてくれ、保健室で休んでから授業に出た。

翌日から、登校時は女性専用車両に乗った。しかし、女性専用車両の設定がない下校時は、毎日の

ように痴漢に遭った。車内で他の乗客から死角になるような角にグイグイと体ごと押しやられたり、スカートをたくし上げられたりしたこともある。あるとき、下着の中に手を伸ばし、性器に指を入れてきたのは、「スーツ姿のおじさん」だった。帰宅し、母と警察署に電話した。「痴漢は指で何かをつけたかも知れない」と言われ、病院で診察を受けた。初めての内診はとても嫌だった。警察には傷害事件になると言われたが、「罰を与えるより、忘れたかった。なかったことにしたかった」。

痴漢に遭うのは、特に帰りの電車が多く、同じ人ではなかったと思うが、行為はどんどんエスカレートした。どうしたら防げるか、母親と何度も話し合った。防犯ブザーや音の鳴るマスコットを持つことも考えた。大きな声を出したり、相手の腕をつかんだりする練習もした。

ある日の帰り、お尻を触った中年の男の腕をつかんだ。「この人、痴漢です！　助けて下さい！」。震える両手で男の腕をつかんでホームに出て、大声で泣き叫んだ。何度叫んでも、誰も目を合わせてくれなかった。男は千円札を何枚か出して「示談して」と言ったが、つかんだ手は緩めなかった。警察署で5時間、事情を聴かれた。疲れ切って自宅に戻ると「二度と同じ思いはしたくない」と強く思った。

考えた末、高校2年の春に、男が警察に捕まるイラストに添えて「痴漢は犯罪です　私は泣き寝入りしません」と書いたステッカーを作った。翌朝から、背後に立った人に見えるよう、ショルダーバッグの肩ひもにつけた。自分の周りを避けるように空間ができた。触ってくる人はいなくなった。「ダサい」「痴漢も相手を選ぶよな」という声も、ステッカーをつけた背後から聞こえてきたが、《痴漢をされるよりマシ》と思えた。

ステッカーのアイデアは、缶バッジで痴漢防止を訴える活動にも発展した。

これまでに見た痴漢の顔は忘れない。いまも電車やバスに乗るときには、カバンの見えるところにバッジをつけている。被害に遭っていた当時、《痴漢に遭う自分が悪いのかも》と何度も思った。それは、自分を責めた方が楽だったからだ。でも、成人したいまは、それではダメだと強く思う。「自分より年下の子どもたちに同じ思いをしてほしくない。自分が社会を作る立場になって、同じことを繰り返してはいけない」。たか子さんは力強く語った。

痴漢などの被害者、6割超が10～20代

「子どもが痴漢被害に遭った場合、それが痴漢なのかすぐに判断することができない。そのため、逃げたり被害を訴えたりできず、行為がエスカレートする場合がある」。大阪市で活動する一般社団法人「痴漢抑止活動センター」の代表、松永弥生さんはそう語る。

自身も子どものころから痴漢の被害にたびたび遭ったが、大人には言ってはいけないことだと思い、誰にも相談できなかった。痴漢抑止の啓発をする中でも、被害者から「間違って当たっているのかと思った」「最初は電車の揺れだと思った」といった声が寄せられた。

警視庁の統計によると、東京都迷惑防止条例違反で検挙された痴漢などの検挙件数は2010年が1957件、20年はコロナ禍で1305件に減ったが、23年は再び1932件と1900件台になった。23年の検挙のうち、痴漢行為は4割強を占めた。その他は盗撮が5割で、卑わいな言動は約8％だった。被害者は10歳未満が1・1％、10代が26・8％、20代が最も多い32・5％だった。

だが、子どもの場合は痴漢被害を理解できなかったり、言い出せなかったりすることを踏まえると、10代の被害は数字以上に多いと松永さんはみる。松永さんが活動する中で被害が多いと感じるのは「化粧が控えめで、標準丈のスカートをはく制服姿」の生徒だ。「校則をきちんと守っている子は、大人に対して『ノー』と言いづらいと加害者に見られているのではないか」と指摘する。

痴漢は、主に条例違反で検挙される。都道府県によって罰則は異なり、常習の場合はより重くなる規定もある。東京都の条例違反で検挙された場合の罰則は6カ月以下の懲役または50万円以下の罰金となる。より悪質な場合、不同意わいせつ罪が適用されれば6カ月以上10年以下の懲役と罰則は重くなる。

しかし、痴漢被害を通報する被害者は多くないとみられる。福岡県警が2021年2～3月に実施した約3千人を対象にしたインターネット調査では、痴漢被害に遭ったことがあると答えた人のうち約9割は通報せずに泣き寝入りしたと回答していた。その理由は「おおごとにしたくなかった」「恥ずかしい」「逆恨みが怖かった」などだった。10年の警察庁のインターネット調査でも、多くの人が通報していないことが明らかになっている。大都市圏に住んで通勤や通学に電車を利用する女性のうち、過去1年以内に痴漢被害に遭った人の約89％が警察に通報や相談をしていないと答えた。

龍谷大学犯罪学研究センター博士研究員（2021年取材当時）の牧野雅子さんは「痴漢被害が全国でどの程度あるのか、実態が明らかになっていない」との見解を示し、「各都道府県の条文に『痴漢』という言葉が入っている条例は一つもない」とも指摘する。

痴漢とはどうした行為を指すのか定義はあいまいだ。東京都の条例では「公共の場所又は公共の乗物において、衣服その他の身に着ける物の上から又は直接に人の身体に触れること」と条文で定める。牧野さんは「いわゆる『露出』や、スカートを切ったり、体液をかけたりすることなどは統計上『痴漢』とみなされていない。痴漢の全体像が明らかになっていない」と言う。また、全国の警察は毎年、痴漢被害の防止キャンペーンをしている一方で、統計に基づく効果を検証していないのが現状で、「警察によって得られたデータがあるにもかかわらず、データに基づかずに防犯指導をしていることが問題だ」と述べる。

牧野さんによると、かつては痴漢について「女性は被害者ではなく一種の共犯者」「実質的な被害が後まで残らない」と言われることもあった。「痴漢をされてこそ一人前」「大人の女性の証明」などの考え方も珍しくなかった。被害者の服装に落ち度があったのでは、と言われることもあった。ただ、犯罪被害者の支援や人権保護の概念が周知され始め、痴漢は許されないという認識は徐々に広がりつつある。それでも、一方では「なぜ声を出さなかったのか」「どうして逃げなかったのか」と被害者が責められ、二次被害を受ける可能性もある。牧野さんは「痴漢の被害は軽微であると考えられがちだが、被害を軽視していいものではない。被害者に問題があるという意識を変えなければいけない」と話す。

2021年度に内閣府がオンラインで実施した若年層（16～24歳）の性暴力被害の実態調査によると、痴漢の遭遇率は7・7%（回答数全体は6224人）、つまり約13人に1人が被害に遭ったと回答している。女性は16～19歳が7・9%、20～24歳が11・5%。Xジェンダー・ノンバイナリーは16～19歳が10・0%、20～24歳が22・0%だった。また、男性も16～19歳が1・1%、20～24歳が1・7%と、数的には少ないものの、痴漢に遭った経験があると答えている。

4　合宿で盗撮、いまも拡散の不安

関西の大学に通う可奈さん（仮名、21歳）は、あのときの写真が出回っているのではないかという不安を抱えて暮らしている。

高校1年の冬、スキー合宿に参加した。合宿中、別の女子生徒が「男子に風呂をのぞかれた」と教師に訴えていた。直前までタオルで体を隠し、浴槽に入ったが、男子風呂との仕切りの柵の上に男子生徒の頭のようなものが見えた。急いで風呂を上がり、部屋の個室風呂に入りたいと教師に懇願した。しかし、教師は「個室風呂は生理中の生徒のみ」と言って、聞き入れてもらえなかった。

ところが、男子風呂からだけでなく、旅館の一部の部屋からも女子の露天風呂が見えていたのだ。合宿から帰って1週間ほど経ったころ、同級生に「お前の裸の写真が出回っているらしいで」と言われた。別の男子生徒にも「LINEで写真を見た」と言われた。合宿のとき、男子生徒が自室から露天風呂を見下ろしてスマホで撮影し、所属している野球部のLINEのグループに投稿していたと後から聞いた。

可奈さんは母親に「あんな学校に行きたくない」「なんでこの高校を選んだんやろう」とは言ったが、詳しくは話せなかった。《学費を払ってもらっているのに申し訳ない》。そう思い、必死に登校を続けた。でも、学校に行くと、《この子も見たのかもしれない》と考えてしまう。不安と恥ずかしさで眠れず、食欲もなくなり、10キロ近くやせた。自殺も考えた。

半年経ったころ、知り合いの女子生徒が「この写真、そうやろ？」と、心配してLINEで送ってくれた。見た瞬間、スキー合宿の露天風呂での自分だとわかった。タオルを体の前に掲げて男子風呂から必死に遮っていたのに。それでも撮られていた。母親に盗撮の被害を伝えた。母親は教師らに調査をするよう訴えたが、教師らは「生徒数人に聞き取りしたがわからなかった」と言うのみだった。可奈さんは2年の夏に退学し、別の学校に転校した。

その後、警察に被害届を出した。撮影した男子生徒は軽犯罪法違反で少年事件として処分されたと聞いた。かつての高校の同級生たちとは縁を切ったが、写真が拡散していないか不安はいまも消えない。学校からは盗撮被害に遭ったことについて「遺憾の意」を示された。だが教師らは最後まで「もし盗撮があったとしても、スキー合宿にスマホの持参は禁止しているので学校に責任はない」と言い続けた。

可奈さんは「学校に守ってもらえなかったことにも傷ついた」と話す。盗撮のことを口にした男子生徒たちのヘラヘラ笑う顔が忘れられない。「ちょっとしたネタだと思っているのでは。学校も男子生徒も性暴力を軽視している。被害に遭った人がどんなに思い詰めるか。『犯罪なんだ』とちゃんとわかってほしい」

盗撮規制求める声「性的姿態撮影等処罰法」新設

「子どもへの性的な盗撮は予想以上に横行している」。北九州市で活動する民間団体「盗撮防犯ボランティアＷｃ」の代表を務める山内千春さんは、危機感を強めている。公衆トイレなどにカメラが隠されていないかを確認したり、企業や商業施設などに盗撮防止を呼びかけたりしているが、ネット上で、学校内で盗撮したとみられる画像も目にする。ツイッター（現X）で「この子の画像いる？」などと、盗撮の隠語とともに校内で撮影したとみられる女子生徒の制服の画像が投稿されていたこともあった。ダイレクトメッセージでのやりとりを誘導するような呼びかけもある。

一方、教員による学校内での盗撮も相次ぐ。２０２１年4月には東京都三鷹市の公立小学校の男性教諭が複数の小学校やスポーツ施設で、小学生が着替える様子などをスマホで撮影したとして児童買春・児童ポルノ禁止法違反（製造）などの疑いで逮捕された。教諭は罰金50万円の略式命令を受けた。同じ年の6月には、足立区立の小学校の男性教諭が、勤務先のトイレで複数の女児を盗撮したとして、児童買春・児童ポルノ禁止法違反の疑いで逮捕された。教諭は、同罪や建造物侵入、都迷惑防止条例違反などの罪で起訴され、東京地裁で懲役1年6カ月執行猶予4年の判決を受けた。

盗撮被害は学校に限らず塾でも起きている。２０２３年8月には、東京都の大手中学受験塾「四谷大塚」の元講師が女子児童の盗撮容疑などで逮捕され、翌24年には有罪判決を受けた。

山内さんたちは学校内にカメラが仕掛けられていないか検査できるよう、学校や教育委員会に校内の点検や機材の配布を提案したこともある。だが、反応は芳しくないという。「学校側も忙しく、防犯対策まで手が回っていないのが現状です」とこぼす。

安価で高性能の小型カメラが普及し、画像がネットを通じて売買されることもある。山内さんは「お小遣い稼ぎの感覚で盗撮できる環境がある。子どもが加害者になってしまっている事案も少なくない」とし、「被害者が受ける精神的苦痛に比べて、盗撮という罪の重さが軽視されている。取り締まりを強化し、学校などでも研修をして対策を打っていくべきです」と指摘する。

東京都の秋葉原駅周辺。家電やパソコングッズなどの店が並ぶ一角に、「防犯グッズ」と称して、ペンやメガネを模したビデオカメラが売られている。値段は1万〜5万円ほど。それぞれの商品には、数ミリのカメラが埋め込まれている。録画時間も1時間以上できる商品が大半だ。一見カメラとわからない商品が盗撮に悪用されることはないのか。そう店員に尋ねると、「そういう人が一部はいるかもしれないが、うちは防犯として売っているので」と言われた。

画像は一度ネットに流れると、回収は難しい。情報セキュリティー大手「トレンドマイクロ」のセキュリティエバンジェリスト、石原陽平さんは「テクノロジーの発達で、写真がコピーされるリスクは天文学的に増えた」と語る。画像は無限に複製でき、暗号化されて匿名性が高いダークウェブなども登場している。石原さんは「画像や動画が拡散され、ネット上がさらなる被害のメインフィールドになっている」と説明する。

これまでは長い間、刑法では性的な盗撮を処罰する規定はなく、各都道府県の迷惑防止条例が適用されるケースが多かった。たとえば、東京都の条例では、罰則は1年以下の懲役または100万円以下の罰金となっている。警察庁の統計によると、全国で条例違反で検挙された盗撮事件は年々増加。2010年に1741件だったのが、23年は5730件にのぼる。被害者が18歳未満の場合は児童買春・児童ポルノ禁止法の製造の罪に問われることもあり、罰則は3年以下の懲役または300万円以下の罰金だ。ただ、規制対象となるのは、児童の性交や性器を触られている場面のほか、「ことさらに児童の性的な部位が露出や強調されている」ことなどに限られ、内容によっては適用が難しいこともあった。

そうした実情に「性的な盗撮は被害の甚大さに比べ、刑罰が軽すぎる。刑法に『盗撮罪』を新設し、取り締まるべきだ」などの声が高まり、2023年には、刑法の性犯罪規定の改正が行われるのと同時に、「性的姿態撮影等処罰法」(撮影等処罰法)が新設され、盗撮が処罰の対象となった。

対象は、①正当な理由がなく、ひそかに人の『性的姿態等』を撮影する、②同意できないような状態で性的姿態等を撮影する、③誤信させて性的姿態等を撮影する、④16歳未満の子どもの性的姿態等を撮影する、などの行為と規定された。撮影した画像を保管したり、提供したり、インターネットで公開したりすることも、罰せられるようになった。ちなみに2023年に被害者が20歳未満で、撮影等処罰法違反で検挙されたのは539件だった。

子どものネット問題に詳しい兵庫県立大学教授の竹内和雄さんは「盗撮や写真のやりとりが法に違反し罰せられうると加害者も被害者も知る必要がある」と話す。子どもの場合、撮る側も軽く考え、撮られた側も撮られたと気づいても「仕方ない」と思いがちだ。「知識を身につけることで被害の相談を促し、それが加害行為をさせないことにつながる」とする。

7章／子どもたちの間で

７章は、子ども同士の間で起こる性暴力を取り上げます。付き合っている子どもの間で、学校のいじめの中で、閉ざされた空間で、様々な場面で性暴力が起きています。支配・被支配の関係といった大人と共通のものもあれば、性に興味がある年齢がゆえに起こることもあります。子ども間の行為は見逃されがちで、軽く見られる傾向があります。「そんなことが起こるはずがない」という大人側の意識が影響している他、遊びや上下関係の延長で起こることもあり、子ども自身が性被害と気づくのが難しいという特徴もあります。

子どもたちを加害者にも被害者にもしないためにも、被害・加害を深刻化させないためにも、社会としての対応が必要です。子どもが性に興味を抱くのはふつうのことです。一律に接触を禁止すればいいというものでもなく、加害側を責めるだけが解決でもありません。水着で隠れる体の大切な部分は人に見せない、触らせない、人のも見ない、触らないという「プライベートゾーン」のルールや性的同意などについて、タブー視せずに幼いころから教えていく、どんな小さなことでも性暴力があれば丁寧に対応する――。そうした実践が、子どもたちを守っていくことになると考えます。

１　同級生、断れると思っていた

《はっきりと言葉で断れる》。自分ではそう思っていた。

関東地方に住む麗奈さん（仮名、15歳）は中学３年になる直前の２０２１年春、休みの日に、付き合っていた同級生の彼の家に遊びに行った。外で会っていると、すぐに友人たちに見つかり、冷やかされてしまう。人の目を気にせず、二人っきりでゆっくり話したかった。ただ、それだけだった。

約束の日、午前11時ごろに彼の家に行くと、彼の家族は出かけていて、いなかった。彼の部屋で話をしていると、話題が途切れた。ちょっと気まずい雰囲気になった。すると、彼がいきなり「しない？」と言い出した。麗奈さんはぎょっとした。《えっ？　まだ中学生なのに？》。性交するならば避妊具をした方がいいことは知っていた。でも、自分の年齢で責任の取れることではない。学校で受けた性教育の講演でも「断る」大切さを聞いていた。《ダメだよ》と心の中では思ったが、言葉が出てこなかった。

彼はお構いなしに「いいだろ」としつこく迫ってきた。《断ったら二人の関係が悪くなるかも》。彼とはいろんな話ができ、仲が良かった。その関係を壊したくなかった。返す言葉を見つけられないでいると、体の大きな彼が「やろうよ」と手を伸ばしてきた。

麗奈さんはとっさに《怖い》と思った。心の中でパニックになった。《誰、この人？》と、見知らぬ不審者に出会った気持ちになった。体は全く動かない。彼の顔を見ることもできなかった。彼の手が胸元に伸びてきた。ワンピースのボタンを外され、下着を脱がされた。彼は自分でズボンを下げて、覆いかぶさってきた。《どうしよう、どうしよう》。その思いが頭の中をぐるぐる回った。声を出すこともできなかった。とても痛かった。

彼は膣《ちつ》外《がい》射精をすると、「そろそろ親が帰ってくるかも」と言った。会ってから1時間もしないうちに、彼の家を後にした。麗奈さんは《これが目的だったの？　こんな人だったの？》と自問し、ショックに打ちひしがれた。そして、《断れなかった》と自分を責めた。《妊娠するはずないよね》と思いつつ、心配が頭をもたげてきた。

親には口が裂けても話せない。自分の部屋に入ってからネットで調べると、膣外射精でも妊娠や性感染症のリスクはあると書かれていた。《ヤバい》。どうしようもなく心が乱れた。性交から72時間以内に飲めば妊娠を防げる緊急避妊薬があることも、ネット情報で知った。対応しなくてはと思い、一人で近所の薬局に行ったが、店員から「売っていない」と言われた。《マジか、どうしよう……》

不安と孤独、恐怖に襲われた。万が一、妊娠したら中学生の自分には責任が取れない。これから高校受験もあるのに……。一生懸命考えてもどうしていいかわからなかった。彼にLINEした。妊娠の可能性があって心配していることを伝えると、彼からは「大丈夫じゃねーか」と返事があった。彼にとっては人ごとだった。

頼れる人はいない。でも何とかしなくちゃいけない。ふと、以前学校で性教育の講演をした外部講師の女性のことを思い出した。直接話してはいないが、とても感じのいい人だった。ネットで調べて連絡をとってみた。

夕方、電話がつながった。匿名で経緯と心配な気持ちを伝えた。そのまま丸ごと話を聞いてもらい、ちょっと落ち着くことができた。月経周期を聞かれて答えると、外部講師は妊娠の可能性は低いという見方を示しつつも、取れる行動の選択肢を示してくれた。「緊急避妊薬を飲むなら早い方がいい。すぐに病院に行った方がいいよ」とも言われた。そこで麗奈さんは初めて、緊急避妊薬は医師の処方が必要だと知った。

断れなかった自分を責めた

《彼に流されてしまったのは自分の責任。自分で何とかしなくては》

麗奈さんは追い詰められた気持ちになり、その晩は眠ることができなかった。翌日、一人で産婦人科に行った。親の同意は不要という病院がネットにはたくさん出ていた。でも受付で事情を話すと「親の承諾がないと対応できない」と言われた。さらに「ちゃんと断らないと。自分の体を大切にしないとね」との言葉が飛んできた。

麗奈さんはものすごく傷ついた。《自分の体を守りたいから来ているのに……》。それでも行動しなくてはと、他にも何軒かの産婦人科病院に問い合わせたものの、どこも対応できないと言われてしまった。困り果てて、もう一度、外部講師に連絡を取った。事情を話すと、外部講師は駆けつけ、別の産婦人科クリニックについて来てくれた。緊急避妊薬代の1万1千円も貸してくれた。

服薬して1週間ほどで月経が来た。「これで妊娠の可能性はなくなったと、心の底から安心した」と麗奈さん。一方、彼に対しては、言葉で言い表せないほどの怒りを感じた。大好きだったから余計にショックだった。「無責任すぎる」。いまは顔を見るのも嫌だ。

以前からLINEで、彼は「下ネタ」を言うこともあったが、年頃の男の子はこんな感じなのかと、返事もせずスルーしていた。好きだったから許せていた。「今度しよう」とLINEで来たこともあったが、「ゴム（コンドーム）がないとダメ」とあしらっていた。彼の返事は「（ゴムは）500円もする。高いし、買いに行くのは恥ずかしい」だった。

頭では、断れる、断っていいと思っていたのに、実際にぐいぐいと迫られると心も体も固まってしまって、拒否することができなかった。「彼がちゃんとふつうに『僕はやりたいけど、どう?』と聞いてくれていたら、『嫌』と言えていたと思う。でも、あのときは雰囲気も言い方もいつもとは全然違った。怖かった」と麗奈さんは振り返る。

麗奈さんにとって外部講師は命の恩人だという。「外部講師がいなかったら病院に行くことはできなかった。心配でたまらなかったし、もし妊娠していたら大変なことになっていた。いま、高校受験を目指して勉強できているのも彼女のおかげです」

親との関係は良好だが、このことはどうしても言えなかった。恥ずかしかったし、期待を裏切りたくなかった。両親がものすごくショックを受けるとも思った。学校の先生に言えば絶対に親に伝わるし、友人に言っても「ドン引き」されるだけだろうと想像した。「こういうときに、信頼して相談できる人や場所があることが大切だと思う」と麗奈さんは言う。

相談に乗った外部講師は「親御さんに無断で彼女をサポートしていいのかと私自身も悩んだ。でも、自分一人で勇気を出して産婦人科にまで行った彼女に絶望してほしくなかった。助けを求めてきた彼女に報いたいという一心だった」と振り返る。

同時に、自身の認識の甘さにも気づかされたという。「麗奈さんはしっかりしていて元気が良く、行動力もある。将来の夢もはっきりと持っている中学生だ。おとなしいとか意志が弱そうとかいう一般的な断れない女の子のイメージとは全然違う。そんな彼女でも断れなかったのが現実なのだと突きつけられた」。さらに「私自身、性教育の講演で『イヤと言っていい』と教えてきたが、その難しさを想像できていなかった。大切な人に対して『NO』ということの難しさを改めて実感した」と外部講師は話した。

身近なデートDV「10代でも3組に1組」

恋人同士の間で起こる暴力を「デートDV」と呼ぶ。長年暴力防止のプログラムを実施してきた認定NPO法人「エンパワメントかながわ」(横浜市)が2016年に行った全国デートDV実態調査によると、交際経験のある中学生・高校生・大学生1329人のうち約39%が被害に遭ったことがあると答えている。「調査でわかった範囲でも10代のカップルの3組に1組でデートDVが起きている。実際はもっと多いかもしれない。デートDVは若者にとって、とても身近な問題だ」とエンパワメントかながわ理事長の阿部真紀さんは語る。

デートDVは、性暴力の他、身体的暴力、異性と話さないと約束するなどの行動の制限、精神的暴力、デート代を払わないなどの経済的暴力があるが、この5タイプのうち一つでも被害に遭った経験がある女子は45%、男子は27%。加害の経験があるのは女子が21%で、20・5%の男子より少し多かった。

性暴力被害は、交際経験のある女子では「嫌がっているのに体を触る」が10%と最も多かった。その他、「裸や性行為の写真や動画を撮りたい、あるいは送ってと要求する」10%、「嫌がっているのにキスをする」8%、「嫌がっているのに性交する」6%、「避妊に協力しない」6%など。男子では「嫌がっているのにキスをする」被害が最も多く2%だった。

阿部さんによると、高校などで実施する予防教育の中で、「嫌よ嫌よは」と問いかけると、生徒たちは男女ともに「好きのうち〜」と答える。その状況に阿部さんは心を痛める。「生徒が口にする言葉は性暴力そのものなのだと認識してほしい。子どもたちは幼いころからNOと言っていいと教育されてきていない。嫌だと言ったら相手が傷つくと思っている」。そのため、予防教育では「私は嫌」は相手の権利を奪わない、人はみな違うから「嫌だ」と言わないと相手もわからない——と教える。同時に強調するのは「断れなくても悪くない」ということだ。断れなかった自分が悪いと思ってしまうと、被害を繰り返すことにつながるからだ。

またデートDVが発覚すると、別れさせたり、口をきくことを禁止したりする学校が少なくない。その対応には「別れさせて安心していないか」と疑問を呈する。禁止は問題を水面下に隠すだけだと指摘する。「『嫌よ嫌よも好きのうち』ではなく『嫌よ嫌よは本当に嫌なんだ』という認識を徹底させること、性的なことは双方が『いいよ』と言って初めて成立することを小学生のころから発達段階に応じた形で教えていくことが必要」と阿部さんは力を込めた。

性的同意とは？　不十分な日本の教育

ジェンダー平等や性の多様性を含む人権尊重を基盤とした性教育の重要性は世界共通だ。ユネスコなどが2009年に作成した「国際セクシュアリティ教育ガイダンス」は、生殖から人権、ジェンダーなどの包括的な性教育を5歳から段階的に教えるよう求めている。たとえば9〜12歳で、基本的な避妊方法についても確認するとされる。海外では、性教育が必修化されている国や、避妊方法や緊急避妊薬について授業で学ぶ国も少なくない。

一方、日本では文部科学省が学校で教える内容を示す学習指導要領で、人の受精に至る過程や妊娠の経過は「取り扱わない」と定められている。指導要領によると、小5の理科では、子宮の中で胎児が成長する様子は学ぶものの、どうやって精子と卵子が受精するかには触れないことになっている。中1の保健体育では、妊娠・出産ができるよう体が成熟することについて学ぶが、妊娠そのものの過程は扱わないよう求めている。学校が必要と判断すれば教えることもできるが、学校や地域によって性教育に関する取り組みは異なる。過去には、性交や避妊について教えた学校が批判にさらされたこともあった。

日本では性的同意年齢が2023年に刑法が改正されるまで、13歳と規定されていた。諸外国に比べて性的同意年齢が低く設定され、そのうえ性的同意についての教育も不十分であることが問題視されてきた。

2023年の刑法改正では性的同意年齢は16歳に引き上げられ、強制性交等罪が「不同意性交等罪」に、強制わいせつ罪が「不同意わいせつ罪」と罪名が変わった。以前は同意がない性的行為でも刑事責任が問われないという事態も起こっていたが、今後は「同意のない性的行為は犯罪である」との認識が社会に広く共有されることが期待される。

大人が子どもの発する「ＮＯ」を受け止めることから

埼玉医科大学助教で産婦人科医の高橋幸子さんは中学校で、電子紙芝居式の動画を使って性教育の講演をしている。動画はこんな内容だ。女子生徒のA子は、交際相手のB男の家で宿題をすることに。親は不在で二人きり。宿題を終えると、B男は手を握って近づき、「キスしていい?」と聞く。A子は「キスはまだしたくない。でも、嫌われたくない」と悩む。だが、黙っているA子を見て、B男は「イヤって言わないし、いいんだな」と思い切ってキスをすると、A子は激怒する。「イヤと言ってないけど、いいとも言っていない。宿題を教えに来ただけなのに」と。

高橋さんの監修のもと、女子栄養大学の学生サークル「たんぽぽ」が制作したものだ。動画ではその後、B男も女性の先輩から無理やりキスされ、A子の気持ちに気づくという展開だ。

性的な接触をする前に相手に許可を得ることを性的同意という。高橋さんは「すべての行為に相手の同意が必要だが、性的な感情を持って接触するときは特に慎重に、相手の『YES』を言葉で引き出さないといけない」と話す。

講演では、この動画の前に、交際には性交に至るまで「目と目が合う」「手をつなぐ」など、距離を縮めていく段階があることも説明する。「相手がイヤだと言っても大丈夫なように、同意を取る側が配慮することが大切」「カップルで段階を進めるペースが違うときは、ゆっくり進みたい方に合わせてあげると交際が長続きする」などのコツも教える。

一方、「いきなり性的な場面だけ、YESやNOをはっきり示せるようにはならない。幼いうちから『自分の体は、自分のもの』『イヤなことはイヤと言っていい』と伝えることが重要だ」とも高橋さんは説く。自身も、小学生向けに講演する際は、水着で隠れるプライベートゾーンについて、「大切な部分だから、嫌な相手に触られそうなときはNOと言っていい」などと説明する。

また、子どもたちがきっちり意思表示できるようになるためには、大人側の意識の重要性も指摘する。「日常生活で発する子どものNOを、大人がどれだけ真剣に受け止めているか。日頃から無視されていたら、子どもは自分のNOに力があると思えなくなってしまう」。自分の意思をきちんと確認してもらえる関係があると実感することが、子どもたちが将来パートナーとの豊かなコミュニケーションを取るための土台となる、と高橋さんは考えている。

2 初体験が嫌な記憶に、彼との世界がすべてだった

関西に住む大学4年生の奈々さん（仮名、22歳）は、高校生のときの初体験が「嫌な記憶」になってしまった。

陸上競技の推薦で私立高校に進学した。部活に熱心に取り組んだが、1カ月も経たないうちにひざをけがした。手術が必要で、術後も歩けるようになるまでに半年のリハビリをしなくてはならない大けがだった。手術するかどうか。高校に戻れるのか。悩む奈々さんに、父は無関心だった。《この人、私のことを娘と思っているのかな》と思った。

物心ついたころから両親は不仲で、食事中に口論が始まり、母が投げた皿が割れ、破片が目の前で飛び散ったこともあった。小学2年から3年間は「第一次別居」だった。その後も別居は繰り返された。《家族ってなんやろう。親ってなんやろう》。そんなことを考えると、とてもわびしかった。

手術を受けることを決め、入院していたところ、病室に何度もお見舞いに来てくれた同じ陸上部の

男子生徒がいた。彼は優しかった。どんな話をしても怒らずに聞いてくれた。自然に付き合うことになった。部活の顧問には「部内交際禁止」「交際がわかったら退部」と言われていたため、彼と一緒に登下校はせず、会うのはお互いの家の部屋だけにした。誰にも気づかれないように必死だった。推薦で進学した以上、退部したら退学するしかないからだ。《部活が人生のすべて。学校にいられなくなったらどうしよう》。そんな思いにとらわれていた。付き合い出して2カ月ほど経ったころ、「したい」と言われたが、「まだ早いんちゃう」と断った。

えっと思っているうちに

半年ほど経っても、「(性交は)まだ早い」という気持ちに変わりはなかった。でも、スキンシップは進んでいた。《指やな》と思っていたら何か違う。いつもより奥まで何かが入ってきた。えっと思っているうちにそれは済んだ。《えっ、何してたん? 入れたん? えっ、何で?》。頭が真っ白になったが、言えたのは「何で?」という言葉だけだった。コンドームもつけていない。彼は「外に出したから大丈夫」とだけ言った。

奈々さんは不信感を募らせた。「嫌やったのに勝手に入れられてしまった」。妊娠していたらどうしよう、と心配になったが、別れられなかった。心が追い詰められていたあのころ、彼に嫌われたら居場所がない、この人しかいないと奈々さんは思っていたからだ。その後、卒業とともにいつしか付き合いは終わった。

教師を目指して進学した大学で、「性教育」について学ぶ機会があった。授業で教授に「恋愛で必要な力って何だと思う？」と問いかけられた。いろんな議論を経て「別れられる力」に行き着いた。

嫌なことをされたと思ったのに別れられなかった自分。あのころは、彼との閉じられた世界がすべてで、依存していたと気づいた。彼も「付き合ったらこうするものだ」としか思っていなかったのではないか、とも思うようになった。

大学に入ってから「（セックスを）しとかな彼氏に寂しがられたら困る」と友だちが話すのを聞くこともある。一方、奈々さんは「何でも言って。別にしなくてもいい」とペースを合わせてくれる男性と付き合っている。

「恋愛って何か。自立して生きるって何か。大学で学び、考えるようになり、『したくない』って伝えていいし、セックスだけがコミュニケーションじゃないと思えるようになりました」と奈々さんは語る。

3　脱がされ、さらされ、命絶った息子

「ぼくの友だちがいじめに遭っている」

川崎市の自宅で篠原真紀さんは、市立中学の2年生だった次男の真矢《まさや》さんから、そう打ち明けられた。2010年2月末のことだ。

沈みがちだった様子が気になって声をかけたのが始まりだった。真矢さんは「あんないい奴がいじめられるのはどうしても許せない」と涙を流した。その後、真紀さんは学校に「息子が、友人がいじ

められていることを心配している。気をつけて見ていてほしい」と伝えた。

しかし、真矢さんは3年生になってまもなくの6月7日、自ら命を絶った。14歳だった。残された遺書には、4人のいじめが原因であること、自分が仲の良かった友人を守れなかったことなどがつづられていた。

川崎市教育委員会（市教委）の報告書によると、真矢さんが4人の同級生からいじめを受け始めるのは、2年の秋ごろ。友人がいじめられているのを見かねて、止めに入ったのがきっかけだった。4人は、頭をはたく、肩にパンチをする、プロレスごっこのような形で馬乗りになる、頬をたたく、蹴るなど、「いじり」と称して真矢さんへの行為をエスカレートさせていった。

当時、学校ではズボン下ろしがはやっていた。後ろから突然パンツまで下げられる。ズボンを下げられそうになったために抵抗した真矢さんが床に倒れると、そのまま上半身を押さえつけられて数分もの間、下半身を教室内でさらされ、お尻をたたかれる——。その様子を、複数の生徒がいろんな場面で目撃していた。パンツまで脱がされていたのは真矢さんだけだったという。

「真矢自身がそんないじめを受けているとは……。女子生徒もいる中で、下着まで脱がされ、どれほどの恥ずかしさ、屈辱、悔しさを感じたのだろうかと考えると胸がつぶれそうだ」と真紀さんは語る。「羽交い締めにして下着を脱がせる加害生徒たちの行為は悪質で、極めて卑劣。辱めを与えることを楽しんでいたのだろうか」

当時の真矢さんは思春期まっただ中で、自宅での着替え中に真紀さんが間違って部屋のドアを開けようものなら、烈火のごとく怒った。そんな多感な時期に下半身を友人らの前であらわにさせられていた。目撃していた生徒の半数近くは「（真矢さんは）笑っているけれど、つらそうだった」などと、市教委の調査に答えている。

いじめは学年が変わる3月末まで続いた。3年のときにはクラス替えで加害生徒4人がバラバラになり、真矢さんへのいじめはほとんどなくなった。だが、いじめ行為は次々と標的を変えて続けられていた。真矢さんの死亡後、4人は家庭裁判所に送致され、保護観察処分などを受けたという。

真矢さんは将来警察官になるのが夢だった。遺書にも「困っている人を助ける。人の役に立ち優しくする」ことを目標に生きてきたことが書かれていた。正義感が強く、自分に対するいじめだけでなく、いじめを受ける友人を守れなかったことへの悔しさも募らせていたようだ。

「いろんなことが積み重なって真矢は自殺に追い込まれたと思うが、家裁では目撃者がいたズボン・パンツ下ろしだけが加害生徒の非行事実として認定された」と真紀さんは説明する。

実は、休み時間に教室でズボンを下ろされているところを目撃していた教員もいた。だが、教員はその場で「何やっているの」と注意したものの、それ以上の対応はしなかったという。「かなりの頻度でやられていたことが後からわかった。同じことを町の中でやったり、大人がやったりしたら、犯罪になる。学校は治外法権なのか。先生も目撃しているのに……。性暴力に対する先生たちの認識が甘すぎる」と真紀さんは指摘する。

父の宏明さんは今回の取材をきっかけに認識を新たにしたという。「私自身も、当初は男同士の遊びの延長線上のズボン下ろしだと思っていた。加害生徒もそういう感覚だったのだろうか」と打ち明ける。その上で「いま考えると、真矢は辱めを受け、自尊心をズタズタに傷つけられたに違いない。

ズボン下ろしやスカートめくりは遊びではなく、性暴力。ふざけてやっても罪に問われることだということを、学校も、親も生徒も、社会もきちんと理解する必要がある」と語る。

宏明さんと真紀さんは仲間に誘われ、2017年から立ち上げメンバーとして一般社団法人「ここから未来」（東京都）に参加し、息子のような思いをする子どもを一人でも減らしたいという願いを胸に、子どもの命と人権を守るために、いじめや学校事故などの調査や研究、講演活動を行っている。

ふざけあいと見なされ孤立

警察庁の統計によると、2023年にいじめに絡む事件で検挙・補導された小・中・高校生のうち、性的な容疑は全体の約15%を占め、57人だった。内訳は、不同意わいせつが23人、児童買春・児童ポルノ禁止法違反が34人だった。

いじめの加害者が、検挙や補導される事件は多くない。その中でも性にまつわるいじめは明らかになりにくい。教育評論家の武田さち子さんは、表面化するのは「氷山の一角」とみる。武田さんは、いじめ防止対策推進法が施行された2013年以降について、報道などで明らかになった内容を元に、性に関する羞恥《しゅうち》心を感じさせるいじめを「性的いじめ」として集計した。それによると、自殺や自殺未遂で調査委員会が立ち上がった事案151件のうち、性的いじめは11件あった。

性的いじめは、被害者が周りから好奇の目で見られるなどの二次被害を恐れ、公表を望まないことも少なくない。ただ、公にしていなくても、武田さんのもとには、性被害があったとの情報が寄せられることがある。性的いじめは、いじめの延長線上でもある。被害者はそれまでに追い詰められ、要求を拒みにくい。状況が良くなればと、加害者からの性的な要求に応じてしまいがちになる。口封じとして性的いじめが用いられることもある。

最近は子どももスマートフォンなどを持つようになり、簡単に写真や動画を撮影できる。加害者が性的いじめの様子を撮り、共有したり、いじめと直接関係のない人にまでデータが拡散したりすることもある。被害者は、データが一生ついて回る恐怖を抱く。その上、痴漢や性的暴行を巡り、被害者に問題があったのではという見方が社会に根強い中、性的いじめにも「拒否できたのでは」「隙があったのでは」と見られることもあり、被害者側が相談をためらうことも多い。

武田さんは「性は本来、他人が踏み込んではいけない領域。そこを冒されると一生にかかわる傷になる」と指摘する。被害者が勇気を持って明らかにしない限り、性的いじめは表に出にくいが、特殊なことではなく、どこでも起こりうる。「大人は、驚きから『本当なの』『まさか』と言ってしまいがちだが、被害者の言葉を否定せず、被害者の傷をきちんと受け止めて」と訴える。

性的いじめには大人たちも対応を

なぜ、いじめに性的なものが含まれるのか。鳴門教育大学教授（臨床心理学）の葛西真記子さんは「性への興味からスタートする」とみる。中学生前後になると、体つきや声などが変化する第二次性徴を迎え、周囲の人たちが性の対象になる。一方、子どもたちには性についての正しい知識が備わっていないことが多い。

スカートめくりやズボン下ろしは、加害側も周囲も「ふざけあい」として、歯止めがききにくい。

また、同じいじめでは刺激がなくなって強い刺激を求めて行為が深刻化しやすい。レイプなどにまで至ると、征服欲、支配欲もかかわる。

一方、被害者は性的対象として消費されて傷つき、「性的なことに臆病になる」「人に対して恐怖感を抱く」「過食などを通じて性的対象として見られないようにする」といった影響を受ける可能性もある。周囲が「ふざけあい」と見ることは、被害者の孤立を招く。「影響を受けているのは自分がおかしいからでは」と自らを責めやすくなる他、「嫌と言えたのでは」と周囲から言われる二次被害を受けやすいという。

葛西さんは、教師の認識も課題とする。葛西さんらが2015年に教師計13人に性的いじめについてインタビュー調査をしたところ、全員が勤務校でいじめがあったと答えたが、性的いじめがあったと答えたのは当初0人だった。その後「ズボン下ろし」や「性器付近のボディータッチ」などの具体例をあげると、9人は性的いじめがあったと答えた。

「相手が嫌がることはしない、というのが基本だ。また、周りから楽しそうに見えたとしても、本人にとってマイナスの影響が起こりうる。性的いじめは『遊び』ではないという強い意識を持って、大人たちも対応する必要がある」と葛西さんは警鐘を鳴らす。

4 「チクったな」担任に被害訴えた後に地獄が

子ども間の性暴力がエスカレートすることは珍しくない。2021年に北海道旭川市で、中学2年だった少女が自殺をした事件があった。教室内のいじめをきっかけに、少女は無視や悪口、言動をまねされ笑われるなどして孤立し、学外での先輩らとのつながりを維持したい一心で、意に反する自慰行為の強要や動画の送信など性被害を受け続けていた。こうした性暴力はいまに限ったことではない。

20年余り前にある公立中学校の女子生徒（当時）と両親が起こした訴訟の記録からも、深刻な性加害・性被害が起こっていたことがわかる。その訴訟の判決によると、男子生徒らの性暴力は1年のときに始まった。すれ違いざまに胸やお尻を触られたり、ほうきの先で胸を突かれたり。その後も胸を触られるなどの被害が続いた。3年になり、女子生徒は担任の男性教諭に加害者の名前をあげ、体を触られたと伝えた。ところが教諭は被害を詳しく確認しないまま、クラスの帰りの会でこう言うだけだった。

「女子の体にタッチしている男子がいるようだけど、それはセクハラといって、社会問題になっていることと同じだ。人の嫌がることは二度とするな」

これを聞いた加害生徒は被害者に「チクったな。覚えてろよ」と言ってきた。加害行為はやむどころか、その後も繰り返された。スーパーのトイレ、空き家、校舎のトイレ……。「殺すぞ」「絶対言うなよ」。そんな言葉で脅され、無理やり性交までされた。

判決に、当時の女子生徒の気持ちがこう記されている。「毎日のようにいつ話そうか、誰に話そうかなどと思い悩み、夜も眠れなくなっていた。相談すると皆に知られてしまうのではないかなどと心配し、中学生活が終わればいままでのようなつらいことがなくなるからずっと我慢しようかなどとも考え、地獄のような毎日を送っていた」

判決では学校側の責任が認められ、自治体に賠償が命じられている。

事件について、獨協大学名誉教授（教育法）の市川須美子さんは「圧倒的な支配・被支配の関係が作り上げられ、被害者が無力化されて加害行為はエスカレートしていった。学校として組織的に指導をすべきだったのに放置した。多くのいじめと共通する構図だ」と話す。

教員たちは、加害生徒らのグループが以前から問題行動を起こしていたことを知っていた。女子生徒が担任の男性教員に被害を伝えようとした際、女性教員が聞き取るなどして実態をつかめば、さらなる被害の拡大は避けられたとみる。市川さんは「似た被害はいまも起きているのではないか」と話す。「性暴力は人格を折るような直接的な攻撃で、大人でも被害を明らかにするのは難しい。裁判になるなど、表面化するのはまれなケースだろう」とも指摘した。

加害者と被害者で担当教員を分けて

もし生徒の間で性暴力が起きた場合、教員たちはどう対応すればいいのか。

兵庫県尼崎市の産婦人科医で、NPO法人「性暴力被害者支援センター・ひょうご」代表の田口奈緒さんは「子ども間の性暴力に、学校は十分に向き合えておらず、備えもできていない」と話す。部活動や野外活動など、様々な場面で性暴力が起きている現状がある。ところが、教員らの「まさか子どもがするはずがない」といった思い込みや、内部で処理しようとする閉鎖性のため、問題が表面化せずに対応が鈍くなる傾向があるという。

事実関係がはっきりせず「もしかして」という段階でも、重大な事態ととらえて対応することが大切だ、と田口さんは注意喚起する。早い介入は被害のエスカレートを防げたり、被害者の回復を早めたりすることにつながる。双方の話が食い違う恐れもあるが、「事実を調べるのは捜査機関の仕事。白黒つけるのではなくて、被害者に『被害を言ってくれたことは大事』と伝え、加害者にダメなことを教えるのが学校の役割です」。

聞き取りなどにあたる担当教員は、被害者と加害者で分ける。外部のサポートを得つつ、教員が一人で抱え込まないようにチームで対応する。災害時の避難のように前もって対処法を想定する――。田口さんによると、こうしたことが必要で、定期的に「プライベートゾーンを触られたことはありますか」など、生徒に被害を問うアンケートをすることも大切という。田口さんは「性教育でせめてプライベートゾーンぐらいは子どもに伝えておかないといけません」とする。

田口さんらは2020年6月、こうした事態に学校の教員らが対応するための冊子「学校で性暴力被害がおこったら」をまとめた。被害児と加害児の担当を分けチームで対応するといった学校の態勢、被害者と加害者の双方を含む児童・生徒への支援、進学時の引き継ぎなど中長期的支援の他、早期発見や未然防止についても記している。性暴力被害が起こったときの対応をタイムライン形式で1ページにまとめ、わかりやすくするなど、多忙な教員たちにも使いやすいよう工夫した。内容はインターネットで公開されている。教育委員会などからの問い合わせも多く、性暴力支援ワンストップセンターや弁護士会の犯罪被害者支援センターなど性暴力が起きた場合の支援機関の連絡先の部分を自身の地域のものに変えて県内向けの手引を作るところも出てきている。

5 「私は兄のおもちゃ」6歳から被害

最初の記憶は、小学校に入る前、兄と遊んでいたときのことだ。

関東地方に暮らす恭子さん（仮名、35歳）は当時6歳。その日、家にいたのは四つ上の兄だけだった。兄に誘われて、一緒にかくれんぼをしていた。恭子さんは押し入れに隠れたが、すぐに兄に見つけられた。《見つかっちゃった〜》。そう思っていると、やおら兄が押し入れに入ってきた。兄は「服を脱いで、裸を見せて」と言った。大好きだった兄のその言葉に《えっ？》と思いながらも従った。

そのとき、恭子さんは、いつもは優しい兄の顔を怖いと感じた。らんらんと輝く目の力が強烈だった。兄は裸になった恭子さんの首から下をじろじろと眺め、「お父さん、お母さんには言わないで。二人だけの秘密だよ」と言った。

《いまのは何だったのだろう》《親に言ってはいけないことをしたのだろうか》。恭子さんは、幼いなりにも罪悪感をちょっと持った。

その後も兄はたびたび接触してきた。キスをしてきたり、昼寝をしていると、タオルケットの中に入ってきて恭子さんのパンツを下ろしたりした。それでも恭子さんは、兄との秘密の遊び、ちょっと悪い遊びをしているという感覚だった。

行為がエスカレートするのは、小学3年のころだ。恭子さんは中学受験のために親から塾に通わされていた。勉強でわからないところは「お兄ちゃんに聞いてごらん」と母に促された。当時、兄は中学1年。「教えて」と部屋に行くと、勉強を教えてくれた後に「裸になって」と要求してきた。恭子さんはベッドの上に横たわらされ、体をなめられた。使い切りカメラで裸の写真を撮られ、性器にものを入れられた。

「私は兄にとって、おもちゃだったんだと思う」と恭子さんは唇をかむ。

小学5年のころには、兄の性器をなめさせられるようになった。それが嫌で兄の部屋に行くのをやめると、逆に兄が、妹と一緒に使っている恭子さんの部屋に、妹が眠った後の深夜に来るようになった。2段ベッドの上段に寝ている恭子さんの体を揺さぶり、起こしてきた。恭子さんは必死に寝たふりをしたが、兄は「起きてるんだろ」「いまから大声で叫んで、バラすぞ」と脅すような声で言った。仕方なく兄の部屋に行くと、裸にされた。兄は恭子さんの体を眺め、触った。あるとき、兄は自分も服を脱ぎ、挿入しようとしてきた。「やめて」と声を上げてもおかまいなしだった。だが、うまく入らず、兄は途中でやめた。午前2時を過ぎ、疲れて自分の部屋に戻らずに眠ってしまい、裸のまま兄の部屋で朝を迎えたこともある。兄を起こしに来た母は、二人が布団をかぶって一緒に寝ている姿を見ても何も言わなかった。

小学6年で月経が始まった。「今日は生理」と言って断ることができるようになり、被害は年に3〜4回になった。それでも、兄の恭子さんへの執着は相変わらずだった。《逆らえば脅される》と思うと、従わざるを得なかった。

夜中にいつ兄が来るかわからないため、夜に眠れなくなった。恭子さんは学校の授業中に居眠りした。成績は急降下した。親からは受験勉強と習い事を続けさせられた。周囲の子が幸せそうに見えた。《私は汚れている》という思いを抱き、友だちと遊ぶこともできず、本屋などで万引きを繰り返した。

高校生になると、恭子さんはリストカットを始めた。朝早く登校し、誰もいない学校のトイレでカミソリを腕に当てた。しみ出る血の熱さを感じ、自分が生きていることを確認した。20歳のときには、死ぬ覚悟で線路に体を横たえた。当時交際していたいまの夫が心配して飛んできてくれ、なんとか命をつなぎとめた。

性暴力を知った父、その対応にさらに傷ついた

兄の性暴力がやっと終わったと思えたのは、短大に通っていた21歳のときだ。ある日、父にこう言われた。「見たぞ、パソコン。(兄を)一発殴っておいたから」と。

兄に対して抵抗できず、親にも言えず、気持ちの持って行き場がなかった恭子さんは、小学6年のときから家のパソコンに自分の体験を書き記していた。それを父がたまたま目にしたのだった。

だが、父の対応で、さらなる絶望感に襲われた。自分を気遣うでもなく、事情を詳しく聴くでもない。家族会議を開くわけでもない。《私の体験はその程度の軽いものなのか。なんで自分は生きているんだろう》。恭子さんの心はズタズタだった。《死にたい》。その思いにとらわれた。

小さな男の子が目の前に見える。男の人の話し声や女の人の叫び声が聞こえる……。恭子さんは幻視や幻聴に悩まされるようになった。目に映る景色にグレーのもやがかかり、映画を見ているような感覚にも襲われた。解離の症状だった。不眠と不安。感情のコントロールもできなかった。統合失調

症と診断された。処方された10種類近い薬を一度に大量に飲み、2日間眠り続けたこともある。

23歳でなんとか短大を卒業し、すべてを受け入れてくれた夫と結婚した。「彼がいなければ私は生きていなかったと思う」と恭子さんは言う。だがその後も、ささいなことで感情を爆発させ、家事もなかなか上手にこなせない。急に涙が出てきたり、イライラしたりした。《どうして私はあんなことをされなければいけなかったのか!》。兄への怒りがふつふつとマグマのようにわき起こった。同時に、《なぜ逃げなかったのか》と自分を責めた。

「兄とは家族としての関係を切れないから苦しく、すごく重たい」。恭子さんは苦しい胸の内を語る。冠婚葬祭があれば、兄と顔を合わせなくてはならない。古い考えの父にとっては正月には家族がそろうのが当たり前だ。何事もなかったかのように集合させられた。

ただ、兄は幼いころから、父に「勉強しろ」と怒鳴られ、よく殴られていた。母が止めに入ると、父は母を怒鳴り、首根っこをつかまえて引きずり回した。「いま考えると、兄も被害者だった」とも思う。だからこそ、兄を憎みきれない自分もいる。

いい大学に進むことが人生のすべてと考える父に追い詰められた兄がストレスをため、そのイライラが自分に向かったのではないかと推察する。父がそういう育て方をしなければ、自分の被害はなかったかもしれない、とも思う。

自己中心的で暴力的な父と、自分を守ってくれなかった母。恭子さんは両親に対して、もう何も期待しないことにした。もちろん兄に対しても同じだ。

憎しみにとらわれない生き方を探して

２０１９年の秋、性暴力の被害者が集まる集会に参加した。刑法の性犯罪規定の改正に取り組む人たちの集まりだった。その活動を見て、過去のつらかったことだけに力を注ぐのではなく、自分も前に進みたいとの思いが生まれ、カウンセリングに通い始めた。

いまは、性暴力の影響による心的外傷後ストレス障害（ＰＴＳＤ）とうつと診断されている。治療の中で、解離して散らばってしまった自分の記憶を拾い集め、自分が感じた怒りや苦しさを体験と結びつけ、それを頭の中の整理ダンスに一つずつ納めていく作業をしている。時に急に感情が飛び出してきて涙が止まらなくなることもあるが、丁寧に風呂敷に包み直して心の棚にしまう。

「かつては自分が感じる憎しみの扱い方がわからなかった。でも、いまはその感情を整理して思考の中に置いていくことで折り合いをつけようとしている」

夫と子どもとの生活の中で「憎しみにとらわれていると、生きづらくなる。自分の人生がもったいない」と思えるようになった。恭子さんは得意なマンガで、自分の体験を少しずつ描き始めている。気持ちを整理することになると同時に、社会に発信して、世の中の人に少しでも性暴力の実態を知ってもらえればと願ってのことだ。体調と相談しながら「なんとか体験を描き切りたい」と思っている。

6 祖父母の家、奥の部屋でいとこから性暴力

関西に住むカウンセラーの妙子さん（仮名、53歳）は20年ほど前、母と一緒に入院中のいとこの男性の

お見舞いに行った。母が席を外したとき、久しぶりに会ったいとこはニヤニヤしながら「お前、好きもんやのに子どもでけへんのか」と言った。その言葉には、かつて受けた行為のことが含まれているように感じた。

妙子さんは子どものころ、周囲から「不細工」などと言われ、いじめられた。父親からも「お前、気持ち悪い」と言われたことがある。ずっと、消えてなくなりたかった。祖父母の家に遊びに行くと、いとこたちにもいじめられた。その中の一人、2歳上だった、このいとこも意地悪を言ったが、二人きりになるとかまってくれた。くすぐりあったり、かくれんぼをしたり。優しく触れてもらえるのがうれしかった。「こっちおいで」と言われると、《特別扱いされている》《かわいがってもらっている》と感じた。

はっきり覚えているのは小学3年からだ。奥の部屋でいとこと毛布をかぶって遊ぶようになり、パンツの中を触られた。性器を触るということの意味がわからず、仲良くしてくれていると思っていた。徐々に行為の意味がわかるようになり、その後は、恥ずかしくて人に言えなかった。

小学6年になり、いつものように二人になると、いとこは「生理、始まった？」と聞いてきた。生理について学校で学んだころだった。「まだ」と答えると、挿入されそうになった。ダメだと思い、必死に拒んだ。《離れないといけない》と、二人きりになるのを避けた。いつしか、いとこから声をかけてくることがなくなっていった。

いとこをかわいがる母、会うたびにおびえた

だが、親戚付き合いは続く。親族にお悔やみやお祝い事があると、顔を合わせる。母はいとこをかわいがっていたので、「行かない」とも言えなかった。何もないふうを装っていたが、会うたびに《あのことを、誰かに話されたらどうしよう》とおびえた。

妙子さんは自分のことがすごく嫌いで、自分には価値がないとずっと思ってきた。しかし、社会人になってから、ふと、心理学を学ぼうと思った。吐きそうになるほど自分に向き合い、「自分に価値がない」と思うのは、親や友だち、いろんな人にそう思わされてきたからだと気づいていった。

結婚した夫は「君はどう思う?」とよく意見を聞いてくれた。少しずつ、自分のことを「まあいいか」と思えるようになった。いとこを拒めなかった自分も、「いじめとかわいがりという中で、嫌われないよう必死になってしまう」という構造の中にはまってしまっていた、と思う。

いまは被害者も加害者も生まないようにと性教育に取り組む。自分の経験からキーワードを「自尊心」とし、生きることと性はつながっていると考えて「生教育」と名付けている。「自分を大切にしないと人も大切にできない」ということをメッセージの中心に据えている。性暴力被害に遭った女性に会うこともある。《あなたは悪くない。自分を責めんといてほしい。被害に遭った私はなくならへんけど、ずっとそのままじゃない。かわいそうな人のままおってほしくない。大丈夫、ちゃんと癒やされるよ》。そんな思いを込めて、向き合っている。

interview

家族で抱え込まず、相談を

大阪大学大学院教授
野坂祐子さん

きょうだい間やいとこからの性暴力は、表に出にくいだけで、実際にはかなり多いと考えられます。きょうだいからの性暴力は、被害を受けた子どもが「性被害」と気づかないまま続いてしまうことがあります。いとこの場合は、親族との関係性が絡んでくるため、さらに被害を訴えにくいのが実情です。

きょうだい間の性暴力が起こる背景には、多くの場合、家庭でのネグレクトがあります。世話をしない育児放棄だけでなく、子どもの気持ちを無視する情緒的なネグレクトも含まれます。親が多忙で余裕がなく、子どもを見守れない状況もあります。そうした場合、寂しさを抱えるきょうだいが寄り添って生活し、その中で性暴力が起こります。初めのうちは、一緒に遊ぶことがおもしろく、心地よいと感じたり、秘密を共有する高揚感が伴ったりしても、次第に行為がエスカレートしていき逃げられなくなります。

もちろん、最初から恐怖や苦痛を感じたり、嫌悪感がわいたりすることもありますが、きょうだいだからこその親しみの情もあり、被害を受けた子どもは様々な気持ちの間で引き裂かれそうになります。そうした混乱がきょうだい間の性暴力の特徴と言えます。誰にも言えないつらさを抱え続けることが、子どもの成長や発達に悪影響を及ぼします。

子ども間の性暴力は、遊びのふりをして始まることが多く、加害をした子どもも「相手は嫌がっていなかった」「自分は無理強いなんてしていない」と認識しています。事実を知った周囲の受け止め方も同じで、被害が明らかになっても、親が被害を受けた子どもがそんなに傷ついているとは思わないということもあります。きょうだいからの性被害がわかった後に、大人が「怖かったね」と一方的に声をかけると、被害者を苦しめることにもなりかねません。

気持ちをそのまま受け止める

すでに述べたように、被害者の心情はとても複雑です。「怖い」と思えなかった自分を責めたり、相手のすべてが嫌いなわけではない自分をわかってもらえないと感じたりして、性被害を受けたことを認められなくなってしまいます。周囲が子どもの性被害を知ったときには、被害の訴えを信じてきちんと聴くことが何よりも重要です。被害者の気持ちや状況を勝手に決めつけてはいけません。どんな気持ちだったのかをそのまま受け止めます。

もし、幼い子どもが「おもしろかった」「興味があった」と感じたとしても、それはごくふつうのことです。行為の意味がわからないのですから、同意したわけではありません。相手の行動はルール違反だったことを、丁寧に説明していくことが大切です。被害を受けた子どもを責めるのではなく、打ち明けてくれたことを十分に褒めながら、これからの安全な生活に向けた話をわかりやすく伝えるといいと思います。

加害者が兄のときは、親に期待をかけられた兄が立場を利用して加害をする場合や、親が妹をひいきしていると感じて嫉妬し、妹を痛めつけようと加害をする場合などがあります。そもそも、家庭できょうだいの扱いが違ったり、差別があったりすることが多いです。身近な関係性の中での性暴力は、性的な画像を見せる、体を見る、性器に触る、性器を入れるというように、徐々に段階的に進むのが一般的です。

また、お菓子をあげたり、ゲームで遊んだりするご褒美によって、少しずつ手なずけていく「グルーミング」という方法が用いられます。それによって被害者は断りにくく、被害を打ち明けにくくなります。突然襲われて身がすくむという状況とは異なる逃げにくさがあります。

理解してくれる人がいるかどうか

家庭では、親が「お兄（姉）ちゃんの言うことを聞きなさい」などと言うことも多く、ふだんからの上下関係によって、年少児が被害に遭いやすくなるとも言えます。いとこからの被害は、きょうだい以上に事実がもみ消されてしまいがちです。我が子の被害がわかっても、問いただすべき相手が親戚となると、親はなかなか立ち向かえません。ときに、親戚付き合いをやめるほどの覚悟が必要になるからです。そのため、子どもも、いとこからの被害はなかなか親には言えません。打ち明けたら、親を困らせるのがわかっているからです。同時に、言えないことで親に秘密を持っているという罪悪感も抱きます。

きょうだい間であれ、いとこからであれ、その性暴力だけが単独に存在するのではなく、家族や親族の中でネグレクトや虐待、主従関係といったいろんな形の暴力が重層的にあり、そこで子どもへの性暴力が起こりうると認識する必要があります。家庭内の性暴力が、世代を超えて脈々と続いていることも珍しくありません。

子は親の反応にさらに傷つく

大人自身が育ってきた家庭や生活環境に様々な暴力があると、「それぐらいのことはよくあるもの」「自分は我慢してきた」などと考えがちです。大人が傷ついたままでは子どもを守ることはできません。性被害は、受けた暴力だけでなく、その後の周りの対応が心の傷に大きく影響します。被害者にとって自分を信じて理解してくれる人がいるかどうかが重要です。

我が子が性被害を受けたという事実を受け止めるのは、親にとっては難しいことです。ショックを受けるのは当然です。悲しみや心配のあまり、つい「どうして逃げなかったのか」と子どもを叱ってしまうこともあります。早く元気になってほしくて「忘れなさい」と声をかけてしまう親もいます。我が子の性被害は親自身にとってもなかったことにしたいほどのつらい出来事ではありますが、子どもはそうした親の反応に、さらに傷ついてしまうことを知っておいてほしいです。

家族や親族の中で性暴力が起きたときは、家族も支援を受けるタイミングだと考え、児童相談所などの専門機関に相談してください。被害者を守るだけでなく、加害をした子どもへの教育やケアをする上でも、家族だけで抱え込まないことが極めて重要です。

「自分が悪かった」と自責の念に苦しむ被害者の子どもには、何度でも「あなたのせいではない」と丁寧に言い続ける必要があります。「言ってくれたおかげで、こうしてサポートを受けられる」「加害した子どももルール違反だと学べる」など、被害者の勇気ある行動が社会的にも価値のあることだと伝えることも回復に役立ちます。

親が本気で自分を守ろうとしてくれたと思えた子どもは「自分は大事にされる、価値のある子だ」と感じることができます。親にとって、家族や親族の中で起きた性暴力に対処するのはとても負担が大きいことです。それでも、結果がどうであれ、親が本気で自分のために動いてくれたかどうか、子どもはよく見ています。

社会の中にある様々な暴力やハラスメントに鈍感だと、子どもの性被害に気づくことはできません。子どもへの性暴力に取り組んでいくには、大人自身が身近な暴力やパワーの使い方にも敏感になることが欠かせないと考えます。

のさか・さちこ／公認心理師・臨床心理士。トラウマ（主に性暴力）とジェンダーに関心を持ち、児童福祉領域や学校現場を中心に介入と研究を行っている

7 保育園でお昼寝、触ってきた隣の子

保育園のころだった。甲信越地方に住む40代の美穂さん（仮名）は、同級生に体を触られた記憶が、いまも頭から離れない。

あのときは、保育園の教室に敷かれた昼寝用の布団で、眠れずに仰向けで天井を見つめていた。薄暗く照明が落とされた部屋は静まりかえっていた。すると、隣に寝ていた男児が手を布団の中に入れてきた。その手は下半身をはうと、パンツを通り越し、性器に指をぐいぐいと入れてきた。とにかく痛かった。幼い美穂さんには何が起きているかわからず、とっさに上を向いたまま目を閉じて寝たふりをした。他の人は被害に気づいていなかったと思う。

どのくらいの間、触れられていたかわからない。男児がこっちを向いて「お前、先生に言うなよ。もっとひどいことするぞ」と言った。その声を聞きながら、美穂さんは男児の方を見られなかった。怖くて怖くて、親にも先生にも、誰にも言えなかった。その後も複数回、被害に遭ったように思うが、記憶がはっきりしない。

いまは日中のふとしたとき、心が不安定になったとき、布団で触られた光景がフラッシュバックする。思い出すたびに悔しくて悲しくて、同級生を呪う言葉を唱える。そうして気持ちを保っている。

被害に遭ったのはこれだけではない。年中のころには、園庭の片隅で遊んでいると同級生の男児2人がスカートの中に頭を入れてきた。2人が喜んでいると、保育士がやってきて男児を怒った。でも同時に「あなたもそんなことされちゃダメよ」と言われた。《あぁ、私が悪かったのか》。幼いながら、釈然としない思いになったが、自分を責めた記憶がある。

よくスカートめくりをされていた。絵本を読んでいるときに、頰にキスをされ、「誰にも言うなよ」と言われたこともある。美穂さんはおっとりした性格で、意に沿わないことをされても強く言えなかった。「あいつは弱いから、そういうことをしても大丈夫」。そんなふうに言われたこともあった。だから自分が悪いんだとずっと思い込んでいた。

小学生のころから男子が苦手になり、大人になってからは恋愛がうまくいかなかった。男性のことが苦手なのかなと思った時期もあった。自分がおかしいのではと考えたこともあった。

性暴力は、大人から子どもへの加害行為だと思っていた。だから、しばらくは同級生からされた行為を思い出しても、《私は性暴力の被害者とは違う》と思っていた。だが、性暴力にまつわる記事を読むうちに、子どもから子どもへの加害も性暴力なのだと知った。時間が経つにつれ、自分がされた行為の意味を知り、腹が立った。《あんなことをされたのは、おかしかったんだ》と。しかし、そうは思うものの、どこに相談したらいいのかわからず、家族にも打ち明けられなかった。誰にも言えずに繰り返し落ち込んだ。

3年ほど前、カウンセリングを受けたときに、初めて被害を打ち明けた。同級生に体を触られてつらかったことを話すと、涙がぼろぼろとこぼれた。

体を触った同級生は同じ小学校、中学校に進学し、いまも同じ街に住む。結婚し、幸せな家庭を築いたとうわさで聞いた。女性は婦人科系の病気で妊娠することはできないと医師から告げられた。加害者は不自由ない暮らしをしている一方で、自分は子どもを産むことができず、フラッシュバックに苦しむ毎日だ。《私の人生って一体なんだろう》。そう思わずにはいられない。

年齢が低い保育園での性暴力はまだまだ認知されていないと感じる。「幼いとはいえ、他人の体を勝手に触ってはいけないことを教育できないか」。そして、もし被害に遭ったときには「先生や親に言えるような環境にしてほしい」と美穂さんは願う。

からだの権利、感覚育む必要

内閣府の2023年度の「男女間における暴力に関する調査」では、答えた男女2950人のうち140人（4・7％）が、無理やり性交や類似行為をされた不同意性交等の経験が「ある」と回答した（被害経験のある女性は8・1％、男性は0・7％）。さらに、被害時期を問うと、被害者の7・9％が「小学校入学前」、15％が「小学生のとき」と答えていた。

子どもへの性教育をいかに進めるか。子どもたちがありのままの自分であってほしいとの願いを込めて模索する現場の一つが、約140人が通う横浜市泉区のなかよしこども園だ。2018年に男の子が「おしり検査をします」と女の子のパンツを下ろしたことがあった。元園長で、いまは理事を務める菅野清孝さんは、この出来事をきっかけに性のことをオープンにしようと思った。

子どもたちが興味を抱くよう、「おしり探偵」ならぬ「ごんべぇ探偵」と名乗った。「犬のおまわりさん」の節で「なんでも知りたい子どもたち　あなたの質問なんですか？」と替え歌にして、テーマ曲にした。体の部位の名前や、性器の違い、自分の体や人の体について、して良いこととダメなことなどを、翌2019年の3月まで6回に分けて話をした。子ども向けの性教育を扱った本を参考に「女の子のおなかの中にはたまごがあって、大きくなったらたまごが赤ちゃんのもとになることもあります」などと、伝わりやすいよう工夫した。菅野さんは「体に興味を抱くことは悪いことではない。自分を大切にし、他の人も大切にしようという感覚につながれば」と言う。

しかし、取り組みを始めて手応えを感じていたものの、再び男の子が女の子にパンツを脱ぐように言う出来事が起きた。「言われていることと実際にやることがイコールにならない難しさがある」と感じざるを得なかった。一方で、トイレ介助などの際、希望の先生を言える子どもが出るなど、小さな変化もあった。

園での取り組みは随時、園だよりなどを通じて保護者と共有した。2年後にも同様の取り組みをしたが、親からは好意的な声が多い。性教育をめぐり、「寝た子を起こす」という懸念の声も根強いものの、菅野さんは「タブー視する方が無理がある」とする。「子どもたちの興味の中に自分や他人の体への興味がある。『寝た子』ではなく、子どもたちは『目覚めている』のだと思います」

同園がある横浜市泉区では、2021年から他の園も参加する研修会で性教育がテーマに上がっているという。菅野さんは「幼少期から性教育が求められているのだと実感している」と話す。

幼児期の加害と被害を防ぐには何が必要なのか。性教育に詳しい宇都宮大学准教授（保健学）の艮《うしとら》香織さんは、次の四つの「からだの権利」の保障が重要だとする。

①体の部位の名前や働きなど性について幅広く学ぶこと
②自分の体を心地良い状態にする方法を知ること
③自分の体には守られるべき境界があり、誰が入っていいのか、どんなふうに入っていいのかを決められるのは自分だけであること
④不安や困り事があったら相談していいことを知ること

これらが「からだの権利」であり、艮さんは「体の一部ではなく、体全体がプライベートゾーンであるという感覚を育む必要がある」と話す。

大人と子ども間のやりとりでも考える場面はある。たとえば、園児が保育士の胸やお尻を触ったときは、保育士は我慢するのではなく、「園児を大事に思っているが、勝手に触ってほしくない場所がある」ことを伝えるなどの対応が考えられる。

体に触れる「お医者さんごっこ」などの遊びも「境界」にかかわる。「大人が不適切と思ってただ『ダメ』と禁止しても、隠れてやることになる。それを学習のチャンスとして逃さないようにして、興味を持った理由を聞き、『からだの権利』を保障するためにどのような取り組みができるかを考えてほしい」と良さんは呼びかける。

「嫌」と伝えられる教育を

東京都品川区の助産師、有馬祐子さんは、長年性教育に取り組んでいる。保育園児から大人まで幅広い年齢の人に講演してきた。話す内容は、依頼先からの要望に応じて様々だが、都内の保育園で講演したときは、年長児を対象に「体のことを詳しく知る、守る」をテーマにした。人から触られて良い場所にはハート、嫌な場所には×の付箋《ふせん》を貼ってもらい、感じ方が人によって異なることをわかりやすく示した。約10年前からは、講演の冒頭に自分で自分の体を触る「セルフマッサージ」を紹介し、実際に取り組んでもらっている。会場の緊張感を和らげつつ、「心地良い」「心地悪い」感覚をイメージしてもらうことが狙いだとする。

有馬さんによると、子どもは6歳ごろまでに、他者を意識し、自分が嫌と思っていることでも受け入れて行動できるようになる。だからこそ、幼いころからの性教育によって、自分が嫌と感じる接触について「嫌」と伝えられるようになること、自分と相手の感覚が違う可能性があると知ることが重要と説明する。「小学校に入るまでに性教育に取り組むことは、他者とのいい関係を作るためにも必要だと思います」と有馬さんは話す。

8 児童養護施設、上級生に呼び出され

「もっと早く助けてもらいたかった」。関東地方に住む孝さん（仮名、32歳）は児童養護施設での生活を振り返りながら言う。

父母が離婚し、3歳で児童養護施設に入った。3～18歳の約80人が生活する施設では当時、職員から子どもへの暴力が珍しくなかった。食事を残したり、クリスマス会でのダンスを間違えたりすると、竹刀《しない》でたたかれた。子ども同士の暴力もあった。だが男性には、他に行き場はなかった。小学生のころ、中高生たちに野球のボールをぶつけられ、体中があざだらけになった。強引に引っ張られ、転んで腕を骨折したこともある。そんな中で、性暴力も行われていた。

小学2年のときだ。小中学生が一緒になって外で「ドロケイ」と呼ばれる鬼ごっこをして遊び、その後、中学生とブランコに乗っていた。「こっち来て」。人気《ひとけ》のない倉庫の裏に中学生に連れて行かれた。中学生はズボンを下ろして性器を出し、「なめろ」と迫ってきた。《遊びなのかな。でも、イヤだな～。汚いな～》。孝さんは良いことなのか、悪いことなのかもわからず、その場で立ちすくんだ。

「なめなければ、ぶっ殺す」「職員にチクったら、毎日殴るからな」

そう言われ、孝さんは仕方なく応じた。その後、ズボンを脱がされてお尻のあたりに何かをこすりつけられた。それ以降、中高生に部屋などに呼び出されて、同じことをさせられた。してくる上級生たちの数は10人以上だった。怖くて誰にも相談できなかった。

性暴力を見せられたこともある。小学生男子の部屋に高校生が来て、小学5年の男子に「姉ちゃんを呼んでこい」と言った。弟に連れられてやって来た小学6年の姉に高校生は「服を脱げ」と命じた。さらに、弟にノートを渡し、裸になった姉の姿をスケッチするよう求めた。泣きながら絵を描く弟を、高校生は「泣くな」と怒鳴りながら殴った。その後、高校生は小学6年の姉を押し入れに連れ込み、性交した。孝さんは見張り番として部屋の前で立たされていた。

他にも、高校生から女の子への強制性交は何回もあった。被害を受けた女子の姉が怒って窓ガラスを割るなどしたが、職員は性暴力に気づかなかったのか、何も対応しなかった。

孝さんへの性暴力は中学3年まで続いた。週に数回、夜になると、上級生や同級生から被害を受けた。「嫌だし、悪いことだとわかっていたけれど、やらないと殴られるから、仕方なく応じていた。あきらめていた」と振り返る。当時は、職員が夜、施設内を見回ることはなかった。

「被害者としては守られなかったけど、加害者としては守られた」

孝さんは高校生になると、施設にいたくなくてアルバイトを入れ、ほとんどの時間を施設の外で過ごした。時を同じくして、施設が外部の人を入れて施設内の暴力問題に取り組み始めた。《なんで、いまさら？　いままで助けてもらえなかったのに》と孝さんは不満だった。

そのころ孝さんは、カチンとすることを小学生に言われ、思いっきり殴ってしまったことがある。職員に厳しく注意された。なぜそういう行動をしたのか、次に同じような気持ちになったらどうやって防ぐのか、などを考えさせられた。暴力をなくしていこうと励まされもした。

「僕は被害者としては守られなかったけれど、加害者としては守られた」と孝さんは言う。職員からは「いままで守ってあげられずに申し訳なかった」と謝られた。

高校卒業後、自立援助ホームに入り、そこで睡眠障害とうつと診断された。友人と食事をしているとき、買い物をしているとき、性暴力や身体的な暴力を受けたときの映像がよみがえり、パニックになった。周りが見えなくなり、「ダメ、ダメ、ダメ」と独り言を繰り返した。

その後、心的外傷後ストレス障害（PTSD）、発達障害の注意欠陥・多動性障害（ADHD）、自閉症スペクトラム症（ASD）とも診断された。フラッシュバックや不眠など孝さんは自分の身に起こっていることが理解できなかったので、病名がついて少し安心した。

アルバイトをしながら夜間の大学を卒業し、いまは精神障害者保健福祉手帳を持って働く。体調の波はあるが、具合が悪くなると家にじっとしていることができずに、出歩いて心を落ち着かせている。

「以前は怒りがあった。でも、怒りを持っていても仕方ないと思うようになった。それよりも、僕のような思いをする子どもがいないようにしてほしいという気持ちの方が強い」

暴力防止に取り組んだ職員らが熱心に過去の話を聞き、事実として受け入れてくれたことも安心感を持てるきっかけになった。職員不足、職員の力量不足、児童相談所との連携不足など、対応してくれなかった職員側の事情も聴いた。

孝さんは力を込めて言う。「児童養護施設は税金で運営されている。きちんと事実確認をして、暴力をなくす取り組みを進めてほしい。最近やっと目が向けられてきたけれど、全然足りないと思う」

「施設というシステムが性暴力を強化している」

児童養護施設を含む児童福祉施設で生活する子ども間での性暴力の問題は、20年以上前から一部の関係者の間では認識されてきた。しかし、集団での生活、虐待を受けるなど心身に傷を負った子どもの多さ、職員配置の乏しさなど、そもそも多くの課題を抱え、「施設や子どもへの偏見や誤解を生みかねない」などとして、実態は公にされてこなかった。

だが、三重県内の施設で長女が同じ施設の少年から性暴力を受けたことを問題視した母親が2013年に県や施設、少年の親を相手取って起こした民事裁判がきっかけになり、厚生労働省は実態調査に乗り出さざるを得なくなった。厚労省が児童福祉施設などで起きた「子ども間の性的な問題」について初めて調査したのは2019年で、3章（105ページ）に記したように17年度は732件、1371人の子どもが性被害・性加害の当事者になっていることがわかった。

一方、民間でも、前出の「神戸児童間性暴力研究会」が2018～19年に全国21カ所の施設に過去10年間に起きた子ども間の性暴力について実態調査をした。集まった197事例について加害児と被害児を1対1でとらえた場合の308ケースを分析したところ、7割が同性間の性暴力だった。加害児は156人、被害児は192人で、加害児の89％、被害児の64％が男子だった。男子から男子への性暴力が全体の62％を占め、加害児の年齢は85％が9歳以上。被害児は小学生が60％を占めた。

性暴力の態様は、①暴力的言動を背景にした強制的行動、②支配の道具として使われる行動、③知的障害のある子どもが自分の性衝動に適切に対応できず、代わりに性暴力に至るもの、④性被害を受けた子どもが自ら同じような状況になること（再現）を求めた結果の行為、⑤幼児が体への興味などからとる探索的な行動――などに分類できるという。

研究会の代表で、関西福祉科学大学元教授（児童福祉）の遠藤洋二さんによると、308ケースのうち施設外での事案は1件、学校での自慰行為だけだった。

遠藤さんは「性的なゆがみや性衝動だけが理由ならば、施設外でも施設内と同様にやっているはずだ。しかし、外ではほぼ起こしていない。つまり、施設の中での性暴力は子ども個人の特性だけが要因で起こっているとは言えない。施設というシステムが行動を強化していると考えるべきだ」と指摘する。「まずは施設の職員が、何が起こっているのか現実を真正面からとらえることが必要だ」と強調する。

「そのためには施設長の姿勢や考えが極めて重要だ。だが、現実には触れたくないという意識が強い。事案が公になったときの子どもへの偏見や施設への評価を考えると怖いのではないか。施設長だけでなく職員たちの腰が引けるのは、子どもの性問題を扱うということが、大人自身が自分の性の問題に向き合うことになるからだ」

その上で遠藤さんは、施設全体で性の問題に取り組むこと、職員や子どもたちが性の問題をオープンに話せることが重要とする。有効なツールとして、子ども全員への定期的な聞き取り調査をあげる。「全児童調査に対しては、職員の悪口が出てくるのではと心配する施設も少なくないが、悪口が出ても職員の行動が不適切でなければ気にすることはない。それよりも、調査をすることで、子どもが何でも言語化していいのだとわかることが大切だ」

子どもが話したことに対して大人が何らかの対応をすれば、子どもは「大人は対応してくれる」と思い、小さなことでも言うようになる。「それが、性暴力の早期発見、早期対応につながる。施設には、怖がらずに全児童調査を導入してほしい」と遠藤さんは訴える。

あいまいだった境界線

千葉県にある児童養護施設「一宮学園」では2007年に、入所140人の子どものうち、40人がかかわる性暴力が発覚した。

発覚のきっかけは、4歳の男の子だ。添い寝をしていた非正規職員がタオルをかけたときに、男の子の下半身に手があたった。「チンコを触ったら、勃起するじゃないか」と男の子は言った。その反応が年齢不相応だったため、聞き取りを始めたところ、高校生男子が頂点になった性暴力が明らかになった。高校生から被害を受けた中学生3人が下の子どもたちに加害をする構図だった。

対応に当たった副施設長の山口修平さんによると、事件発覚後に外部の専門家の力も借りて検証したところ、施設ではあらゆる面で境界線があいまいだったことや、年齢や入所期間などから生じる子どもたちの間の上下関係、上の子が下の子の面倒を見る文化に気づいた。

その後、それらを見直し、風呂は一人ずつ入るようにし、食器やタオル、寝具、シャンプー・リンスなども集団の持ち物ではなく、個人の所有とすることで、「境界線」の意識を身につけるようにした。部屋も個室化を進めた。また小学1～4年は毎年、「プライベートシリーズ」と称して、自分の大切な体、時間、場所、ものについて全13回で、毎月、紙芝居を使って小グループで学ぶようにした。

小学5、6年は年4回、中高生は年2回、ワークを入れた性教育をした。「もともとたたかれるなどの虐待を受けて、自分の境界線を様々に破られた子どもたちが、境界のあやふやな施設で暮らしているという現状がある。だからこそ、毎年繰り返して学ぶことで、子どもたちに、プライベートゾーンとか境界線とか共通言語を埋め込んでいった」と山口さんは説明する。

一宮学園では、全児童の聞き取り調査は年1回だが、毎月の学びで話が出てきたり、子どもたちの様子を見て不定期の聞き取りをしたりすることもある。

毎年の積み重ねで「境界線」という言葉が幼い子どもも含めて浸透し、子ども間の性暴力はほぼ収まっている。あったとしても未遂か、早期に発見でき対応できている。最近も、小学生から「○○と××が一緒にトイレに入ろうとしていたから、ダメだと言った」と報告があったり、就学前の子どもが「小学生2人が一緒に押し入れに入っていた」と職員に教えてくれたりした。

施設での子ども間の性暴力は、①職員が手薄の時間、②死角、③被害を訴えにくい子どもを狙っての行動――といった特徴があり、潜在化しやすい。「加害児は弱い子を狙っているので衝動的な行動ではない」と山口さんは分析する。

山口さんは年間約100回、施設などに呼ばれ、全国で講演や研修をしている。子ども間の性暴力を何とかしたいという職員は増えているが、意欲はあっても施設全体としては取り組みがなかなか定着しないところが少なくないという。「施設としての取り組みは施設長と基幹職員が鍵だ。子ども間の性暴力案件があると、加害児童の行為を責め、『嫌だ』といえなかった被害児童を責め、気づけなかった職員を責めがちだ。しかし、そうではない。子ども間の性暴力は施設のシステムの問題として認識し、対応するべきだ」と、山口さんは訴える。

9　自分も加害者になる恐怖と闘って

東日本に暮らす50代の圭子さん（仮名）は、いまもいろんな記憶が途切れ途切れだ。だが、一つだけ自分に強く言い聞かせてきたことがある。

「私の人生は加害者にならないための闘いだった。いまも、子どもには近づかないようにしている」

物心ついたころから、圭子さんは児童養護施設で生活した。施設では、親と暮らせない子どもたちが、大人数で共同生活をしていた。

小学2年のころだ。中学生ぐらいの女子の先輩に施設の屋上に呼び出された。日の光を浴びながら、先輩は横になり、下着を脱いで足を広げ、「なめろ」と言った。圭子さんには、自分の体とは違う、大人びた先輩の体が気持ち悪くて仕方なかった。前後の記憶はないが、それでも《一生懸命やらなくちゃ》と思ったことだけははっきりと覚えている。

小学校の高学年になると、生理が来た。自分の体があの先輩のように変化していくことが恐怖だった。それなのに、その後、自分も施設で暮らす就学前の女の子を屋上に連れて行ったことがある。自分が先輩にやったことと同じことをやってもらおうと女の子を抱き寄せた。そのとき偶然にも圭子さんが脇に抱えていた分厚い聖書が足元に落ち、我に返った。いつのころからか自分から手にして読んでいたものだ。《神様が見ている》。そう思い、その女の子とは鬼ごっこをした。
「自分が嫌だったと思うことをしようとする自分が信じられなかった。そのときから、自分も加害者になるのではないかと怖くなった」と圭子さんは振り返る。

　誰にも相談することはできなかった。他に行く場所はなく、施設にいられなくなるのは怖かった。誰にも読まれないようにとアルファベットを使って「神様に話しかけるように」日記を書いた。

　高校生になると、性被害の後遺症と言われる「性化行動」が出てきた。駅でポスターを見ていたら、50代ぐらいの駅員に声をかけられ、ホテルに行った。自分が通う高校とは違う高校の若い先生と知り合い、自分から誘って駅前のトイレに一緒に入って、手と口でマスターベーションを手伝ったこともある。その後に1万円札を手にしていたことは覚えている。先生にもらったのかは定かではないが、持っているのが嫌で、友人とラーメン屋に行って使った。

　数年前、施設で一緒だった知人と会う機会があった。その知人から「（あなたは）みんなの前で職員に胸をもまれていた」と言われ、ショックを受けた。圭子さんは全く記憶がなかった。一方で、はっきり覚えていることもある。中学生か高校生のころ、夜中に施設の洗濯場で自分の制服の白いシャツを一生懸命洗っていたことだ。シャツからはとても嫌な臭いがしていた。なぜ洗っているのか、何があったのか、記憶は定かではない。ただ、大人になってから、その異臭が精液の臭いと一致していることに気づき、心が乱れた。

　ときどき、施設内の暗い場所で少年たちに押し倒された光景が浮かぶことがある。自分は白いシャツを着ていた。「暗い場所での光景は、夢なのか、現実なのか、本当に何があったのかはわからない」と圭子さんはつぶやく。でも間違いないことは、いまも白いシャツが嫌いなことだ。

20年以上前に圭子さんは、自分に5〜6人の人格がいることに気づいた。「自分では覚えていないけれど、とてもつらい体験があったのかもしれない。生き延びるために、そうやって何人もの人格を持って自分を守ってきたのだと思う」

そのためなのか、圭子さんは人の顔が覚えられない。知人はもちろん、単身赴任中の夫が週末に帰ってきても、1週間会わないでいると「あなた、誰?」と聞いてしまう。カウンセリングなどの治療を勧められることもあるが、自分のことを話さなくてはいけないのが嫌で行けないでいる。「記憶のない居心地の悪さはあるけれど、もうあきらめた。これで生きていくしかない」と心に決めている。

夫とは20代後半で結婚したが、セックスが怖かった。だから、子どもはいない。

圭子さんの願いは、ただ一つだ。「最初は被害でも、それが加害になる。何とかその連鎖を止めたい。児童養護施設の子どもたちには安心して安全に暮らしてもらいたい。だから施設での性暴力をなくしたい」。いまは児童養護施設での暴力を防止するための市民活動にかかわることが自分にとっての救いになっている。

interview

性教育は自分と相手を大切にする人権教育

助産師　櫻井裕子さん

——櫻井さんは25年にわたり、学校で子どもたちへ性について講演し、悩みに答えてきました。性教育は「自分で人生を選びとるための知識」とお話しされていて、学校の講演やSNSなどで性について相談を受けてきました。子どもや若者はどんな悩みを持っているのでしょうか？

2023年度は学校などでの講演は計160回、メールや電話による相談の他、講演後の対面相談を合わせると、相談は300件を超えました。相談の8〜9割は確認したいこと、体のことで、話を聞いてもらってホッとしたかったという感じ。でも1割強は妊娠や性暴力など深刻な内容です。女子の悩みで一番多いのは月経で、『痛い』『つらい』『来ない』『バラバラ』などの相談です。痛みがあるときはストレッチをしたり温めたりして、早めに痛み止めを飲むと効きが良いことを伝えます。毎回3回以上痛み止めが必要なら、婦人科に行った方がいいと言います。婦人科は年齢によっては保護者と一緒に行かないといけないので、ハードルは高いけど痛みの原因は見極めた方がいい。保護者も知らないのだと思いますが、保護者から『それぐらい我慢したら』と言われ、悩んでいる女子は少なくありません。

男子は自分の性器についての悩みがすごく多い。「小さい」「かぶっている」「曲がっている」など。総じて『小さいとモテない』と思っているようです。モテるモテないを性器の大きさに結びつける必要はないこと、人それぞれでいろんな性器があることを説明すると安心するようです。

――子どもは性についてどのように情報を得ているのでしょう。

以前は活字や人伝えだったのが、最近は多くがユーチューブやインスタグラムなどのＳＮＳからです。好きなユーチューバーの発信だとすぐ信じてしまう傾向がある。早漏しないためには根元を縛ると長くもつ、という誤ったことを実践する男子も少なくありません。これは、逆流性射精障害を起こす危険があります。また、飲み物の入ったペットボトルでたたいて痛みを与えると大きくなるというユーチューバーの言葉を信じる男子もいる。床に性器をこすりつけて射精する男子も珍しくなく、これは腟《ちつ》内《ない》射精障害の原因になります。間違った情報で悩みを抱えることも多く、正しい情報の必要性を感じます。

彼氏から『なめろ』『飲め』と言われ、嫌だけど断れないという声も多い。男子に聞くと、『好きな人のためならとやってくれる』と言って同意を得たと思っている。これはアダルトビデオの影響だと考えます。断っていいと伝えますが、嫌われたくなくてＮＯを言えない子が多いです。また、５年ほど前からは性別違和を打ち明ける子どもが、年々増えています。

――講演ではどのような話を？

学校がどれぐらい前向きかにもよりますが、体の仕組み、ネット情報の見方、水着で隠れる場所と口は大切な『プライベートゾーン』であること、性暴力、性的同意、性感染症、妊娠、避妊、性の多様性など様々な話をします。日々情報をアップデートし、学校の要望なども踏まえ、年齢に合わせた形で伝えています。小中高、専門学校、大学、特別支援学校、保護者にも話しますし、毎年行く学校もあります。希望する保護者には講演を一緒に聞いてもらい、後で保護者から相談を受けることもあります。

たとえば、中学1年にはこんなことを話します。子宮はキウイフルーツ、卵子の貯蔵庫である卵巣はプチトマトぐらいの大きさであること。卵子に精子が出合って受精卵ができ、着床して妊娠が成立すること。14人に1人が体外受精で産まれることも言います。その後、クイズ形式で『卵子の寿命は?』と尋ね、①24時間、②36時間、③72時間から回答してもらいます。ちなみに答えは①です。

精子の寿命や赤ちゃんはどうやって産まれてくるかなども3択、4択の問題で出します。「○」「×」をピンポンとブーという音とともに示せるおもちゃを持参して、それを使って進めます。生徒たちに関心を持ってもらう努力をしています。

中学2年では架空のカップルを登場させ、性的同意とは何かという話を質疑応答しながら話しますし、3年では妊娠したらどんなことが起こるのかを具体的に話します。好きな人ができて性的接触をしたいという気持ちが生まれるのは当然だけど、その後のことをきちんと考えようと伝えています。

——講演を何度か拝見しましたが、生徒がクスクスしていました。

精巣のことを『キンタマ』というけれど、なぜ?と問いかけるといつも笑いが起こります。でも私が笑わずに説明していくと、子どもはクスクスしなくなる。『命のもとである精子を生み出すところで、金のように大切だから』と話し、蹴り上げたり、握りつぶしたりしたらダメだと伝えます。子どもたちが笑うのは、それが下ネタや下品なことだと大人からインプットされているからです。子どもは案外センスがよくて、こちらが淡々と語ると、ちゃんとついてきてくれます。大人の方が妄想が入るのか照れがちです。

生徒の中には里親に育てられている子どももいる。『あんたなんか産まなきゃよかった』と言われている子どもや困難を抱えている子どももいるかもしれない。様々な背景を持つ子どもがいるので、私は過去や出生を振り返る話はしません。一番大切なのは、人生を選び取るための正しい情報です。私自身が失敗だらけの人生だったので、それも話し、失敗したからって終わりじゃないとも伝えています。

——櫻井さんのおっしゃる失敗だらけの人生とは？

私は高卒後に准看護師になり、その後、看護師になりたいと思って専門学校に通い始めてまもなくの21歳のとき、意図せぬ妊娠をしました。そのときは「人生が終わる」とさえ思いました。相手はいまの夫ですが、結婚する予定もなく、中絶するつもりで産婦人科を受診しました。診察した男性医師から紙切れに「妊娠＋」と書いたものを見せられ、「妊娠しているけど、学生だから産まないでしょ。日曜に10万円持って、裏から入って」と吐き捨てるように言われました。無性に腹が立ち、逆に「産んでやる」と思いました。

しかし、産むとなると両親も学校も周囲は猛反対。私は看護師になりたくて、学校には休学を頼み込み、両親には土下座をして謝りました。でも出産前、病院に行くと助産師に「妊娠おめでとう！」と声をかけられた。「おめでたくない」と言う私に、「学校はどうにでもなる。妊娠したあなたの体におめでとうと言いたい」と言われました。自分でも肯定的にとらえられなかった妊娠を、無条件に肯定してくれた。その言葉が心に響き、助産師になろうと決意しました。

――性教育をするようになったきっかけは？

いまは30代後半になる長男が小学5年のとき、林間学校の前に、月経や精通の話を友人の女の子から聞いたと報告してきました。幼いときから質問されたら丁寧に教えてきたので、「知ってたよね？」と聞くと、「そうだっけ？」という返事でした。親が繰り返し話しても友人に上書きされてしまうという現実を突きつけられ、性についての情報は、学校で子どもたちがみんなで学ぶことが必要だと確信しました。それから、開業の助産師をしながら性教育について猛勉強しました。

最初のころは、2男2女の我が子が通う小学校や中学校が講演先でした。そのときの校長や教頭、教員が転勤になった先の学校でも呼んでくれるようになり、年々講演依頼が増えていきました。でも当初は、「できちゃった婚」をした人に講師は頼めないという学校もありましたけどね(笑)。

――日本の学校の性教育は紆余《うよ》曲折がありました。

1992年は性教育元年と呼ばれ、改訂された学習指導要領が施行されて小学校から「性」を本格的に教えるようになりました。エイズ予防が背景にあったと思いますが、教育現場でも性教育の研究授業が盛んに行われ、その流れの中で私にも声がかかりました。私もコンドームの使い方を教えてほしいと要望され、中学3年生に、2リットルのペットボトルを男性器に見立て、コンドームに見立てたストッキングをかぶせるというような授業もしましたし、膣内に男性器が入って射精して妊娠するという説明もしていました。当時は何の制限もかけられていなかったことを覚えています。

しかし、2003年に当時の東京都立七生《なお》養護学校（現・特別支援学校）の事件が起きます。その6年ほど前に同校で在校生同士が性関係を持ったことから、教員が保護者と協議して知的障害のある生徒向けの独自の性教育プログラムを作りました。「こころとからだの学習」と名づけられたこの授業は性器の部位や名称を入れた歌や人形を使うもので、同じ悩みを持つ他校からも評価されていました。が、一部の都議会議員が授業内容を「不適切」と批判し、それを受けて都の教育委員会（都教委）が校長や教員を降格や厳重注意処分にしました。

その後、教員らが提訴し、裁判で都教委の処分は違法として損害賠償が認定されたものの、以降、それまで現場が工夫してやってきた性教育が一気に萎縮しました。教育現場では、性教育をすることへの恐れが生まれ、一時期は私のところにも「輝く命」「誕生の神秘」の方向の講演依頼ばかりがきました。

私も、ある学校では養護教諭と講演について打ち合わせた後に校長から連絡が入り、「こんな話をしてバッシングされたらどう責任をとるのか」と性交の話を避けるように言われました。このときは養護教諭と再度、打ち合わせをして、内容をずいぶん変えました。性交や避妊以外にも体の中で起こることなど話すことはたくさんありますから。校長の反対を押し切って話して出入り禁止になると、子どもたちには会えなくなる。制限される中でも工夫し、講師として安心して継続して呼べる存在になり、細々とでも子どもたちにつながっていたいと私は考えてきました。

——なぜ性教育で性交の話をしてはいけないのですか。

学習指導要領には「○○を取り扱わない」などと学習内容を制限する「はどめ規定」と呼ばれる規定があります。性教育に関係するところでは、1998年の改訂で「妊娠の経過は取り扱わない」と明記されました。経緯はわかりませんが、この規定により、精子や卵子は教えても、性交は原則教えられなくなりました。小学5年の理科では「人の受精に至る過程は取り扱わない」とされ、子宮の中で胎児が成長する様子は学ぶものの、どうやって精子と卵子が受精するかは触れないことになっています。中学1年の保健体育では、妊娠・出産ができるよう体が成熟することは学びますが、妊娠の経過は扱わないとされています。

規定ができた当初はそれほど制約を感じませんでしたが、やはり七生養護学校事件を機に統制が厳しくなりました。2018年にも東京の区立中学で「性交」「避妊」「中絶」などの言葉を授業で使ったとして、学習指導要領に記載された内容を超えて「不適切」と都議が批判、都教委が区教委を指導するということが起こりました。でも区教委は「不適切だとは思わない」と反論しました。最近、少し風向きが変わってきたなと感じます。

このところ、PTAからの講演依頼が増えてきました。家庭向けの性教育本なども売れていますが、特に保護者や若い先生たちの間に性教育が必要だという意識が広がっていると感じます。そもそも学習指導要領は学習内容の最低基準を示すもので、それ以上教えてはいけないというものではありません。はどめ規定に関しても、学校が必要があると判断した場合は子どもたちの実態に合わせて発展的に教えたり、外部講師などを使って工夫したりすることは可能とされています。ただ、はどめ規定は、学校の性教育の大きな足かせであることは間違いない。この規定がなければ堂々と話ができ、子どもの理解も進みます。科学的な事実を教えるのに制限するというのは、大人の側に「エロい」ものという感覚があるのではないでしょうか。

――文部科学省などが２０２１年に「生命《いのち》の安全教育」の教材を作り、23年度からは全国の学校でスタートしています。

性暴力や性被害を予防する教育です。性暴力が社会問題化したことも背景にあるでしょう。一歩前進ですし、いまできる精いっぱいのプログラムだと思います。しかし、「プライベートゾーンは他人に見せない、触らせない、他人のも触らない」「嫌なことは嫌と言う。相手が嫌と言うことはしない」など、禁止・抑制のオンパレード。性について基本的なことを教えていないのに、安全について教え行動制限しています。ちぐはぐです。

文科省は「寝た子を起こすな」論は捨てて、時代や子どもたちの実情にあった教育をすべきです。実態からすれば、子どもたちは寝ていないですし、寝ている子には、年齢に合わせた形で科学的な事実を教えて優しく起こしてほしい。ＳＮＳやアダルトビデオで暴力的に起こされるのは危険です。

――最近は「包括的性教育」という言葉もよく耳にします。

妊娠・出産の仕組みや避妊、性感染症予防などの性や生殖に関する知識だけでなく、ジェンダー平等や性の多様性など、人権尊重を基盤とした性教育のことです。英語ではComprehensive Sexuality Education（CSE）と表現され、世界的に広く推進されています。

ユネスコが中心になって2009年に作り、18年に改訂された教育ガイダンスでは、①人間関係（家族や友情、愛情など）、②価値観、人権、文化、セクシュアリティー、③ジェンダーの理解、④暴力、同意、安全確保、⑤健康と幸福のためのスキル、⑥人間の身体と発達、⑦セクシュアリティーと性的行動、⑧性と生殖に関する健康——といった八つのキーコンセプトがあります。5〜8歳、9〜12歳、12〜15歳、15〜18歳以上という年齢グループごとの学習目標が具体的に設けられ、幼いときから、何かをするには相手の同意を得ること、人権の尊重、性の多様性、自己決定、ジェンダー平等を教えていくものです。性と生殖に関することは一部でしかありません。カリキュラムに沿った教育を受けることで、初交年齢が高くなり、意図せぬ妊娠や性感染症になるといったリスクの高い行為が減少することが確認されています。

日本の性教育は、大人側の問題が大きいと思います。第一、保護者や先生などが「性教育」、つまり性についての知識はおろか、自己決定の大切さなどを学ぶ教育を受けてこなかった。保護者も自分の知識が足りないと思うなら、子どもと一緒に学ぶチャンスと考えてほしいです。教えなくては、と思わなくていい。トイレトレーニングのとき、排尿の仕方が性別で違うことや、性器の構造、清潔の保ち方などを子どもが理解しやすいように話すことから始めればいいのです。

——そもそも、性教育はなぜ必要なのでしょうか。

いまの子どもたちはSNSから不確かな情報を得て、それを「知識」として身につけてしまいます。間違った情報で悩みを抱えることも多い。健康、パートナーとの関係、出産——。性に関することは、その人の人生そのものです。性教育は、自分と相手を大切にするための人権教育と考えてほしい。子どもに正しい情報を伝え、自分で選んで行動するためのものです。子どもたちには「自分の幸せと相手の幸せも考えて。いまだけじゃなく、来年の幸せも。来年の自分に感謝されるような自分でいてほしい。来年の自分に感謝されるような今日を選んでほしい」と伝えています。

包括的性教育にゴールはありません。自分で選び、決めるという自己決定をしていくための学びで、簡単ではない。だから、失敗しないよう備えることも重要ですが、それよりも自己決定を支えることが大切です。孤立や孤独が一番悲惨をもたらすため、困ったときは誰かに話を聞いてもらうことが大事ということも伝えたい。性教育は、子どもが自分の人生や将来のことを考える足がかりなのです。

さくらい・ゆうこ／1964年生まれ。産前産後ケアを中心とした地域母子保健に携わるかたわら、看護、助産専門学校非常勤講師の他、年150回を超える性教育講演をしている

読者からの声

性暴力は、きょうだい間や、いじめの中、運動部の寮、保育園、児童養護施設など、子どもたちの間でも起こる。朝日新聞に寄せられた読者の声の一部を紹介する。

●大学1年のときに一つ上の先輩から性暴力を受けた女性（45歳）

（中学3年の少女の性被害体験を取り上げた）デートDVの記事（250ページ）を読み、まだ誰にも話したことのない、心の奥底にしまい込んでいた体験を思い出しました。大学のサークル活動の後に、みんなでお酒を飲み、送ってくれた先輩から性暴力を受けました。先輩は私のことが好きだったようですが、私には付き合っている人がいました。でも、気づいたら裸で寝ていました。

「酔っていた自分が悪い」と自分を責め、「恥ずかしい失敗」ととらえました。その先輩とはサークル活動でその後も毎日会わねばならず、誰にも言えず、本当につらかったです。その後は気持ちが落ち込み、酒におぼれ、大学の単位も落としました。暗黒の時代でした。

あの体験が「被害」だと気づいたのは、2年前です。インターネット上の調査で「意に沿わない性行為は性暴力です。あなたは経験がありますか」という質問があり、そこで、自分は被害者なのだと初めて気づきました。「自分が悪い」と思い続けていたので、自己肯定感がすごく低くなっていましたが、少し楽になりました。

記事にもありましたが、意に反する性行為を断れないことはいくらでも起こりえます。私には息子がいますが、断り方だけでなく、性行為を強要しないこと、相手のノーを理解する力、性行為について話し合えない相手とは行為をしてはいけないことを子どもたちに伝える教育をしてほしい。私も息子にはできる限り相手を尊重することを伝え続けています。一方的に気持ちを押しつける行動がいかに相手を傷つけるかをロールプレイで学ぶ教育をするべきだとも思います。

健全な発達の過程で性に興味がわく年齢の子どもたちに、きちんとした知識を教えず、インターネットでいくらでもアクセスできてしまうポルノがいかに間違っているかも示さず、子どもたちが加害者になることを放置しているとも言える、いまの状況を一刻も早く変えてほしいと願っています。

●保育園で性被害を受けた関東地方に住むパートの女性（52歳）

「ついに」という気持ちと、「私だけではなかったのか」との思いで、連載を読みました。私は、40年以上前の保育園時代、お昼寝の時間に、同じ組の男の子数人から性被害に遭いました。最初は下着を下ろすだけだったのが、次第に性器を触るなど、行為はエスカレートしました。やめてほしかったですが、怖くて声が出せず、黙っていました。子ども心に、これは人に話してはいけないことだと思い、親にも先生にも言えませんでした。

あるとき、小さい声で「嫌だ」と言うと、やっと行為が終わりました。その後、小学校高学年のころには、なぜか被害について思い出さなくなりました。ただ、同級生の男の子がずっと苦手で、高校ではクラスメートと話すのも難しくなり、不登校にもなりました。いまでも、電車や街で制服姿の男の子の集団を見ると、怖くなって近づくのがためらわれます。

出産後、地元の男女共同参画に関する集まりで、フェミニズムを学ぶメンバーたちと性犯罪について話をしていたとき、突然被害について思い出しました。まるでトランプのカードをめくるように、当時のことが少しずつ思い出され、「自分がずっと抱えていた違和感、生きづらさの正体はこれだったのか」と、涙が止まりませんでした。

　連載を読むのは、当時を思い出し、つらくもあります。でも、事件に光を当てていかないと、なかったことにされてしまうと感じています。もう相手は、小さなときのことで覚えていないでしょう。でも私は、死ぬまできっと、こうした報道や体験を目にしたときの渦巻く思いから解放されることはないのだと思います。

　子ども間でもこうした被害が起こることをきちんと広く知ってもらい、被害者が被害を相談しやすい社会になってほしいです。いまもなお子どもに対する性暴力がなくならないのは、子どもに対する人権意識が低い社会の表れではないでしょうか。

●娘が保育園で性被害を受けた神奈川県の会社員女性（41歳）

　私の娘も、保育園のお昼寝の時間に、男の子から下着の中に手を入れられる被害を受けました。記事を見て「保育園児でも、一生心の傷になるようなひどいことなんだ」と初めて言ってもらえた気がします。

　娘が被害を受けたとき、相談先が見つからず、とても苦しみました。保育園に相談しましたが、「職員が現場を見ていない」との理由で、園は加害者の男の子やその親に連絡はせず、再発防止として布団の位置をその子の隣にならないようにしただけでした。園長と担任の保育士は、私と夫には

「大変申し訳ない」と何度も謝ってくれました。しかし、結局は「子どもの言うことなので本当かどうかわからない」と思っていたのではないかと思います。

地元の児童相談所にも電話しましたが、「まずは保育園と相談してほしい」と対応してもらえませんでした。ネットで相談先やカウンセリング先を探しましたが、このような保育園児の被害をどこに相談していいのかがわからず、そのままになってしまいました。

娘はとても傷つき、小学生になったいまでも、男子に触れられると身体がこわばり、スカートをはくのも嫌がるようになりました。親として、こんな状況になったことが悲しいです。専門家のケアを受けさせることができればもう少し違ったのかもしれないと、いまでも思っています。

まずは、こうした被害が起こりうることをしっかり多くの人に知ってもらいたい。その上で、被害児童や保護者がアクセスしやすい相談機関を整備してほしいと強く願っています。

●東京都内に住む高校2年の男子生徒（16歳）

デートDVの記事を読んで、とても考えさせられました。少女と相手は、対等なコミュニケーションができていなかった。少女の失望感は強く、すごくつらかっただろうと思います。産婦人科の人が少女に「自分の体を大切にしないと」と言ったというのも、ひどいなあと思いました。

自分は、この相手の少年のように強引にはならないと思うけれど、100%断言はできません。もし彼女ができてそういう状況になったとしても、性行為の重みをきちんと思い出さなければいけないと思います。

記事にある「性的同意」が具体的にどんなもので、どう得ればいいのか、わかりません。保健体育の教科書を開いても、コンドームやピルは載っているけど性的同意の話はないし、プライベートゾーンという考え方も教わった記憶がありません。このままだと、自分の世代が親になったときに子どもに何も教えられないんじゃないかと思います。

中学のときの性教育の授業は、自分も周りもガヤガヤして真剣に聞く雰囲気ではなかったし、先生も教えるのに慣れていない。学校のカウンセラーは女性なので話しづらい。子どもを欲しいと思うかどうか、マスターベーションのことなど、友人と話してみたい気持ちもあります。「スタンダード」がわからないから。でもどう思われるか不安になるし、真剣には話せない雰囲気だと思う。

見たことのあるアダルトビデオの内容を冷静に振り返ってみると、女性が男性にこびている感じの演出がされていて、明確に良いとも悪いとも言わずに性行為が始まります。親には、「(アダルトビデオは)本当じゃないから真に受けないで」と言われたことがあります。

性のことについて正確な情報を得にくく、友人や恋人ともまじめに話せないままだと、性的同意をちゃんととって対等な関係を作ることができるのか、不安になります。

加害者にも被害者にもしないために

子どもたちの間で起こる性暴力は、遊びの中で行われることも少なくないため、見えにくく、見過ごされがちだ。しかし、きょうだいの間で、いじめの中で、学校や運動部の寮、児童養護施設の中などで起こることも珍しくない。保育園の中でも起きている。まずはどこでも何歳でも性暴力は起こりうるのだと認識し、幼いときから、人に見せない触らせない、人のも見ない触らないという「プライベートゾーン」のルールなどを教えていくこと、子どもがふだんの生活から「イヤ」と言える体験を積み重ねることが、子どもを加害者にも被害者にもしないことにつながる。

もし性暴力があったとしても早期に対応できれば、影響を最小限にとどめ、また加害者が加害を繰り返さないように支援する道を探れる。被害を受けた子から出されるちょっとしたサインを見逃さないことも大切だ。ぼーっとしていたり、反抗的だったり、動物をいじめたり、自分の性器を頻繁に触ったりするなど、ふだんと違う行動にＳＯＳが隠れていることがしばしばある。もし子どもから被害を打ち明けられたら、まずは子どもが言ったことを信じ、そのまま受け止める。「話してくれてありがとう」という姿勢も欠かせない。根掘り葉掘り聞かずに、児童相談所や医療機関など専門機関に相談することを大切にしたい。

8章

狙われる障害

8章は、障害のある子どもの被害について取り上げます。障害がある子どもへの性暴力は後を絶ちません。知的障害や発達障害があって被害を認識できなかったり、被害を訴える力が弱かったりして、周囲が被害に気づかないことがあります。身体障害で体を思うように動かすことができず、抵抗したり逃れたりすることが難しい子どももいます。加害者がそうした特性につけ込むことは少なくありません。

障害のある子どもは被害に遭いやすいと言われていますが、そもそも日本では実態がはっきりと把握されていません。心と体、人生を深く傷つけるほど影響が甚大であるにもかかわらず、社会の認識や対応が遅れていると言わざるを得ません。子どもたちの中でも弱い立場の障害のある子どもをどう守っていけばいいのでしょうか。

1 信頼していた施設で娘が

それは、思いもよらない連絡だった。２０１７年5月に、東京都内に住む安子さん（仮名、41歳）が当時12歳だった長女とスーパーで買い物していると、携帯電話が鳴った。

「娘さんが職員から性的なことをされた可能性があります。これから産婦人科に行ってください」

電話は、さっきまで長女がショートステイで利用していた福祉施設の施設長からだった。長女は重度の身体障害があり、一人で歩いたり立ち上がったりはできない。知的障害もあり、言葉や身ぶり手ぶりのコミュニケーションもとれない。

思い返せば、違和感はあった。いつも施設から帰ってくると笑顔を見せる長女が、今日は笑わず、顔色がいつもより青白く見えた。施設からの連絡帳にも「ズボンが汚れたので洗いました」と、ふだんは書かれない内容が記されていた。

それでも、信頼していた施設で、娘が性暴力の被害に遭うとは思っていなかった。目の前にいる娘に何が起こったのか。「性的なこと」とは何なのか。施設のあいまいな言い方にも、憤りを感じた。

安子さんは、涙ながらに夫(49歳)に電話し、すぐに長女を産婦人科に連れて行った。夫も到着し、産婦人科で警察から説明を受けた。警察によると、施設の職員の男が前日夜、談話室で長女と二人きりのときに長女をうつぶせにしてズボンやおむつを下ろし、尻に射精した疑いがあるという。他の利用者のトイレの介助から戻ってきた別の職員が異変に気づき、上司に通報して発覚した。男は、施設側の聞き取りに加害を認めた――とのことだった。

その後、男は準強制わいせつ(現・不同意わいせつ)容疑で逮捕・起訴された。裁判の過程で、男がアダルト動画などの影響で、女性のお尻に射精したいなどと考えるようになったことや、施設の利用者であれば抵抗されずにできると考え、利用者と二人きりになれる時間を狙っていたことなどが明らかになった。男は捜査段階の供述などで「長女が笑っていたから行為を続けた」とも語っている。安子さんは「長女は緊張したり、怖い思いをしたり、痛いと感じたりしたときに、笑う場合がある。そのときは、怖さとイヤだという感情からの笑いだったのだと思う」と悔しさをにじませる。

男は懲役2年執行猶予4年の判決を受けた。安子さんと夫は「いろいろな人の協力のもと、一生懸命育ててきた娘を、まるで人形のように道具として扱った男を決して許すことはできない」と声を震わせる。

「一番大切な時期に……」

家族の生活は一変した。長女は施設で、筋肉が硬くなるのを防ぐため、ストレッチや介助歩行などの訓練を受けていたが、施設への恐怖心から通うことができなくなった。「成長期の一番大切な時期に、貴重な訓練が受けられなかった」と安子さんは話す。ショートステイの利用は、その時間を使って、長女の介助で我慢を強いられることが多い次女への精神的ケアも目的だった。しかし、事件後は利用が怖くなり、長い間、次女と両親とで過ごせる機会を失った。

安子さんは、施設や自治体側の管理体制にも疑問を持っている。施設は自治体が運営を委託している公立施設で、当時の職員数は、法令の基準を満たしていたと説明を受けた。それでも職員と利用者が二人きりになる時間はできる。施設は事件後に防犯カメラを設置し、職員数を増やしたが、「この施設だけの問題ではない」と感じている。

長女は、被害のことを覚えているのだろうか。意思表示ができず、安子さんらは思いを推し量ることしかできない。そのような被害を訴えることができない障害のある子どもが相手だからこそ、「職員数を増やして死角をなくすなど、物理的にも性犯罪を防ぐ態勢が必要です」と安子さんは訴える。「いつ、どのように加害欲求のある人物が職員に紛れ込むかはわからない。どこでも事件が起こりうるという意識で、社会全体で対策をしないといけないのではないでしょうか」

2 「悪い人おったん？」問われて娘は泣いた

大阪府の菊江さん（仮名、20歳）は外出するとき、必ず防犯ブザーを身につける。たすきがけにはせず、首からまっすぐにぶら下げる。

それには理由がある。菊江さんは2021年に駅で、見知らぬ男から「かわいいね」と声をかけられた。特別支援学校を卒業し、社会訓練のために事業所に通っていたときだ。怖かったが、何も言えなかった。菊江さんには軽度の知的障害があり、家族以外の人には言葉を発せなくなる場面緘黙《かんもく》という症状もある。「かわいいね」と言った後、男は手をつかんできた。菊江さんはイヤだと首を振ったが、そのまま500メートルほど先の人通りが少ない一角に引っ張って行かれた。

そこにはラブホテルがあった。部屋に連れ込まれ、セーターをまくり上げられ胸に顔をうずめられた。ズボンを下ろされて触られ、手をつかまれて触らされた。ベッドに押し倒されたときに暴れると、足が相手の股間に当たり、そこでようやく男の動きが止まった。抱き寄せられて写真を撮られ、解放された。

そのころ、母親（58歳）は自宅で菊江さんの帰りを待っていた。いつも決まった時間に帰ってくるのに、この日は午後6時になっても帰って来なかった。事業所に連絡すると、いつも通りに出たという。警察に相談しようと思ったとき、玄関のドアが開いた。

入ってきた菊江さんはしゃがみこみ、震えていた。何かをしゃべろうとするが、涙が次から次へとこぼれた。母親にとって、感情が表に出ない娘が泣くのを見たのは小学2年以来だった。

「どうしたん、悪い人おったん？」

母親の問いに菊江さんは答えようとしたが、しゃくり上げて声にならない。しばらくしてようやく「ズボンを脱がされた」と口にした。よく見ると、メガネに唇のあとがつき、指の爪も欠けていた。母親はすぐ警察に電話した。駅などの防犯カメラに菊江さんが男に連れて行かれるところが映っていた。当時39歳だった男が逮捕され、強制わいせつ罪（現・不同意わいせつ罪）で有罪になった。

「怖いより、嫌い」

被害の後、菊江さんは楽しみにしていた事業所に通えなくなった。心配した母親が「性暴力救援センター・大阪SACHICO」に相談したところ、恐怖を少しでも和らげ、日常生活を取り戻していけるように医師らがアドバイスをしてくれた。その後は、両親が送ったり福祉の移動介護サービスを利用したりして、誰かが付き添うようにし、事業所にも再び通い始めた。でも、被害に遭った、あの駅は通れない。遠回りのルートで通うしかなかった。

防犯ブザーも買った。外出するときはまっすぐに首から下げる。その理由を、母親は「男に手をつかまれて連れて行かれたじゃないですか。そのことが消えなくて、右手をつかまれたら左手で、左手をつかまれたら右手で、ブザーを押せるようにしとかなあかんって娘は思ってるんです」と説明する。

加害者の男は裁判で、菊江さんが声を出さないことや表情がほとんど変わらないことなどから「何らかの障害があるのではないかと思った」と話した。一方で、嫌がって怖がっていることにも気づいていた。股間を蹴られなければ「強制性交までしたと思う」とも答えている。

記者が「いまも怖いですか」と尋ねると、菊江さんは少し首をかしげて考え込んだ。母親が「怖いより、嫌い。二度と会わずに済むようにしてほしいと思っているようです」と言葉を添えると、菊江さんはうなずいた。

菊江さんはSACHICOに7回通った。心強かったが、遠いため通うのは大変だった。アドバイスを受けやすいようにワンストップセンターを増やしてほしいと行政などに働きかけている。

「娘の担当の検事さんはよく勉強して聴取してくれたけれど、それでも証言を取るのは大変でした。障害の特性に応じてその専門家に聴取を担当してもらうような仕組みも必要ではないか。加害者にも二度と繰り返さないように自分の行為をしっかり向き合う場が用意されるようになってほしい」と、母親は話す。

障害のある子どもを狙った性暴力は各地で起きている。福岡市では2021年、知的障害のある女子高校生の胸を触った疑いで、70代の男が逮捕された。男は08年と15年にも、知的障害のある少女らへの準強制わいせつ罪（現・不同意わいせつ罪）などで実刑判決を受けていた。福岡地裁は、被害者が抵抗することなどができないと男が考えた上での犯行だったと認定。「被害者が知的障害であることにつけ込んだ卑劣な犯行だ」と非難し、懲役2年4カ月の実刑判決を言い渡した。

障害のある人の被害、後回しにされてきた

法政大学助教（社会福祉学）の岩田千亜紀さんによると、海外では、障害のある子どもはそうでない子

に比べて性暴力被害に遭う割合が約3倍高いという調査結果がある。世界保健機関（WHO）の資金を得て、欧米やイスラエルなど高所得国での17の調査、1万8374人の障害児のデータを「メタ分析」したものだ。一方、日本では障害のある子どもの性被害の実態は十分に把握されていない。しかし、岩田さんは「日本でも海外と同様に障害のある人は子どもも含めて性被害に遭うリスクが高いと考えていい」と言う。

　障害に特化した調査ではないが、内閣府が2017年8月〜18年3月に、性暴力に関する相談支援を行っている民間団体14団体の協力を得て、30歳未満のときに受けた性暴力268件について調べたところ、障害の有無についての回答があったのは127件で、そのうち「障害あり」と見受けられる事例は70件で、55％を占めた。内訳は、発達障害16件、精神障害19件、軽度知的障害9件、解離性障害6件、知的障害5件、パーソナリティー障害5件、双極性障害4件などだった。

「障害がある人の場合、就労や自立などに重きが置かれ、（性暴力への）対応は後回しにされてきたと言える。昨今は性暴力について声を上げる人も増えたが、障害のある人の被害については社会で同じ問題として認識されてこなかった」と岩田さんは指摘する。知的障害や発達障害、精神障害がある場合、被害を「被害」と認識しにくい上、起こったことをうまく伝えられないことも多い。岩田さんは「障害があるから被害に遭うというより、加害者が障害者の特性を狙っている」と話す。

　周囲の性暴力への認識が低いだけでなく、施設で起こる性暴力では、保護者が施設に預かってもらっているという負い目がある他、職員が目撃したとしても大ごとにならないようにと隠蔽《いんぺい》されがちで、なかなか表に出てこない。

障害のある子どもの性被害の実態調査を

障害があるからこその育ちが性暴力のリスクにつながる可能性を指摘するのは、性暴力撲滅に向けた啓発活動をするNPO法人「しあわせなみだ」前理事長の中野宏美さんだ。「障害のある人は幼いころからいじめられ、孤立しがち。多くが周囲から褒められる経験が少ないことから、疎外感を抱き、自分に自信を持ちづらくなる」。それが自己肯定感の低さにつながり、望まない性的接触を断れず、強要につながることが多い、とみる。

同時に「初対面の人にも、場所の誘導や排泄《はいせつ》介助など、生きていくために不可欠な行為をゆだねる日常を生きているため、他人を信じる力がとても強い。『信じやすい』ことは加害者から見れば『だましやすい』ことだ」と、中野さんは指摘する。実際、「しあわせなみだ」が２０１８年に発達障害のある当事者グループを対象に実施した調査によると、回答者32人の71％に当たる23人がなんらかの性暴力を経験していた。

また、中野さんは、身体障害のある人の性被害に遭うリスクについても認識すべきだとする。少しずつだが、実態が明らかになりつつある。障害者団体のNPO法人「DPI日本会議」（東京都）が実施した２０２１年の調査によると、車いすや視覚障害のある女性が電車を利用する際の放送によって居場所が特定されて痴漢やつきまといなどの被害が起きていた。また、一般社団法人「日本視覚障がい者美容協会」（埼玉県）のWeb調査でも、回答のあった女性68人のうち70％にあたる48人が視覚障害に乗じた性的な被害に遭っていた。

海外では、障害者の脆弱性《ぜいじゃく》を考慮して、障害者を保護する規定のある国が少なくない。岩田さんによると、性犯罪の処罰規定については、暴行・脅迫などがなくても犯罪として成立する国と、2023年に刑法が改正されるまでの日本と同様に暴行・脅迫などの要件を求める法制度の国に分かれるが、暴行・脅迫がなくても性犯罪が成立するイギリスやカナダ、ドイツ、スウェーデンでは、ケアワーカーなど権威的地位や依存関係にある人から障害者への性的行為は犯罪とみなされる。また、暴行・脅迫などの要件があるフランスや韓国でも、被害者に障害がある場合は刑が重くなったり、要件が緩和されたりするなどしている。

障害者への性犯罪に関する各国の規定をおおまかにまとめると、以下の通りだ。

- **韓国**……障害者施設の職員が、保護や監督の対象である障害者に強姦《ごうかん》やわいせつ行為をした場合、法定刑が1・5倍まで重くなる
- **フランス**……身体や精神に障害などがあり、著しく脆弱な状態にあることが明白な人への強姦《ごうかん》罪は、通常懲役「15年以下」が「20年以下」に加重される
- **スウェーデン**……障害者については「特に脆弱な状態」にあるとされ、性的暴行から逃れる可能性が制限されていればレイプ罪が成立する
- **ドイツ**……被害者が身体的、精神的状態により反対意思を形成・表明することが著しく限定されている場合は、同意がない限り、性犯罪が成立する
- **イギリス**……精神の障害が原因で拒絶できない人に対する性的行為を性犯罪として規定。法定刑の上限は終身刑

岩田さんは「日本も国際スタンダードにかなった『障害を知りうる立場や状況に乗じた性犯罪処罰規定』を設けるべきだ」と訴えてきたが、そうした声を受け、日本でも2023年に刑法が改正され、それまでの強制性交等罪が不同意性交等罪に変わった。不同意性交等罪は、性的行為に同意しない意思を形成したり、表明したり、全うすることが困難な状態にさせて（あるいはその状態に乗じて）性交をしたときに成立するが、その要因として、「暴行・脅迫」「恐怖や驚愕《きょうがく》」「虐待」「経済的・社会的地位に基づく影響力」など計8種類の行為や状況が明記され、その中に「心身の障害」も規定された。ここで言う「心身の障害」とは、身体障害、知的障害、発達障害及び精神障害であり、一時的なものも含まれる。

今後の課題として、岩田さんは「障害のある子どもや大人に対しての性被害がどれほどあるのか国が調査すべきだ。たとえば、性暴力の相談を受ける全国のワンストップ支援センターなどで、相談者について障害の種別もチェックして実態把握に努めるなど、相談機関が障害を意識して情報を整理していくことも必要ではないか。実情が把握できていなければ、社会の関心も低く、対策も進まない」と話している。

3　懸命に訴えても、立件は遠く

関東地方に暮らす晴子さん（仮名、48歳）が、重い知的障害のある次女の利恵さん（仮名、21歳）の様子がおかしいことに気づいたのは、利恵さんが15歳、特別支援学校高等部1年のときだ。そのころの利恵さんは精神状態が悪く、学校で急に泣き出すなどパニックをたびたび起こしていた。

当時、晴子さんが営む飲食店には、目と鼻の先に住む60代の男性が毎日のように来ていた。その男性は長年の常連客で、利恵さんをかわいがってくれていた。しかし、あるとき、別の客から「2人が手をつないでいた」「おかしいよ」と耳打ちされた。

そこで晴子さんは、利恵さんに「見た人がいる」と言って、起こったことを尋ねてみた。当時の利恵さんの精神年齢は5歳程度だ。利恵さんは言葉を探しながら語った。男性が帰宅するときに、自宅まで送ってくれるように言われたこと。その途中で、男性の車に連れ込まれたこと。「触らせて」と言われたこと。後部座席で、胸や太もも、尻などを触られたこと。口の中に無理やり舌を入れられたこと。「言うなよ」と言われたこと――。そうしたことが、約半年の間、ほぼ毎日繰り返されていた。

晴子さんは男性に事実関係をただした。しかし、男性は全面否定し、「口がぶつかったのは彼女が迫ってきてよけきれなかった」「彼女から手をつないできた」などと弁明した。

晴子さんは弁護士とともに警察に届ける必要があると考え、まずは児童相談所や地元自治体の被害者支援センターなどに相談したが、その都度、一から話さねばならず、有効な助言ももらえないままたらい回しにされた。結局、弁護士も見つけられず、1週間後に利恵さんと警察に相談に行った。

聴取した女性警察官は、利恵さんに「なんで断れなかったの?」と尋ね、人形を手にして「どこをどう触られたの?」などと執拗《しつよう》に質問した。利恵さんはうまく答えられないどころか、その後、パニックになった。晴子さんは二次被害だと感じた。晴子さんは、できるだけ正確な供述を得ると同時に被害者の負担を極力減らすための「司法面接」という面接があることを新聞で知り、警察に提案したが、まだ研修段階だとして取り入れてもらえなかった。
ふだんは静かでよく笑う利恵さんだったが、警察での聴取後には物を投げ、大泣きした。利恵さんは加害男性の幻影を見たり、「触らせて」という幻聴があったり、悪夢もたびたび見るようになって精神科に3カ月入院した。

それでも利恵さんが繰り返した言葉がある。「悪いことをした人には罰を受けてほしい」だ。警察からは「証拠がない。記憶力の問題」と言われ事件化は難しいと言われたが、晴子さんはあきらめられなかった。つてを頼って被害者支援に精通した弁護士になんとかたどり着いたのが、被害を知ってから2年半後だった。弁護士の力を借りて専門機関で司法面接を実施してもらい、調書をまとめて、利恵さんが18歳のときに地元の警察署に男性を告訴した。告訴は受理され、検察にも送検された。しかし、司法面接の段階で記憶にあいまいなところがあり、約1年後、男性は嫌疑不十分で不起訴となった。

検事から結果の説明を受けた利恵さんは「でもがんばったから。がんばったもん。しょうがないよね」と自分に言い聞かせるようにつぶやいた。

晴子さんは「周りの人も娘自身も頑張ることが、彼女の将来的な回復につながると信じて、できることは全部やった。最初に司法面接をしていたら、結果は違っていたかもしれない」と振り返る。さらに「被害を訴えるという覚悟は人生をかけてのこと。そうやってやっとの思いで訴える被害を、すべての機関が一丸となって受け止めてくれる公的な仕組みが必要だ」と訴える。

民事訴訟を起こすかどうかも迷ったが、訴訟をすることで再び利恵さんが精神的に傷つく可能性は大きい。晴子さんは訴訟にかかるお金をカウンセリングに回す方が利恵さんのためになると判断して、提訴は見送った。

利恵さんは特別支援学校を卒業し、いまは週に2回ほどデイサービスに出かける。急に泣き出すことはなくなったが、少しでもパニックになりそうになると、好きな動画を見るなどして自分の状態をコントロールしようとしている。それでも、薬は手放せないし、テレビで加害者と似たような人物や名前が出てくるとパニックになる。

「被害に遭えば、その影響と一生付き合わなければならない。でも、それを立件するとなるとどれだけ難しいか、極めて高い壁を感じずにはいられない」と晴子さんは話している。

被害の声、すくい上げる必要

技術を使って早期に被害に気づき、立件までたどり着けた人もいる。

高松市に住む聖子さん（仮名、51歳）は2018年、ショートステイから帰った長女（当時10代）が帰宅直後にパンツを脱ごうとしたことに驚いた。変だと思って聞くと、「すたっふまたさわました」と告げられた。長女は重度の知的障害があり、言葉を話せない。ただ、ひらがなを理解することはできた。キーボードに文字を入れると音声が流れるアプリで会話をしていた。

長女はアプリを通じて、何度も訴えた。「またなかさわってしました」「またなかいたい」。職員に性器を触られ、中に指を入れられたようだった。「ながいものだしました」と、職員が性器を露出したと思われる内容も、複数回訴えた。

聖子さんが香川県警に相談すると、準強制わいせつ（現・不同意わいせつ）容疑で当時20代の男性職員が逮捕された。職員は調べに対し「話をできないからバレないと思った。そういう子を狙った」という趣旨の話をした。その後起訴され、懲役2年執行猶予4年の有罪判決を受けた。

事件当時、職員は男性利用者の介助をしていた。だが、パーティションで区切っただけで、同室に長女もいた。介助していた女性職員が席を離れた隙に、長女の体を触っていた。施設側は「同性介助の徹底が図られていなかった」と課題を認める。

事件から2年後、聖子さんは施設に対して民事訴訟を起こした。すると、以前は経過報告のみだったのに施設から市に対して事故報告書が提出された。提出を求めた市側は「訴訟とは関係ない。一定の改善が見られたときに提出してもらった」と説明するが、聖子さんはその対応に不信感を抱いた。

「アプリを使って話すことを覚えていなかったら、気づけずにその後も施設を使い続けていた。長女が行動で被害を訴えたとしても、問題児扱いされていたかもしれない」

ただ、こうした例はまれだ。弁護士の杉浦ひとみさんは「被害者に知的障害がある場合、そうでない人に比べて性暴力について刑事事件での起訴は難しいのが実情。子どもであればなおさらだ」と話す。知的障害のある子どもは被害に遭いやすい上、被害であることを気づきにくい。さらに「嫌だ」「おかしい」と感じたとしてもどう訴えていいかわからず、勇気を持って訴えたとしても受け止めてもらえず、そのまま放置されることが多い、と指摘する。

「障害のある子どもの性暴力は、周りの大人がすくい上げて初めて認識される」

性暴力は密室で起こることが多いため、証拠が少ない。有罪の立証には被害者の証言が極めて重要になるが、知的障害のある子どもの場合、裁判での反対尋問に攪乱《かくらん》され、一貫した主張をすることが難しいと判断して検察が不起訴にするケースが多い。

立件の壁、低くするには?

少し古いが、法務省が明らかにしているデータによると、検察が2018年度に「嫌疑不十分」として不起訴にした性犯罪は548件あり、そのうち被害者に障害があったケースは61件だった。不起訴事件の、障害がある被害者60人の供述の信用性については、「客観証拠などと整合しない」17人、「虚偽供述や記憶変容の可能性がある」11人、「看過しがたい変遷がある」10人(複数該当あり)だった。つまり、不起訴の理由としては記憶の変容や供述の変遷など証言の信用性が疑われるケースが少なくなかった。

そのため、供述の変容や変遷を防ぎ、事実を確認する手法として、警察、検察、児童相談所(児相)が協同して面接する「司法面接」の手法が取り入れられつつある。最近は検察庁が「代表者聴取」という言い方をしているが、もともとは「司法面接」「協同面接」と呼ばれていた。

司法面接は、子どもの虐待をめぐっては2015年から取り組みが始まっている。児相と警察、検察の3者が協力し、性暴力や虐待が疑われる初期の段階ですぐに聴取する。何度も聴かれることによる子どもの記憶の変容や精神的な負担を防ぎ、事実を解明するのを目的に導入された。20年度に子どもに対して実施された件数は2124件、うち85%を占める被害者聴取の6割近くが性犯罪事案だった。

検察庁は2021年春から、全国13カ所で知的障害などのある人が被害に遭った性犯罪について検察と警察が協力して聴取するモデル事業を実施、同じ年の9月末までの半年間で89件実施し、うち59件が18歳未満だった。ただ、この「代表者聴取」のあり方については問題点を指摘する声もある。

障害のある子どもも含む子どもの性被害を数多く担当している弁護士の芹澤《せりざわ》杏奈さんは「代表者聴取は捜査のためだけのものではないはずだが、捜査のためだけになりがちで、100％被害者に役立つようには活用されていない」と問題点を指摘する。

芹澤さんによると、代表者聴取は録音録画されることがほとんどだが、不起訴になると被害者が録音録画媒体の開示を受けることは難しい。起訴されても、裁判で検察が証拠請求して初めて代理人が謄写《とうしゃ》を請求できる。そうした状況に対して、芹澤さんは「聞き取りの内容は、その後の支援にも利用できるようにするべきで、制度設計が間違っている」と指摘する。現在は検察官が聴取することが多いが、検察、警察、児相が協力した上で、専門性を持った中立の立場の人がインタビュアーを務め、その結果を被害者を支援する立場の人がみな使えるようにすべきではないかと訴える。

また、聴取した内容が証拠採用されても、録音録画につく反訳（文字起こし）のみが証拠になってしまうこともある。「障害のある人や子どもは身ぶり手ぶりなど非言語の表現もしている。裁判官には録音録画をぜひ見てほしい。聴取にかかわった関係者もきちんと見るべきで、それが、供述弱者である障害者についての理解を深め、全体として立件の壁を低くする土壌につながっていくと思う」と芹澤さんは話す。

4 「ギューされた」教諭の性暴力訴えた娘

千代さん（仮名、60歳）はいまも、約20年前の日々に悔いがある。

7月のある日、小学6年だった次女のさよさん（仮名、当時11歳）が顔を真っ赤にして学校から帰って来た。

「おっぱい、ギューされた」。さよさんは、自分の胸の前に両手を出し、わしづかみにするようなジェスチャーをした。担任の男性教諭から被害を受けたという。当時、週末には同級生の友だちと学習塾に通っていた。その日も塾に行く日だった。千代さんは、娘から急に言われたことで頭が真っ白になり、何をされたか深く聞かないまま塾に送った。

娘のさよさんは生後11カ月ではしかにかかり、脳炎の後遺症で知的障害になった。会話はある程度できるが、数の概念の理解や表現能力は低く、知能は同年代の水準の半分ほどだった。

翌週、家で寝転がっていたさよさんが、突然言った。

「先生ね、パンツに手を入れるんだよ」

千代さんが「どうやって?」と聞くと、「こうやって」とさよさんは自分の下着の中に指を入れるしぐさをした。千代さんはショックで泣いてしまい、さよさんも口をつぐんだ。

千代さんは学校に被害を訴え、1学期で教諭は担任から外された。時間が経つと、1学期中に受けた別の被害も口にするようになった。椅子に座ろうとすると手を置いてくる、スカートめくりをする、女子トイレに入ってくる……。「教室でおしっこする」「白くてすごくくさい」と話すこともあった。

学校や教育委員会に相談したが「本人がやっていないと言っている」「スキンシップで触ることがあっても、子どもたちも望んだこと」などと言われた。知人に状況を伝えると、地元の警察署にかけ合ってくれた。後日、署から「話を聞きたい」と連絡が来た。署では、親子は別々に事情を説明した。会話が得意でないさよさんは絵をもとに状況を振り返り、被害を受けたもう一人の少女が中心になって説明した。教諭は年が明けた2月に逮捕され、その後、起訴された。

当初教諭は、警察の調べに対して生徒の胸や陰部を触ったと供述した。だが、その後は否認に転じた。裁判で焦点になったのが、証言の証拠能力だった。被害時は密室で目撃者はいない。証言は数少ない証拠だった。だが、さよさんにとって、被害に遭ったのがいつで、どこだったのかを詳しく語ることは難しかった。被害を複数回受け、混同しているようだった。

裁判では、さよさん本人が証言にも立った。主治医は反対したが、裁判で不利になるかもしれないという検察の意見を受けて方針を変えた。

証言は当初は20分間と言われていたが、1時間以上かかった。さよさんは徐々に汗をかき始めた。裁判官から「大丈夫？　休憩しようか」と声がかかったが、「大丈夫」と答えた。知的障害者には相手の期待に応えようとする傾向があり、そのために無理をしたのではないか、と千代さんは言う。時間が経つにつれて、さよさんはあいまいな言葉も口にするようになった。切られていないのに「カッターで手を切られた」とも言った。もちろん傷はない。「たぶんそれくらい痛かったと思うのだけど、これは刑事裁判では勝てないなって思った」と千代さんは振り返る。

結果、刑事裁判では一審、二審のいずれも無罪となった。二審の判決では、わいせつ被害を受けたという供述について「疑問を差し挟む余地がないようにも思われる」とされたが、犯行の日時や場所の証言について信用性に疑問を呈された。

気づけなかった「変化」

千代さんは、わいせつ被害を防げなかったとして、自治体を相手にした民事訴訟も起こしていた。こちらの裁判では、訴えが認められた。

振り返れば、7月に被害を訴える前からさよさんには変化があった。好きだったスカートをはかなくなった。自宅にやって来た教諭に会おうとしない。以前は風呂に入るのを嫌がっていたが、帰宅するなりシャワーを浴びていた。千代さんは、そこで異変に気づいていれば、被害を食い止められたり、確かな証言を得られたりできたのでは、といまでも思うことがある。「学校で被害があるとは想像していなかった。いま思えば、あるのに」と悔やむ。

さよさんにとっては、警察や検察の捜査、裁判を通じて、被害について繰り返し聞かれることも負担なようだった。顔が紅潮し、ストレスから髪の毛を抜くこともあった。

千代さんは被害から民事裁判での勝訴までの7年を振り返り、こう語る。

「何回も話を聞く中で、話が変遷することがある。最初に聞くことは大事だからこそ、一度に医者や弁護士、警察とつながれる場所が重要になる」

5 ― 苦しみ15年…… いまも薬飲み

一緒に食卓を囲むと、30代の法子さん(仮名)は「くちゃくちゃするな!」と怒り出す。目の前で食べ物を口に運ぶと、うーっと声を上げる。母親の貞子さん(仮名)は「あのときにされたキスを思い出すのでしょう。あれ以来、ご飯は一緒に食べられなくなってしまった」と疲れ切った表情で言う。

家族は東日本に暮らす。貞子さんが言う「あのとき」とは、重い知的障害のある法子さんが18歳のときのことだ。2泊3日の宿泊訓練のために福祉施設に泊まった法子さんは、帰宅後に貞子さんに向かって、断片的な言葉を繰り返した。「職員が入ってきた」「お酒の臭いがした」「パンツを脱がせて触った」「おちんちんをくっつけてきた」「顔にキスをした」……。貞子さんは、法子さんをすぐにクリニックに連れて行った。医師に診てもらうと、膣《ちつ》の入り口にひどい擦過傷があった。

貞子さんは施設職員からの性被害を疑い、施設に連絡した。しかし、職員は全面否定し、施設側はまともな対応をしなかった。それで、警察に被害届を出した。だが、下着を洗ってしまっていたためか、精液の反応は出たもののDNA鑑定はできないと言われた。証拠が不十分で、重い知的障害のある法子さんが法廷で一貫して主張するのは難しいと検察が判断し、事件化は見送られた。

損害賠償を求めた民事訴訟では、供述は核心的な部分が一貫しており、客観的事実にも符合するとして、性器を触られるなどのわいせつ行為があったことが認められて一審は勝訴した。しかし、施設職員が夜中に飲酒していたことは認めたものの性加害については否認していたため、二審では法子さん本人の証人尋問が必要とされ、貞子さんは法子さんの負担を考えて渋々和解に応じた。

重いPTSD「親なきあと」への不安

被害後、法子さんは男性を極端に恐れるようになった。男性を見かけると、体を硬直させて倒れることもあった。突然青ざめて固まったり、泣き出したり、暴れ出したりもした。音や臭いに敏感になり、突然意識を失った。洋服や下着、菓子などを部屋にため込み、失禁を繰り返した。精神科の医師からは性暴力による心的外傷後ストレス障害（PTSD）と診断された。

被害に遭う前は、一人で学校や作業所に通えていた。それが、いまは家の中でも貞子さんかヘルパーなど必ず誰かがついていないといけない。「被害の後はすっかり変わってしまった」と貞子さんはため息をつく。

被害から15年以上が経つ。法子さんは安定剤など6種類の薬を飲みながらなんとか暮らすが、暴れたり、貞子さんを殴り飛ばしたりすることは、いまもある。特に、被害を受けた季節が近づくと、体が反応し、荒れはより目立つ。「バカヤロー」「死ぬー」と大声を上げることが増えるのだ。

朝、部屋に入って「おはよう」と声をかけると、法子さんは「うるせー」と叫ぶ。職員が入ってきて襲われたときの状況がよみがえるのだろう。しかし、それを説明する言葉を法子さんはもたない。

毎日ヘルパーに来てもらって生活支援を受けているが、法子さんが暴れるために辞めるヘルパーも少なくない。一方、新しいヘルパーが来ると、法子さんは「変なことされた」と訴える。「ウソじゃないよ」「ホントだよ」と繰り返す。「守ってもらいたい、わかってもらいたいという思いなんでしょうね」と貞子さんは、法子さんの気持ちを推し量る。

法子さんの知的レベルは未就学児程度だ。生活に介助が必要なのに、さらに重いPTSDを抱え、今後どうやって生きていかせればいいのか、貞子さんは心が重い。「性被害を受けた後の娘の変わりようが大きすぎて、これからのことを考えるとどうしていいか……」。心労が重なり貞子さんも大病を繰り返している。女手一つで何とかここまで育て、支えてきたが、「親なきあと」への不安は、性被害によって耐えきれないほどの大きさになっている。

6 「施設長の送迎イヤや」放課後デイで2年半

2021年1月、西日本に住む梅子さん（仮名）は自宅の寝室で娘の結さん（仮名、当時12歳）と横になっていた。結さんは布団の中でゴソゴソと動いていた。「寝られないの?」と問いかけると、言いにくそうに、結さんは小さな声で言った。「施設長の送迎イヤや」。結さんには発達障害があり、学校の勉強や集団生活への不安から、小学2年のときから家の近くにある「放課後等デイサービス」を使っていた。勉強や料理を習いに月に8回ほど通っていた。梅子さんが「何かあるん?」と何度か聞くと、結さんは無言のまま、胸を触るしぐさをした。

警察は、結さんに繰り返しわいせつな行為をしたとして、施設長を逮捕した。判決などによると、施設長だった男が初めてわいせつ行為に及んだのは2018年8月。施設への送迎の車内で、当時小学4年だった結さんの胸を触った。「誰にも言っちゃだめだよ」と口止めをした。その後も結さんがふだん通りに接してきたことから、「嫌がっていないと思い込んだ」。行為は次第にエスカレートした。物置として借りていた施設の裏にあるアパートの一室、結さんの住むマンションの非常階段、送迎の車内――。二人きりの状況を狙っては性交や性交未遂を繰り返した。その様子をタブレット端末などで動画撮影もした。

判決で認定されただけでも、未遂を含めた性交やわいせつな行為は、16回に及んだ。被害は約2年半にわたった。結さんが通っていた施設を知る人によると、男は学校の勉強に追いついていない子どものために様々な種類の教材を用意したり、他の施設では受け入れが難しい子どもも積極的に受け入れたりと、保護者からの評判は良かった。事件が発覚したあと、「そんな側面があったのか」と驚いた保護者もいた。

一方、検察側によると、男は怒りの感情をコントロールできないことがあった。ワンマン体質な言動があり、施設の職員は男に意見できない状況だったという。

地裁は2021年9月、男に懲役10年の判決を下した。男は控訴せず、有罪判決が確定した。だが、被害者に与えた傷は大きい。結さんは被害を打ち明けて以降、しばらくは学校に通えなくなった。病院からは異性への嫌悪感など心的外傷後ストレス障害（PTSD）の疑いも指摘された。

母親の梅子さんは裁判で、時折言葉を詰まらせながら訴えた。「今回の被害の訴えがあるまでは、その施設に安心して娘を預けていました。知的障害のある子を預かり、子の発達を支援する施設を経営しながら、娘にこのようなことをした施設長を、絶対に許すことはできません」

12年で7倍に増えた放課後デイ、虐待件数も増加

放課後等デイサービス事業所は、各都道府県に対して申請し、児童福祉法に基づく人員配置や設備などの基準を満たしているかの確認を受けた上で指定される。実施しているサービスに応じて、国から報酬が支払われる。放課後デイの事業所数は、制度が始まった2012年度は約3千だったが、24年度は約2万2千に増えた。利用者数も、同じ期間で約5万4千人から約37万人と、大幅に増加している。

一方、放課後デイでの虐待件数も増えている。厚生労働省によると、2012年度は1件だったが、10年後の22年度には93件に上り、うち15件が性的虐待だった。ただ、性的虐待は発見されにくく、氷山の一角と指摘する声は少なくない。厚労省は、それまで努力義務だった従業員への研修や虐待防止のための責任者の設置を22年4月から義務化した。厚労省の担当者は当時、「研修の義務化により、虐待が起こりうるということを広く意識してもらうことが大切だ」と話した。

事業者団体も現状に危機感を抱く。一般社団法人「全国放課後連」（東京都）事務局長の田中祐子さんは「質が担保されていない事業者も少なくない」と話す。背景には、放課後デイの報酬の構造的な問題があるという。職員を多く配置した場合に報酬が加算されるが、「加算をとるための事務手続きは、現場の仕事で手いっぱいの事業所にとっては負担が大きく、とても時間をとられる」と指摘。どうすれば加算をとりやすくなるか、といった民間会社によるセミナーもあり、「どんな支援をするかではなく、利潤追求型の事業所が増えているのが現実だ」とする。

国が障害者福祉施設などにおける虐待の防止と対応についてまとめたガイドラインでは、性的虐待

について「利用者と二人きりになる場面を見計らって虐待を繰り返すといった悪質な事案がある」としている。ただ、田中さんによると、パニック状態になった子どもを落ち着かせるときや、心を許しているスタッフが対応しなければならないような場面もあるため、1対1での対応が必要なときもあるという。その上で、「二人きりになるかどうかだけではなく、子どもの権利を尊重し、子どもを理解するための大人の学びが必須だが、国の基準ではとてもできない」と指摘している。

川崎市の放課後デイ「心花《こはな》すげ」の管理者、鈴木章之さんも、制度の課題を指摘する。

当初、放課後デイを担当するのは厚生労働省の障害部門だったため（2023年4月以降は放課後デイの所管はこども家庭庁）、制度が始まった12年当時は、そもそも管理責任者になる要件が、高齢・障害分野での実務経験だった。児童・障害分野での実務経験に変更されて児童分野の職員が採用されるようになったのは17年だ。また、現場の職員は当初、実務経験は不要だった。17年からはやっと児童指導員などの児童・障害分野での実務経験が必要とされるようにはなったものの、質の担保が課題だという。「人材不足もあり、教員免許や大学での社会学専攻など児童指導員の資格要件に該当すれば面接で事実上落とされることなく採用されている。最近は、問題を起こして働けなくなり、地域を変えて働こうとする人が少なからずいる」と、鈴木さんは指摘する。

鈴木さんの施設では、子どもの発達などについての職員研修に力を入れる。発達に課題を抱えている子どもは、小学生でも抱っこを求めてくることが多い。求めに応じて抱っこが必要なときもあるが、職員には通常は腕一本の距離を意識させている。また、ふだんから子どもと大人を1対1にさせないことに最大の注意を払う。送迎車には360度のドライブレコーダーを設置し、客観的な記録をとるようにし、スマホの位置情報確認によって送迎車がいつどこにいるのかもわかるようにしている。

一方、子どもたちにはふだんから、水着で隠れる体の大切な部分である「プライベートゾーン」の話をして、「プライベートゾーンを見たり、触ったりする人がいたら、すぐに大人に言うように」と伝えている。性の問題に限らず、嫌なことは「嫌」と言う体験を重ねる努力も続ける。たとえばケンカをした相手が謝ったとき、子どもに無理に「もういいよ」と言わせない。まだ許せないなら、少し時間をおけばいいという実践だ。そうした積み重ねが、いざというときに子どもたちが「嫌」と言えることにつながると、鈴木さんは考えている。

7 言えない「嫌だ」どう教える

「勢いだったから」

西日本に住む20代の久美子さん（仮名）はそう繰り返す。特別支援学校の高等部2年のとき、学校近くの公園で、付き合い始めてまもない同級生の男子と、もう一組の同級生カップルとたばこを吸いながら話し、その後、それぞれ別々の場所で性行為をした。久美子さんにとっては初体験だった。「嫌だったし、地面にこすりつけられた足から血が出て、痛かった」と振り返る。

久美子さんが「痛い」と訴えても、彼は「関係ないやん」と、おかまいなしに行為を続けた。「もう勘弁してほしいという感じだったけど、彼氏に言われたら仕方ない」。コンドームはつけなかった。その後、1週間ほどで別れた。

久美子さんには軽度の知的障害があり、思考力は小学校4～5年生程度だ。自閉症スペクトラムもある。この支援学校の元教員によると、高校から特別支援学校に来る子どもたちは、中学までは勉強ができないとバカにされていることが多いという。

「彼らは特別支援学校で自分と同じような仲間と出会い、初めて対等に話ができると感じる。それでわっと花が開いてしまい、性暴力や性的なトラブルが続発する」と元教員は言う。

障害のない子どもに比べると、理解力、判断力、想像力、表現力、適応力などが十分でないため、性についてはより早期に、平易に、具体的に、繰り返し教えることが必要だが、学校現場での実践は追いついていない。

「幼いときからの具体的な教育の積み重ねがないので、生徒たちは『付き合う＝セックスしていい』と考えてしまっている。障害特性から断れないことが多く、もうどうでもいいやと投げやりになり、『勢いで』やってしまっている。相手もちゃんとした判断ができない」

生徒同士が障害者用トイレや公園などで性行為をし、妊娠することも珍しくない。男子生徒になぜ障害者用トイレなどを使うのかと尋ねると、「インターネットの動画で見てまねした」と答えたという。

誘われたので仕方ないと……

久美子さんは在学中に何度も性被害に遭った。友人にカラオケに誘われ、カラオケ店の部屋で性交されたことも一度ではない。「悔しい」と思って教員に訴え、警察に届けたこともあるが、親にも警察にも問い詰められ、さらに精神的に追い込まれた。「あのときは頭がおかしくなって……」と久美子さんは振り返る、精神科病院に2週間入院した。

卒業後はコンビニやカラオケ、スーパーなどで働いた。20歳を過ぎて、同窓生に誘われてワゴン車に乗ると、そのまま大阪に連れて行かれた。着いた先で、ワンルームマンションの部屋をあてがわれ、ホテルや自宅に出向いて性的サービスをするデリバリーヘルスで働かされた。

「ヤバいなーと思ったけど、誘われたので仕方ないと思っていた」

1日3〜4人の客を取らされた。客は18歳から60代と様々だった。酔った客も多く「怖かったけど、仕方なかった」。それで手にするのは1日2万円ほどだったという。しばらくして体がきつくなり、夜中に逃げ出した。

「店では女の子は道具でしかない。扱いはひどいよ。でも、そのときは勢いやったから」

久美子さんは逃げた後、在学時代から支援してくれている教員に相談することができ、いまは会社勤めを始め、自立の道を歩む。

「高校のときにもっと相談できる環境がほしかった。相談するときって結構ヤバいときなのに、先生たちからいろいろ言われると、もっとヤバくなる」

特別支援学校で生徒を長く見てきた教員は、見た目では障害があることがなかなかわからない軽度の知的障害のある子どもたちへの対応の難しさを語る。

「本人たちはバカにされたくないので、わかったふうに返事をするが、教員や親も彼らがどれだけ理解しているか把握できていないことが多い」

性暴力を受けても言語化することが難しく、自分が何に困っているのかもなかなか言えない。ただ何か嫌な気持ちが残っていて、「嫌だ」「もういい」などと言うが、周囲からは「自分勝手」「わがまま」ととらえられがちだ。

脅されなくても、強く言われたり、しつこく言われたりすると、やるしかないとなるのが軽度の知的障害のある生徒たちの特徴だと教員は指摘する。「多くが小さいときから尊重されず、我慢を強いられてきたという育ちが背景にある。学校も親も勉強ができるかできないかの価値観に縛られがちで、障害のある子どもの生きづらさを強化している」とみる。

最近は、中度、重度の知的障害のある子どもは特別支援学校に進む一方で、軽度の知的障害のある子どもの多くは一般の高校に進んでいて、より問題は埋もれがちだ。一般の高校でも同様のことが起こっているが、教師たちの認識は十分ではない。

「軽度の知的障害のある子どもは社会の中で一番注意を向けられていない」と教員は訴える。「彼らにとって武器は教育しかない。中学生では遅く、小学生のころから具体的に丁寧に繰り返し教えていく必要がある」

2021年度に文部科学省などが子どもたちを性暴力の被害者にも加害者にもしないために作った「生命《いのち》の安全教育」プログラムも、知的障害のある子どもに特化した教材はない。教員は「障害のある子ども向けの性教育については教材をパッケージとして用意してもらいたい。そうでないと現場ではなかなか実践は難しい」と話す。

胸を「つんつん」被害受けた息子がまねて

一方、子どもが受けた被害と同じことをして加害者になるのではと危惧する保護者もいる。

重度知的障害のある息子がいる大阪市の直美さん（仮名、41歳）は、息子が小学6年だった3年前、付き添った学校で担当の男性教師が、息子の胸を指で「つんつんつん！」とつついたのを目撃した。「先生、そこ乳首！」と慌てて止めた。教師は笑って「無意識です」と言った。その教師は、息子のために加配された先生だった。

息子は食事やトイレに介助が必要で、学校に行っている間はその教師に頼らないといけない。それを思うと、強く言いにくい思いもあった。直美さんが何とか「これ、大ごとですよ。女の子の親だったら大騒ぎしますよ。男やからっていいんじゃない。プライベートゾーンです」と話すと、ようやく教師に「いけないこと」と伝わったようだった。

しばらくしてから、息子が乳首を狙ってつっついてくるようになった。悪気は全くない。自分がされたことをなぞっているだけだった。直美さんが「腕はいいけど、ここからこっちはあかん」と何度も繰り返して注意した結果、息子はなんとかやめた。

「（教師の）息子への行為もダメですが、まねをして息子が人にしてしまったらと思うとめちゃくちゃ怖い。そうしたことが障害への理解がないとなかなかわかってもらえない」。直美さんは障害がある子を甘く見ているとも感じる。「重大な性被害とまでは思っていないんです。でも子どもに教えないといけない側が無理解であることがショックだった。真剣に考えてほしい」と訴える。

「性教育＝性交渉に関することだけ」ではない

「障害があり、その上に様々な困難や生きづらさを抱える子の中には、『自分だけ』の関係や過剰な触れあいを求めるなど、自分から暴力を引き込む傾向がある子がいる。障害児にかかわる大人は、障害と向き合うだけではなく、一人ひとりの背景や実態を理解した上で接しないといけない」

そう指摘するのは、特別支援学校などで障害児への性教育を長年実践してきた日暮かをるさんだ。日暮さんは20年以上前、東京都立七生養護学校（現・特別支援学校）で性教育に取り組んだ。背景には、生徒の性的な問題行動が複数発覚したことがあった。

障害のある子どもたちに、性のことをどう伝えるか、他の教員たちと右往左往しながら模索した。意識したのは、触れあうことの大切さを知ってもらうことだ。「はじめから『触っちゃダメ』『見せてはいけない』と禁止してばかりでは、人間関係を築けない」。七生では、性教育の一環として、足浴やマッサージなども行った。その過程で、何が自分や相手にとって気持ちよくて、何がイヤなのかを学ぶ子どもたちの姿を見た。

「触れあうことの楽しさを知ることで、初めて何が自分にとっての『イヤ』なのかがわかる」と日暮さんは語る。

しかし、七生では2003年、視察した都議らが同校の人形を使った性教育を批判し、その後、東京都教育委員会（都教委）が教員らを厳重注意するなど強いバッシングにさらされ、現場は萎縮した。11年に東京高裁で都議や都教委の行動の一部を違法とする判決が出たものの、日暮さんは「最近の学校は管理職によるチェックも厳しく、忙しくて教員同士が学ぶ余裕もない」と危惧する。特に「状況を他の教員と共有し、教員集団としての力もつけないといけない」と指摘する。「日本では、性教育を性交渉に関することだけと狭くとらえがちだが、本当は人間関係や多様性など、様々なことが含まれる。そのことを、まず大人が知るべきではないでしょうか」と問題提起した。

中学校の特別支援学級の元教員で、現在は一般社団法人「〝人間と性〟教育研究協議会」（東京都）の障害児・者サークルで世話人を務める永野佑子さんは「日本の障害児教育は就労が目標になっていて、障害児に『NO』と言うことを教えない」と話す。特に、知的障害などがある子どもたちの多くは言葉の発達もままならず、「周りの大人から指示され、意思表示する権利を奪われたまま育つことが多い。受けた性被害を『かわいがってもらった』などと思ってしまい、被害として表に出てこない」と指摘する。そのため、自分が受けた行為が性被害だったと自覚できないまま、成長するにつれ体調不良や暴力、性的な問題行動を起こすケースが少なくない。

永野さんは、こうした子どもたちの心の傷を回復していくには「まずその行為が『被害』であることを自覚することが重要だ」と話す。そのためには、「人との触れあいの大切さや人間の尊厳に気づかせる包括的な性教育を実践することが、障害のある子どもたちにとっても必要だ」とする。

一方、障害のある子が意図しない形で性加害をしてしまいかねないという難しさもある。障害のある子どもに対し、「近づきすぎてはいけない」といった抽象的な指示ではうまく伝わらないことが多いため、学校などでは「前へならえ」の姿勢で前と50〜60センチほどの距離を取る間隔を、実際に繰り返して身につける練習をしているところもある。

こうした指導については異論もある。永野さんは「離れなさいと言う指導は性教育としてはタブーだ」と語る。その上で、「個別にはこういう指導も現実にはありうるとは思う。たとえば私も男の子に胸や性器を触られても嫌と言えなかった子に『やめて!』と大きな声で言う練習を一緒にしたこともあった。でもこれは特別な指導やトレーニングと考えてほしい。障害児の性教育というものは発達保障の観点で考えるべきで、こうした訓練的な指導で済むものではない」としている。

8 娘の被害告白、加害を否定する施設職員

障害のある子どもの性被害を取り上げた新聞連載には、同じような被害に苦しむ当事者の保護者から複数の手紙をいただいた。いくつかの事例をここで紹介する。

「司法面接というものがあるんだ」。50代の時男さん(仮名)は、新聞に掲載された記事をわらにもすがる思いで読んだ。重い知的障害のある中学生の娘が、放課後等デイサービスで男性指導員に下着の中に手を入れられ、性器を触られた、と被害を訴えたことがあるからだ。

記事には、被害に遭った障害のある子どもが、警察、検察、児童相談所(児相)が協同で行う「司法面接」を受けたという内容が書かれていた。司法面接は、何回も被害者に話を聞くことを避け、できるだけ正確な情報をできるだけ負担なく聞き取るための方法だ。

娘にもこうした面接が必要なのでは、と思い、時男さんは児相に連絡してみた。児相職員からは、娘への対応についての助言はもらったが、最終的には加害者に刑事的な罪を問うまでには至らなかった。娘の思考能力は5歳程度と診断されている。

娘が被害を訴えたのは、放課後デイの様子を妻が聞いたときだった。娘はおもむろに「こうされた」と言いながら、片手を股の間に持っていき、触るしぐさをした。施設に連絡を取り、退所を申し入れたが、該当する男性指導員は加害行為を否認した。施設からは「本人が否定している以上、会社として動けない」と言われ、時男さんは言葉を失った。

その後、娘は「胸が痛い」「胸に何かがいる」と言うようになり、「夢に指導員が出てきた。またパンツの中に手を突っ込まれた」と泣きながら訴えることもある。

時男さんは妻とともに暗澹《あんたん》たる思いでいる。「娘は作り話ができるような子ではない。加害者は抵抗できないことを狙ってやっているのではないか。極めて悪質だ。許せない」。指導員がその後も働き続けていることに、第二、第三の被害者が出てこないかと気をもんでいる。

時男さんは言う。「加害者がきちんと罰せられる仕組みが必要だ。被害を受けた子どものケア態勢も不可欠。足りないことばかりだと、被害に遭って初めて気づいた」

娘の告白、施設は「100％妄想」

「これは娘のケースと全く一緒ではないか」。障害のある子どもの被害が発覚しても障害の特性から立件や立証が難しいことを取り上げた新聞記事を読み、東京都に暮らす麻美さん（仮名、55歳）は、長女（29歳）に起こった出来事を思い出し、もどかしさを感じた。長女には軽度の知的障害と自閉症がある。特別支援学校の高等部を卒業後、就労継続支援B型の福祉作業所に通っていた。

2017年9月。夕食を食べた後に居間でテレビを見ていると、福祉施設での障害者への虐待のニュースが流れていた。気になって、何となしに長女に尋ねた。「職員さんに変なことされてないよね?」。すると、長女からは思わぬ答えが返ってきた。「職員の人に、変なことされたことある」と言うのだ。

長女によると、毎日のように長女と接する、80歳近い高齢の男性職員に体を触られたという。「どこ触られたの?」と聞くと、「お尻とかおっぱいとか、股とか。女子更衣室で」と長女は言った。すでに夜遅かったが、たまたま電話番号を知っていた女性職員に慌てて電話し、内容を伝えた。すると職員は「そんなことはありえません。100%妄想です。お母さん、落ち着いて下さい」と言われた。信頼を寄せていた職員に、長女をウソつき呼ばわりされたことにショックを受けた。

思いつくことはすべて行動した。警察、行政の虐待防止センター、弁護士などに相談した。聞き取りの中で、長女は、商業施設の駐車場にとめた車の中で職員の陰部を股に入れられたほか、別の男性職員からもわいせつな行為をされていたと告白した。

一方、施設側からは「職員から聴取をした結果、主張しているような事実は存在しない」とする報告書が届いた。麻美さんは1年以上、施設について調べたり、同級生の保護者らの協力のもと長女に何度も話を聞いて、資料を作ったりしてきた。しかし、被害を受けた日時などは特定できず、具体的な証拠がないとして、警察や弁護士から「立件は難しい」と言われた。「障害者は性暴力に遭っても、泣き寝入りするしかないことに納得がいかないし、自分たちの中では終われない」と麻美さんは言う。

被害について何度も思い出させるようなことが続いたためか、長女はてんかん発作を複数回起こし、被害の告白から約1年後に心的外傷後ストレス障害（PTSD）と診断された。いまは長女を別の施設に通わせており、長女は歯を見せて笑ったり、その日何をしたか話してくれたりして、明るく過ごしているが、それでも、万が一を考えて、「嫌なことはなかった？」と麻美さんはこまめに聞くようにしている。「早期に気がつくためにも、子どもとのふだんからのコミュニケーションを大事にしている」。障害者の性被害について相談できる窓口を増やしてほしいと、麻美さんは願っている。

「明らかになっているのは、氷山の一角だろう」

千葉市に住む山本里奈さんは、重度障害のある12歳の女の子がショートステイ先で性被害に遭ったという記事（314ページのケース）を新聞で読み、ドキッとした。当時5歳だった知的障害のある次女のことが頭をよぎったからだ。

「12歳が狙われたことに驚きました。性暴力の被害に遭うのは、もっと年齢が上の人だと思っていたので」と山本さんは言う。次女も、被害を言葉で訴えることはできず、「将来、同じ被害を受けてもおかしくない」と感じた。同時に、被害を申告しにくい障害のある子どもへの加害は発覚しづらく、「いま明らかになっているのは、氷山の一角なのだろう」と思った。

次女は児童発達支援施設に通っている。以前は送迎時に職員2人がついていたが、最近は1人だけのときもあり、利用者と職員が二人きりになる場面も出ている。施設の規約を見ても、送迎時の職員体制に関する決まりはなかった。

小学校入学後を考え、近所の放課後等デイサービスについても調べている。放課後デイの各施設のホームページには「職員募集」という言葉が目立つ。「どこも人手が足りない。特別な知識がなくても、誰でも職員になれてしまうのではないか」と感じる。

だからこそ、国がしっかりと、障害のある子どもが性暴力の被害に遭わないための環境を作る必要があると感じている。「職員と二人きりにならないよう、障害児が通う施設への基準を厳格にし、障害者への性犯罪はより厳しく罰せられる刑法にしてほしい」。山本さんは、被害を防ぐための、最低限の仕組みが整備されることを切に願っている。

interview

トラウマ、理解した対応を

精神科医　加茂登志子さん

性被害を受けた後に出てくる症状は障害があってもなくても同じです。しかし、表現の仕方に違いがあり、知的障害がある場合は、暴れるなどの行動上の問題や感情調節ができずに意識や記憶を一時的に失う「解離」を起こすことがよくあります。

最近は、トラウマの治療として認知行動療法が広まり、性被害を受けた当事者も良くなっている人が増えています。認知行動療法というのは、ある出来事があり、そのときにどういう気持ちだったか、裏にどういう考えが浮かんだかを聞き、その後どうなったかを繰り返し振り返り、認知が間違っているところがあれば修正をしていくというものです。

たとえば、夜道を歩いていて男性から性暴力を受けたとします。周囲から「なぜ、夜に歩いていたのか」と言われると、夜道を歩いた自分が悪かったという認識になります。また、すべての男性が怖くなることもあります。しかし、どんな道を歩いていても加害者が悪いわけで、また、世界にいる男の人全員が怖い存在ではありません。治療の中で、そうしたことを繰り返して伝え、誤った認知を修正していくことで心的外傷後ストレス障害（PTSD）の症状は良くなります。

しかし、知的障害があると、起こった事柄を認識・理解する力が弱いため、認知行動療法をそのまま用いることができません。知的障害のある子どもの性被害の治療や回復は一般的に言って難しいと言わざるを得ません。

治療の第一歩は起こったことやそのときの感情を言葉にすることです。言葉にできれば、50％ぐらいは進んだとも言えるでしょう。しかし、知的障害があると、思考がまとまらず、感情を分化して説明できません。快か不快か、恐怖か安心か、というような単純なものになりがちで、怖いという思いも、何がどのように怖いのかを言葉で表現することが難しいのが実情です。

また、知的障害のある人は記憶力の幅が狭いために混乱もひどくなりがちです。記憶の容量が少なく、エピソード記憶、即時記憶ともに弱いので、トラウマの原因となる記憶を保持する力も弱いと言えます。治療には元の体験を思い出すことが必要ですが、その体験を記憶の引き出しからうまく引き出せないのです。

たとえば、あの道の途中の電柱の後ろに誰かがいて、自分が通り過ぎた後に声をかけられて、振り向くと……といったような細かなことです。

何かのきっかけで被害のときのことがよみがえるフラッシュバックは、本人にとっては再体験で、感情が揺れ動きます。被害に遭ったときと同じ感情体験があるときに、元の体験に触れ、いまはあのときとは違って安全な状況だということをわかってもらうことが必要です。ですが、知的障害があると、現在のことではない、フラッシュバックなのだということもなかなか認識できません。元の体験に迫ると激しい感情がわき起こるだけで、トラウマに迫ることができないという難しさがあります。ただ、適切な薬物療法で感情をコントロールすれば、知的障害のある人にも心理教育は入りやすくなります。

周囲の反応、ＰＴＳＤ悪化させることも

男の人を見ると震え出す被害者も、体験をはき出すのは難しくても、「男の人の中には怖い人はいるよね」「あのときの人は悪い奴だった」「でも、いい人もいるよね」というような心理教育を繰り返していけば、社会生活を送れるようになる可能性はあります。「あなたは悪くない」と伝えることはとても意味があります。しかし、それだけでは深いところの記憶の修正にはなりません。知的障害のある子どもの性被害は、後から対応するのが非常に難しいのが現状です。

加害者は被害を訴えられないと踏んで行動しているのでしょう。障害につけ込んだ加害は厳罰に処すべきだと考えます。

被害後の周囲の人たちの対応も大切です。ＰＴＳＤは自然災害より、人的災害の方がひどく、人的災害の中でも性暴力によるものがより大きな影響があることがわかっています。一方で、性

被害の後の周囲の対応による二次被害がPTSDを悪化させることも珍しくありません。子どもが稚拙《ちせつ》ながらも被害を訴えようとしたのにもかかわらず、訴えを聞いてもらえないとか、「ウソを言っている」と言われ、信じてもらえないことは二次被害になります。

たとえば、知的障害のある子どもが被害後に感情コントロールが利かずに「わーっ」と騒ぎ出したとき、行動だけをとらえて「静かにしなさい!」「どうしたの?」などと声をかけるのではなく、トラウマの影響だと考えて「あの男の人は怖かったね」などと声をかけると、落ち着きます。トラウマを理解して、周囲の人たちが対応していくことが必要です。

かも・としこ/一般社団法人日本PCIT(親子相互交流療法)研修センター代表理事、若松町こころとひふのクリニックのメンタルケア科担当医として女性と子どものうつとトラウマ全般に対応している。元東京女子医科大学神経精神科教授

9章 加害を考える

9章では、「加害」について考えます。旧ジャニーズ事務所の創業者である故ジャニー喜多川氏が非常に多くの未成年者に性加害を続けていたことが明らかになったように、一人の加害者が多くの被害者を生み出すことも珍しくありません。性被害を減らすには、加害者を減らすことが一番の近道です。しかし、加害者や加害者になる恐れのある人が相談できる団体や機関は少ないのが現状です。

一般的に、加害者は性欲を抑えきれずに性加害に及ぶと考えられがちですが、加害者臨床にかかわる専門家は、「支配力」や「優越感」を得るために加害に及ぶことが多いと指摘します。加害を減らすには、加害者の心理や、どのような段階を踏んで行為に至るのかを知り、再発防止や治療を図ることが必要だと考えます。どんな背景や理由があろうとも、性暴力は卑劣であり、許されません。加害者の話など聞きたくない、知りたくないという人も少なくないでしょう。しかし、厳罰化や社会から排除することだけでは根本的な解決にはなりません。性加害を防止し、性被害を減らすにはどうすればいいか、考えたいと思います。

1 ― 6～12歳の教え子に「服を脱いで」

「自分で言うのもなんだが、教員としては子どもにめちゃくちゃ好かれていた」

元教員の40代の男性受刑者は振り返る。

小学6年の担任になったとき、子ども一人ひとりと交換日記をしていると、ある女の子が「先生のことが好きだ」と書いてきた。心がときめくのを感じた。それまでも子どもから好意を伝えられることはあったが、この子は中学生や高校生と言っても通用するような大人びた雰囲気があった。「不覚にも異性として意識した」

そのころインターネット上で、小学校高学年ぐらいの女の子が露天風呂に入っている盗撮映像を見つけた。「映像であれば、子どももいいなと思ってしまった」。児童ポルノを集めるようになった。

あるとき、クラスの女の子が宿題を忘れてきた。ときめきを感じた子とは別の子だ。ふだんから忘れ物が多く、よく注意していた。その子を呼び出して二人きりになった。「服を脱いで」。命令口調で座るように指示し、性器などを触り、撮影した。まずいことをしているという思いもよぎったが、自分を正当化した。《これは罰で、絶対に嫌なら宿題をやってくるだろう》と。

数日後、女の子は笑顔で話しかけてきた。いまなら女の子の、自分を守るための防衛反応としての行動だとわかるが、そのときはこう思った。《嫌がっていない》。それで安堵《あんど》した。

男性受刑者は自分勝手な解釈をし、その後も数年にわたって、対象を変えて同様の行為を繰り返していった。低学年のクラスの担任のときは「何をされているかわからないだろうと思っていた」。行為は必ずデジタルカメラで記録した。被害者は6歳から12歳の女の子。教室や倉庫で、性器を触ったり口淫《こういん》させたりし、その様子を撮影するなどした強制性交（現・不同意性交）、強制わいせつ（現・不同意わいせつ）などの罪で長期の実刑判決を受けた。事件が発覚して妻とは離婚した。

満たされた支配欲や所有欲

「加害行為をすることで自分が特別な存在になれるということがあったのかもしれない」

男性受刑者は3年近く文通を続ける記者とのやりとりの中で、そうつづる。

小学4年のとき、同級生の男女数人からいじめを受けた。悪口、暴力、無視……。授業参観の日にトイレの床に寝転がされ、母親から買ってもらった真新しいカーディガンがびしょぬれになったこともあった。そんな同級生に仕返しをしようと、水泳の時間にプールから抜け出して教室に戻り、いじめグループの女子の下着を同じグループの男子のカバンに入れた。教室中が大騒ぎになったが、その後にもう一度同じことをしようとしたところを同級生に見つかった。「下着ドロボー」と言われ、友人は離れていき、親からも見放された。

自己肯定感を低くする中、性的な逸脱行動が始まった。高校3年のとき、中学生のころから好きだった女子の下着を、部活の合宿中に盗んだ。思いが届かない彼女の秘密を知ったようでドキドキした。《自分だけが知っている》。独占欲が満たされた。大学生のころには、駅で女子高校生のスカートの中を携帯電話のカメラで盗撮した。「他人の日記を盗み見るような優越感」に浸った。一方で、大学進学以降、彼女がいなかったことはほぼなく、性的な欲求不満はなかった。しかし、性加害は盗撮から強制わいせつ、強制性交へとエスカレートしていった。

教え子たちへの性加害にも「誰も見たことのない裸を見た」「誰も触れたことのないところを触った」という満足感を覚えていた。行為に及んでいるときの気持ちは「性的興奮とは少し違ったようにも思う。ジェットコースターに乗る直前のような……。心拍数が上がり、顔がカーッと熱くなり、ひざが震える高揚感があった」。

記者への手紙の中で、男性受刑者は「画像を保存することで支配欲や所有欲が満たされた」とも振り返る。また、いじめられた経験から「自分にはおそらく女性への『恐れ』がある」と自らを分析する。「『恐れ』を原因とした『支配したい』という発想が（性加害の背景に）あったと思う」ともつづった。

逮捕後、裁判で提示された被害者家族の調書を読み、被害の大きさを初めて知ったという。以降、新聞などでも性被害に遭った人の話が目に入るようになった。

加害をなくすためにはどうすればいいか。加害する側の意見も参考になるのではと記者は考え、男性受刑者に尋ねると、こう答えた。

「被害者（になりうる子ども）に対する教育をすることが、加害者への牽制《けんせい》になると思う」。さらに、自らの心情を振り返り、「加害者が一番恐れるのは他の誰かに犯行が発覚すること。被害者の口止めは（教員という）立場上、やろうと思えばいくらでもできる。でも、教育の中で性被害についてきちんと教えることで口止めが難しいぞと、加害者側に思わせればとても有効だと思う」。教師と教え子が二人きりにならないことや、電話番号の交換を禁止するといった物理的な「壁」を作ること、防犯カメラの導入や複数担任制など第三者の「目」が対策になるのではないか、とも言う。

反省や償いについても聞いた。

「反省は、自分の行動、人生を振り返り、なぜこのようなことをしてしまったのか、どうしたら同じことを繰り返さないでいられるかを考えること、そして、被害者の受けた心の傷について、その苦しみが少しでも理解できるように学び続け、謝罪し続けることだと思う」

「償いが何かはまだわからない。私が何をしようとそれは被害者への償いにはなり得ない。なぜなら、被害者が望むのは、私に何かをしてもらうことでも（私が）苦しむことでもなく、おそらくは『被害に遭う前の自分を返してほしい』ということだから。だからといって何もしないことが許されるはずもない」

「世の中に迷惑をかけてしまった分、何かを返さないといけないという思いで（記者に）手紙を書いている」。男性受刑者はそうつづってきた。

相次ぐ教師の逮捕

学校関係者による性暴力は多い。内閣府が2022年に実施した、16～24歳の男女約22万1千人を対象にした性暴力被害に関するアンケートでは、有効回答者（6224人）のうち約4人に1人が何らかの性暴力被害を受けたと回答した。一方、被害を受けた人を対象にした調査（有効回答2040人）では、加害者との関係は「通っていた（いる）学校・大学の教職員、先輩、同級生、クラブ活動の指導者など」が36％で最も多く、「まったく知らない人」が32・5％、「SNSなどインターネット上で知り合った人」が14％、「職場、アルバイト先の関係者」が11％だった。

教員による性暴力を防止するため、同意の有無に関係なく、18歳未満の子どもとの性的な行動を禁じた「教員による性暴力防止法」が議員立法で2021年5月にでき、翌22年4月から施行されている。にもかかわらず、教職員の性暴力は依然として後を絶たない状況だ。たとえば、直近の23年に起こったいくつかの事件をあげてみると、2月に13歳未満の少女にわいせつな行為をしたなどとして、千葉県流山市の小学校教諭が強制性交等（現・不同意性交等）などの疑いで逮捕された他、8月には教え子を盗撮したなどとして、大手進学塾「四谷大塚」の元講師が強要などの疑いで逮捕された。

また、同じ8月には、部活動の遠征先のホテルや自宅で、教え子の男子生徒の体を触ったなどとして群馬県の私立高校教諭が、9月には教え子の女子生徒の性的画像を所持したり、別の生徒に性的暴行を加えたりしたとして、東京都練馬区立中学校の校長が準強姦《ごうかん》致傷（現・不同意性交致傷）などの疑いで逮捕された。12月には、勤務先の小学校の保健室などで女児のべ１５１人を盗撮したなどとして、横浜市立小学校の元教員が、児童買春・児童ポルノ禁止法違反（製造）などの罪で有罪判決を言い渡されている。

学校現場で性暴力事件が後を絶たない事態を重く見た東京都教育委員会は２０２３年4月、教職員の性暴力が起きたときの初動対応方針を策定した。弁護士による第三者相談窓口を周知し、聞き取り調査の際の注意点をまとめた。同じ年の9月には、その窓口への相談がきっかけとなり、前述の練馬区立中学校の校長が逮捕された。

より踏み込んで対策してきた自治体もある。長野県教育委員会は２０１９年に自校の子どもへの性暴力で教職員が処分された過去10年の事案14件について、外部有識者を交えて分析した。それによると、14件のうち一方的な性暴力は半数で、残り半数は被害者との間で一定の関係性を作った上で加害した事案だった。4件は被害者を心理的にコントロールするもので、3件は加害者が被害者に過剰に同情して入れ込みすぎた結果、性的な行為をしてしまったというもの。こうしたケースでは、教員は優秀、熱心といった評価をされていることも多く、周囲が性暴力に気づきにくい。

長野県教委は全公立学校で実際の事例を意識したワークショップ型の研修を開いたり、教職員向けの自己分析チェックシートを導入したりしている。担当者は「性暴力の背景には教職員のストレスもあると指摘されており、職場環境の整備にも力を入れていきたい」と話す。

２０２４年には日本版ＤＢＳ制度の導入も決まり、26年中には始まる（5章参照）が、教職員の加害をどうすれば予防できるのか、加害があったときにどうすればすぐに発見して対応できるのか、さらには、そうした加害教職員たちの再犯をどのように防止していくのか、課題は多い。

先生というだけで、支配―被支配の関係

「学校の先生というだけで、子どもたちとは支配と被支配の関係を持っていると考えてほしい」

千葉大学社会精神保健教育研究センター特任講師の東本《とうもと》愛香さんは訴える。「先生がどれほどのパワー、権力を持っているか、意識していない人が多い。『脱いで』と言えば『脱げ』と言っていることと変わらず、どれだけ子どもたちの服を脱がせることができてしまうか自覚するべきだ」

抵抗せず、大人には同意したように見えていても性的同意自体が難しいのが子どもだ。「この行為をしたら、こんな結果になるかもしれないけれど、それでもする、と行為ごとに確認をとるくらいが同意と言えるもの。そもそも子どもの場合は性的行為に同意があったとしても、それは性暴力であり、犯罪だ」

東本さんは、刑務所や少年院で多くの性加害者の治療に携わる一方で、教員の研修などにもかかわる。教員は、子どもと接する機会が多く、子どもと二人きりになることも不自然ではない。自分は生

徒のために教育的指導をしているといった使命感を持ちがちだ。しかし、「そこに落とし穴がある」と東本さんは指摘する。触れあう機会が多いほど、教員側は性犯罪に陥る可能性が高まると認識して「かなり慎重に行動することが必要だ」とする。

たとえば、生徒から「好き、好き」と繰り返されて、ドキドキしたり、その気になったりする人もいるかもしれない。そのときに、職場で「好き好きと言われて困る」と言える環境が必要だと指摘する。自分が戸惑いや危うさを感じたときに、「そうだね。困るね」とスクールカウンセラーやスクールソーシャルワーカーなど教員以外から念押ししてもらうことが、加害行為に進まないようにストップがかかることにつながる。

「本音を聞いてもらい、もしそれが危ない方向に向いているならば、修正できる機会が必要。ただ、教員の場合、同僚に言われたくない人も多いので、ソーシャルワーカーなどに話せる環境が求められる」と東本さんは説く。しかし、スクールカウンセラーやスクールソーシャルワーカーは、基本的には生徒のための存在で生徒の話を聴く立場。教員の現状に介入できるような態勢になっているとは言えないのが実情だ。

また、学校では、個別のクラスや教員だけのルールも存在しやすく、それが良い方向にも悪い方向にも向く。「子どもに人気があるということは、子どもに言うことをきかせられるということを認識しておく必要がある。もともと支配―被支配の関係があるということを意識しておかないと、子どもがNOを言わなければ『強要していない』と思いがち。まずは先生が『自分には権力がある』と意識することが大切だ」と東本さんは警鐘を鳴らす。

2 「長女」に繰り返した性行為、内縁の夫の嫉妬と焦り

「私だけのお兄ちゃんだからね」

男性（42歳）は、「長女」からのその言葉がうれしくて仕方なかった。25歳のころから内縁の妻と付き合い、すぐに同居を始めた。妻には四つほど年の離れた2人の娘がいた。娘たちとは小学生のころから一緒に暮らしてきた。特に長女は「お兄ちゃん」と言って、慕ってくれた。ほしいものや行きたいところをねだられるのが、うれしかった。一緒に風呂に入り、同じ布団で寝る。成長とともに、長女が自分の中で占める割合がどんどん大きくなっていった。

一方で、家庭内のトラブルは絶えなかった。妻とは生活習慣の違いをめぐって、言い争った。次女は万引きをしたり、自分の財布から千円札を抜いたりすることがあった。それでも男性は、経済的に家庭を支えていたこともあり、《自分がいないと、この家はダメになる》と、妻と別れようとは思わなかった。

そんな中で、長女は「唯一の味方」だった。そんな長女を「女」として意識したのは、小学6年のころからだ。風呂に一緒に入って体を洗いながら、ふくらんでいく胸や発育する体に目がいった。長女は、中学生になっても手をつないで買い物に行ったり、背中に飛び乗ってきたり。向こうも自分のことを父親としてではなく、「男」として見てくれているのだと感じるようになっていた。そして、ある思いが募っていった。

《彼女を自分だけのものにしたい――》
ある日の朝、我慢していた思いが、ついに抑えられなくなった。土曜日の午前中。布団に入ったまま、当時中学1年だった長女の顔を見つめていた。犯罪という認識は全くなく、血はつながっていないから大丈夫だろうと思った。無言のまま服を脱がせ、キスをし、性交した。
《もう引き戻せない》。性行為をしたという事実より、その後、長女との関係性が崩れないかの方が不安だった。行為の後、「大丈夫?」と聞くと、長女は「うん」とうなずいた。《あぁよかった》。彼女は嫌がっていないと解釈した。そして、それまでにない満足感を味わっていた。

「自分のものにできた」という満足感

《自分のものにできたんだ》。男性はそんな満足感を得たが、それからは、長女と自分の距離の近さを不満に思ったのか、妻は次女と過ごすことが多くなり、家庭内は二分された。気がつけば、妻と長女を比較する自分がいて、自分の中でどんどん長女の割合が大きくなっていった。

誰とも交際したことがなく、性体験もない。そんな誰にも手をつけられていない長女に魅力を感じ、そんな彼女を独占したいという思いが募った。《長女といるためには、妻とは別れられない》。そんなふうに思うまでになっていた。土曜日は妻が仕事で外出し、男性は長女といることが多く、その後も性行為を繰り返した。

長女が中学2年のころには、別の会社に出向になった関係で、男性は他県に行くようになった。自宅に帰るのは2カ月に1回程度になり、帰るたびに、長女と会うこと、性行為をすることが楽しみになっていた。長女から「他の女性とはしゃべらないで」と言われ、舞い上がるような気持ちになることもあった。だが長女が高校生になると、異変を感じ始める。態度がそっけなくなり、知らない間に彼氏ができていた。ポツンと一人取り残されたような気がした。嫉妬と焦りを抱いた。《セックスをして、彼女を引き留めるしかない》。それしか行動の選択肢が思い浮かばず、性行為を繰り返した。行為は100回近くにのぼったと記憶している。

あるとき、長女がわずらわしそうな表情をしたため、途中でやめた。それからまもなくして妻の不倫が発覚し、家を出ることにした。数カ月後に長女との性行為が妻に知られ、被害届が出された。《自分はそんなに悪いことをしたのだろうか》。男性には加害の意識はなく、事の重大性を全くわかっていなかった。

逮捕され、監護者性交等の罪で5年6カ月の実刑判決を受けた。判決では、「被害者は被告人に逆らえないと感じ、嫌われないように振る舞っていた。被告人は、このような被害者の気持ちに配慮せず、明確に嫌がっていないから同意しているなどと安易に考えた」と指摘された。刑務所に入った当初、罪について後悔はしても、反省はしていなかった。

でも、ふつふつとある記憶がよみがえってきた。自分が小学3年のとき、寝ていると父親が寝床に来た。服をめくりあげられ、胸をなめられた。ずっと誰にも言ったことはなかったが、いまでもそのときのことを鮮明に覚えている。自分がされたようなことを、自分もしてしまった。自分がこの年齢になっても忘れられないように、長女もあの出来事を忘れられないだろう。そう思った瞬間、心から謝りたいと思うようになった。その後徐々に、判決で指摘されたことも納得できるようになった。

男性は2023年の夏、仮釈放になった。被害者とはお互い連絡しないよう裁判前に約束を取り交わしている。でも、もし長女と話すことができるのであれば、こう言いたいと思っている。

「本来、父親としてしなければならないことをしてあげられなくてごめんなさい。全部、自分が悪かったです」

家庭内の性暴力、子どもに甚大な影響

全国の児童相談所が対応した性的虐待の相談件数は2022年度が2393件で、10年前と比較すると1・7倍になっている。

家庭内で起こる性暴力は被害を受けた子どもが声を上げることが難しく、被害を訴えることができたとしても「自分のせいで家族が壊れた」などと自分を責める傾向が強い。本来なら最も安全で安心できるはずの家庭での性被害は、子どもに甚大な影響を与える。性虐待をしていない方の非加害親が子どもの言うことを信じて行動できるかが、その後の子どもの回復を大きく左右する。

これまで述べてきた通り、児童虐待防止法では性的虐待は監護者である保護者からの性暴力と規定されており、保護者以外の兄や祖父、おじ、母親の恋人からの性暴力は分類上、「兄の非行」や、保護者が加害を見逃し、防がなかったという意味合いで「親のネグレクト」などに計上される。そのため、家庭内で起こる性暴力の実数はさらに多いとみられる。

一方で、刑事責任を問われるのはごく一部だ。法務省の犯罪白書によると、児童虐待にかかわる事件で2022年に検挙されたのは、強制性交(現・不同意性交)が142人、強制わいせつ(現・不同意わいせ

っ）が１８７人、児童買春・児童ポルノ禁止法違反が32人にのぼった。特に強制わいせつは、２０１７年の刑法改正で監護者わいせつ罪が新設され、処罰対象が拡大されて、検挙件数が増えている。

加害者の属性を見ると、強制性交１４２人のうち１３９人が父親などで、実父が53人、養父・継父が56人、母親の内縁の夫が16人などだった。強制わいせつは、１８７人のうち実父が58人、養父・継父が79人、母親の内縁の夫が16人などとなっている。

新設された監護者性交等罪は、親など保護する立場の人物がその影響力を利用して18歳未満の子どもに性交等をした場合、暴行・脅迫がなくても5年以上の有期懲役が科せられる。改正前は、児童福祉法違反（淫行＝10年以下の懲役若しくは３００万円以下の罰金）が主に適用されてきた。

警察庁によると、２０１８年の監護者性交等の検挙件数は60件、19年は87件、20年は１０２件、21年は82件、22年は79件だった。法務省によると、17年7月～20年12月に同罪で１７３人（２０７件）が起訴された。被告の立場は養子縁組した「養親」が72人、「実親」が62人、「親と内縁関係にある者」が21人などだった。一方、被害者の年齢を見ると、14歳が43人で最も多く、16歳が38人、15歳が35人と続いた。13歳未満は4人だった。

最近では、当時14歳の養女と性交したとして監護者性交等罪に問われた男に対して、福岡地裁の差し戻し審で懲役7年の判決が２０２１年に言い渡されている（その後確定）。また、名古屋地裁では23年6月に、実娘2人に性的暴行を繰り返したとして同罪などに問われた男に対しては懲役12年の判決が出ている。

珍しくない家庭内の性虐待

日本公認心理師協会会長で、家庭内暴力（DV）や虐待の問題に詳しい信田《のぶた》さよ子さんは、家庭内の性虐待は珍しいことではないと強調する。「家族には、腕力や経済力で勝る父親が、母親や子どもたちを支配し、所有してきたという側面がある。そんな権力構造の中で性暴力が生まれるのは、残念ながら、ある意味当然だ」

信田さんが見てきた事例では、加害者の立場は兄、実父、継父、祖父など様々だ。公務員や教員など社会的地位が高い職業も珍しくなく、中には虐待の相談を受ける立場のカウンセラーや医師もいる。加害内容も、性器を触ったり触らせたりするだけでなく、思春期を迎えても一緒に入浴させたり、アダルトビデオを見るよう強要したりするなど、多岐にわたる。

「性虐待の問題を見ると、社会的地位や貧富を問わず、いかに広く日常的に子どもが侵犯されているかがわかる。性虐待は特別なモンスターが行うのではなく、ふつうの人が何らかの拍子に壁を飛び越え、犯してしまうものだ」

加害者がよく口にするのは「（被害者を）かわいがっているのだ」という言葉。だがその心理を探ると、愛情とともに、所有欲や性欲が混同されている例が多い。「愛情があるから暴力ではない」「親は子どもに対して何をしてもいい」「子どもは何をしても受け入れてくれる」――といった思い込みが、自己正当化につながっている、と信田さんは指摘する。

2017年の監護者性交等罪の新設などを受け、性虐待の問題が重く見られるようになったが、摘発されても「何が悪いのかわからない」と話す加害者も少なくない。なぜ性虐待をしたのかと問われ、日常のストレスや自身の生い立ちに思い当たる点があると語る加害者は多いが、信田さんは「口実に過ぎない」と強調する。

「加害者の語りには説得力があり、そこに答えを求めてしまいがちだが、安易に納得するのは危険だ。背景には家父長的な家族観や、『性的な経験を重ねてこそ男らしい』といった男性観など、非常に根深い問題がある。時間をかけて加害者の思い込みを解きながら、犯罪への壁を飛び越えさせないよう手を尽くすことが大切だ」

子どもは性暴力を受けても被害と認識することが難しいため、被害の防止や早期発見のためには性教育が有効だといわれる。信田さんは、子どもだけでなく大人にも性教育を施し、子どもの人権について意識を高める必要があると指摘する。行政を中心に、婚姻届の提出、母子手帳の交付、出産や育児について学ぶ両親学級などの場で、DVや虐待などの問題を通じて「暴力」について考える機会を作ってほしいと訴える。

「家族の問題は外部の目が入ることは少なく、自分の『当たり前』を疑う機会は少ない。大人になるとなおさらだ。だからこそ暴力の問題については行政が積極的に介入し、特に性虐待については『子どもを性的に扱ってはいけない』という強烈なタブーを作らないといけない」

3　やめたくてもやめられなかった痴漢と露出

「やめたくてもやめられなかった」

関東に暮らす男性（58歳）は、子どもや若い女性を狙った痴漢や露出行為を約30年繰り返した。長い間、大手上場企業に勤め、職場では人材育成担当の頼れる社員、家ではいい父親を演じてきた。一方で、通勤電車の中で性犯罪を繰り返した。

「まさに、ジキルとハイドでした」

満員の電車に乗るたびに少なくとも4～5人を物色した。「1年に250日出勤して計2千人。20年勤務したので4万人。少なく見積もって」と男性は言う。

高校1年のとき、通学する満員電車の中で、向かい合った女子中学生のカバンを持つ手が、男性の下半身に密着した。思わず勃起した。興奮と緊張が体を突き抜けた。以降、男性はカバンを持つ女性の手に股間を押しつけるようになった。やがて露出にもはまった。大学生のとき、道で露出していると、通りかかった女子高校生がわざわざ目の前に来て、ケラケラと笑った。気分は最高だった。《男として自分の性器が認められた》と思った。露出行為は、自己肯定感につながった。

小学生の女の子4人に声をかけ、自宅に連れ込んだこともある。汗をかいたからと言って一緒に風呂に入った。1時間ほどで解放したが、近くの公園で子どもたちを探す保護者たちの姿が見え、逮捕の恐怖に震えた。「彼女たちは無事に成長しただろうか」。男性は悔恨の念を抱きながら振り返る。

最初の逮捕は19歳のときだ。本屋で立ち読みしている女子高校生のお尻を触り、警察に突き出された。警察署では「何もしていない」と否認し、迎えに来た母にも「僕はやっていない」と言い続けた。《バレたら見捨てられる》との一心だった。結果は不起訴。そうなると、今度は、たとえ捕まっても大したことにはならないとの思いが頭をもたげてきた。男性自身、自分が痴漢行為をやめたいのかどうかもわからなくなった。

痴漢で達成感、上がる自己肯定感

大学を出て就職し、入社2年目に結婚した。《愛ある結婚をすれば、全部やめられるはず》。そう思ったが、違った。長男が生まれ、マンションも購入した。しかし、露出と痴漢はやめられなかった。「相手を傷つけているという感覚はなかった。嫌がるそぶりの人にはそれ以上やらないから」。抵抗しないということは相手が受け入れてくれたのだと、都合のいい解釈ばかりをしていた。

会社への行き帰りの電車の中での性的逸脱行為は、スリルと緊張を感じる、生きている実感のための儀式のようだった。男性にとっては、もはや性的な欲求のためではなくなっていた。「人がやらないことができたという達成感を得ていた。それで自己肯定感が上がった」と男性は振り返る。会社での嫌なことも忘れられた。

38歳のとき、公然わいせつ罪で逮捕・起訴され、罰金刑を受けた。勾留が週末の3日間だったため、会社にはバレなかったが、妻は心労でやせ細り、会話もなくなった。釈放されたときは「二度とやらない」と誓った。それなのに、帰りの電車内でまた、痴漢をした。その後も繰り返し逮捕された。自分でもわけがわからなかった。

やめなくてはいけないという思いとやめられない自分。性加害者を治療しているという精神科クリニックに行き、依存症の自助グループにも通い出した。ただ、会社で上司からやりたくない仕事を押しつけられたり、理不尽なことを言われたりすると、「こんなにつらい思いをしているのだから」などと言い訳をしては、男性は電車の中で痴漢行為に及んだ。

刑務所の中で感じた、初めての「幸福」

47歳で逮捕されたときは、会社にも知られ、退職した。執行猶予中の犯行だったため、実刑は確実だった。保釈が認められたものの、「もう生きてはいけない」との思いに駆られた。自殺しようと考え、橋から飛び降りようとしていたところを、たまたま通りかかった東日本大震災の被災者に見つかって説得され、死ぬことを思いとどまった。

男性は懲役10カ月の実刑判決を受け、服役した。刑務所では高齢者や障害者がいる工場で働いた。作業ができない高齢の受刑者が刑務官に怒鳴られている姿を見て、いたたまれず「自分に指導させてください」と志願した。失禁した認知症や歩けない受刑者の体を風呂で洗ってやると、泣いて喜ばれた。《人からこんなに感謝されることもあるんだ》。人に尽くすことで、素晴らしい幸福感をもらえることを知った。自分の存在意義を初めて認めてもらったように感じた。

男性は超低体重で生まれた。小児まひの後遺症で足が不自由だ。母は「恥ずかしいからあんたと一緒に歩きたくない」と言い、父は「俺は仕事が忙しいんだ」と怒鳴って家庭を顧みなかった。幼いころから親の期待に応えられない自分を恥じて生きてきた。学校ではいじめられた。小学4年のときには近所の男性から性暴力を受けた。執拗《しつよう》に性器を触られて笑われた。《人に笑われる、恥ずかしいおちんちんなんだ》。そのときからその思いに支配された。

男性は自助グループに通い、自分にとっての露出は、あのときに笑われた恥ずかしい自分が男として認められるための行為だったのだと気づいた。「（高校生に『キャーッ』などと声を上げられる）相手の反応で『男として認められた』と感じていた」。両親からは「男らしくしろ」と言われて育ち、男性は「思春期に、男らしさを誤解したのかもしれない」とも振り返る。

服役中に離婚した。刑務所でキリスト教と出会い、出所後に洗礼を受けた。教会で知り合った女性と再婚した。いまの妻はすべてを知った上でそばにいてくれている。10年以上、再犯はしていない。8年前からは自分の経験を生かしてカウンセラーとして働き、加害者など性の問題を抱える人たちの相談を受ける。

「自分より弱い人をいじめたりコントロールしたりすることで強さを証明しようとする。それが、子どもや女性への性加害につながる。男らしさ、女性はこうあるべき、という社会的な価値観の強要や偏重をなくすことが必要ではないか」

性加害者や性依存症者には男女を問わず、いじめや性虐待を受けた人が多いという。

「そもそも自分を愛せていない。自分を大切にできないから人を大切にすることができない。加害を止めるには加害者ケアも必要。それが被害者のためにもなる。私のような加害者を一人でも多く減らせば、被害者も減る」。男性は力を込めて言った。

性加害について、正しい理解を

加害者や被害者の治療にあたり、犯罪者の精神鑑定もする東京科学大学准教授（司法精神医学）で精神科医の安藤久美子さんは、性加害を減らすためには加害について正しく理解する必要があると訴える。

一般的には抑えがたい性的欲求によって性暴力が起こると思われがちだが、安藤さんによると、300人以上の女性に強制性交などの性加害行為をしてきた加害者が、必ずしも性器の挿入や射精だけが目的ではなく、実際に挿入も射精もしないこともあったという。また、鑑定した性犯罪者たちの中に、男性ホルモン値が異常に高い人はいなかったと説明する。

「性加害は性を通じた攻撃や支配。加害者が、性欲が強い、とは限らない。背景にある心理の方が大きい場合も少なくない。劣等感や自己評価の低さ、過去の被害体験への仕返し、ストレスの解消といった要因が関係する」と安藤さんは指摘する。

また、性的欲求は衝動的でコントロール不可能だから性加害が起きるという見方も違う、とする。「加害者は捕まらないように被害者や状況を選んでいる。より弱い者、抵抗しないであろう者を選ぶ」。その上で、性を使って人を支配し、優越感を持つことで、自分の満たされないものを満たす行為が性暴力だ。性的興奮も伴うため、その感覚が忘れられずに有害な習慣になってしまう。アルコール依存などと同じように、やめたくてもやめられない状態に陥る人が大半だ。

安藤さんは、加害者には加害を否認し、最小化しようとする「認知のゆがみ」があるとも説明する。「相手が誘ってきた」などという被害者意識を持ったり、「相手は傷ついていない」「同意していた」と言って被害者を傷つけたことを認めなかったり。被害者が怖くてしゃくり上げていても、「気持ちいいと喜んでいると思い、乗り気になった」と話す加害者もいた。一方で、認知のゆがみはなくても、それらを言い訳に使う加害者もいる。そのため、子どもに加害をした場合は「同意があった」「誘われた」は言い訳にならないこと、誘われても同意があっても罰せられることを大人側に教えておく必要がある、と説く。

嗜癖になる前の初期の段階での介入が大切

安藤さんによると、犯罪歴が浅く、社会的な地位のある加害者は、動機やきっかけを聞いた上で、そうした心理面での葛藤に焦点を当てた介入や、性加害によって失うものと得るものは何かを話し合うといった精神療法で、効果が上がることもある。しかし、性加害行動が嗜癖《しへき》になり、依存性が強まっている場合は、求める刺激も次第に強くなっていき、家庭生活や社会生活が壊れる危険があることを頭では理解しながらも加害を繰り返してしまうため、治療には時間がかかる。

加害者の多くは加害をするまでに、迷い、ためらう時間があるという。安藤さんは、性加害の方向に向かう初期の段階での介入が大切とする。たとえば、学校の先生で性の対象は成人だった人でも、生徒から「好きだ」と言われることなどをきっかけに生徒に手を出すこともある。そうした場合は、「好き」と言われてドキドキしたことなどを、糾弾せずに話を聞いてもらうことで、踏みとどまれる可能性があると指摘する。

初期介入の重要性の観点から、安藤さんは、嗜癖になる前の、「まずいな」と思ったときに匿名で相談できる窓口の設置を提案する。同時に、性犯罪者向けのプログラムがある刑務所や保護観察所を経た加害者が、社会復帰後も継続して治療プログラムを受けられるようにすることが必要だと訴える。

安藤さんは「社会のなかで実行可能な治療プログラム」として、イギリスの治療マニュアルを参考にして、地域の支援者でも実施できる再犯防止プログラム「ＳＰＩＲｉＴＳ（Sexual Offender Preventive Inter vention and Re-integrative Treatment Scheme＝スピリッツ）」を開発、長崎県の地域生活定着支援センターと連携してプログラムを実施してきた。今後は関東でも児童相談所や障害者支援団体などと協働で治療に取り組む。実践を全国に広めたいと、マニュアル本も出版した。

スピリッツは、加害行為をするまでの過程を、良くない考えやイメージ→してもいいと言い訳する→ターゲットを探す→実行する、の4段階に分け、それぞれの段階で自分自身でどう行動を止めるかを学ぶものだ。そもそもは、従来のプログラムでは効果が薄いとされてきた知的障害や発達障害のある人を対象にしたものだが、10歳以上であれば、誰でも効果が望めるという。プログラムの中では、認知のゆがみの修正の他、性知識の獲得、社会的コミュニケーションスキルや被害者への共感性の向上なども図る。ただ、地域で再犯防止プログラムを実施するには、誰がどのような形で行うのか、人材や費用、制度の面でまだまだ課題が多い。

安藤さんは加害予防、再犯防止の重要性を強く訴える。「1回の性被害でも、被害者の負った心の傷は元には戻らない。その被害者の傷つきをなくすには、被害者を発生させないこと、つまり再犯防止、加害者の治療が必要だ」

4 幼い男の子に向いた性的関心、逮捕後に「小児性愛」の指摘

「犯罪だとわかっていたが、はっきり拒否されていないと感じ、回数を重ねてもバレなかったので罪の意識が薄れていった」。強制性交等罪（現・不同意性交等罪）などで起訴された30代の男性は、数年にわ

たって10人以上の男の子にわいせつな行為を続けた理由を記者にこう説明した。

14歳のころネット上で「ショタコン」という言葉を見て、自分のことだと思った。「ショタコン」は、幼い男の子に対して性的関心を抱くことを意味する言葉だ。《何で自分はこうなんだろう》。戸惑い、心に秘めた。18歳のときに初めて彼女ができた。性的な対象は男の子だったが、恋愛対象は女性だった。交際相手の女性と性行為をするとき、頭の中で相手を男の子に変換したこともあった。

男の子への性的関心が実際の行動につながったのは、20歳のころ。友人からキャンプのボランティアスタッフに誘われたことがきっかけだった。子どもと接する楽しさを知り、《男の子と接しているときは安心感やぬくもりがある》と感じた。その後もキャンプには毎年、休みの日を利用するなどして参加した。スタッフの仕事に慣れてくると、《もっと親密に接してみたい》という気持ちを抑えきれなくなった。性的なことをしている、という二人だけの秘密を共有することで親密さが増すと感じていた。

最初は寝ている男の子の陰部を服の上から触った。そのうち「ここまではいける」「もっとできる」と歯止めがきかなくなった。小学校高学年くらいの男の子に対し、「動画を見よう」などと言ってトイレに誘い出した。口腔《こうくう》性交をしたり、させたりした。男の子の多くは無反応に見えた。

25歳のころに児童養護施設で働き始め、そこでも男の子に口腔性交をした。《性的なことに関心がある男の子と利害が一致している》とまで思った。

20代後半のとき、キャンプで被害を受けた男の子が親に訴えて性加害が発覚した。強制性交等罪（現・不同意性交等罪）などで逮捕、起訴された。逮捕後に性加害者の再犯防止に取り組む専門家のカウンセリングを受け、「小児性愛者」と指摘された。専門家は、背景に「母親からの虐待」「学校でのいじめ」「自身の性被害」があると分析した。

母親はアルコール依存症で頻繁に物を投げて暴れ、包丁を投げられたこともあった。小学校高学年のとき、母親は心筋梗塞《こうそく》で亡くなった。男性は小中学校ではいじめられ、不登校になった。万引きを強要され、トイレの個室で水をかけられた。中学3年のときにはインターネット上の掲示板を通じて知り合った年上の男性から、ホテルで服を脱ぐよう指示され、下半身をなめられたこともあった。《過去の心の傷を埋めるためだった》。カウンセリングを受け、そう考えるようになった。「男の子と接しているときは安心感があった。母親の愛情に飢えていて、それを満たすために男の子への性加害を繰り返した」と男性は自己分析する。

逮捕後に知った子どもたちの傷

男の子と二人きりになる環境も影響したように思う、と男性は言う。キャンプや児童養護施設では、子どもと寝食を共にした。友人からキャンプのボランティアに誘われて参加したことから「子どもと接点を持って性的な行為をしてしまい、抜け出せなくなった」。

子どもたちに与えた傷の大きさを知ったのは、裁判を前に被害者や保護者の供述調書を読んだときだった。男の子が被害を泣いて親に訴えたことや、子どもの将来への影響を心配する保護者の気持ちを知り、《取り返しがつかないことをした》と思った。

男性は記者と拘置所で30回ほど面会し、取材に応じた。取材の中で「傷つけてしまったことを後悔している」と話す一方、数年にわたって何度も会った男の子もいたとして「はっきり拒否されていれば性的なことはしない。性的なことをしてほしいと求めてくる子もいた」と自身の考えを話した。取材を受けた理由は「自分みたいな人がいる、ということを知ってもらい、社会がどう対応すればいいか考えるきっかけになってほしい」と話した。長期刑が確定し、今後は刑務所内で治療プログラムなどを受けたいと考えている。「もう二度としないという決意は持っている。子どもと親しくなるような環境に飛び込まなければ、再犯は防げると思う」

過去の虐待や性被害が影響

精神医学では「小児性愛」は精神疾患・障害の一つとしてとらえられており、一般的に13歳以下に性的関心を持つことなどが診断基準とされる。「小児性虐待」「小児性加害」などと表現すべきだという声もある。

性犯罪加害者の再犯を防ぐ治療を手がけるNPO法人「性障害専門医療センター」（SOMEC）の代表理事で、精神科医の福井裕輝さんは、「海外の研究を参考にすると、小児性愛は男性人口の5％ほどいると考えられ、対象は異性・同性どちらもある」と話す。福井さんによると、精神医学では子どもへの性的嗜好《しこう》は「純粋型」と「非純粋型」に分類されている。純粋型は子どもだけを性的対象とするもので、嗜好が変わることはほとんどないと考えられている。非純粋型は大人も性的対象だが、コミュニケーションに自信がないなどの理由で、結果的に子どもに関心が向けられるものだ。原因についての研究は十分ではないが、過去に虐待や性被害を受けた経験、発達障害、脳の損傷や腫瘍《しゅよう》――などが関連している可能性があると報告されている。

また男性だけでなく、女性の加害者もいる。男性に比べてかなり例は少ないが、被害者の男子が加害者に好意を持っていたり、被害を受けたという認識がなかったりすることも多いと考えられ、「発覚していないだけで女性加害者はもっと多くいる可能性もある」と指摘する。

福井さんは「小児性愛だからといって加害行為をするわけではない」とも強調する。加害行為に至る背景には、孤独やストレス、子どもと日常的に接する環境にあるなど、様々な要因が重なることがある。さらに、「(被害者の子どもが)喜んでいた」「合意があった」と一方的に思い込むことで、歯止めがかからなくなっていく。

SOMECの治療では、他の病気の有無や発達・知能のレベルを確かめた上で、支援を受ける人たち同士がグループディスカッションを行う。5人ほどで、性暴力について様々な質問を繰り返しながら、凝り固まった思い込みを解きほぐす。被害者は合意していなかったかもしれない、という視点を持つことで、極端な考え方から抜け出すことが狙いだ。日常生活では、ストレスや感情をうまく抑えられるよう、様々な課題が出される。周囲に子どもがいるなど性暴力を犯してしまいそうな状況は避け、家族にあいさつしたり、友人を遊びに誘ったりしながら良好な人間関係を作り、関心を子どもからそらしていく。

福井さんは、日本社会は「小児性愛」の治療に関する意識が低いとし、対応する医療機関も少ないと懸念する。「小児性愛は誰がなってもおかしくなく、自身や家族の問題で悩んでいる人は多い。小児性愛を治療対象ととらえ、社会全体の問題として取り組むべきだ」としている。

5　「少年愛」と正当化した欲求、きっかけはあのときの雑誌

まるで雷に打たれたかのような衝撃だった。

《これだ！》。街の本屋の成人雑誌コーナーで手に取った1冊の雑誌。その中の漫画に、思春期前の男の子が性的に虐待される様子が描かれていた。少年が苦しむ表情を見ながら、《自分が求めていたのは、これだったんだ》と確信した。

東京都内に住む加藤孝さん（61歳）が、思春期前の少年への性的な興奮をはっきりと自覚したのは、大学生のときだ。１９８０年代前半、一般的な書店で、その「興奮」はたやすく手に入った。

それ以前から、自分が思春期前の男児に「ときめく」ことはあった。中学生のとき、ある映画で、幼い男の子たちが半裸ではしゃぎまわる場面を見て興奮した。知り合いの小学生の男の子の股間をじゃれ合うふりをして触ったこともあった。一方で、同年代の女の子に好意を抱くこともあり、男児への行為や感情が、性的な欲求なのかどうか、自分の中でも釈然としていなかった。加害の意識もなかった。だが、自分の求めているものをはっきりと自覚させたのが、あの漫画だった。

以来、むさぼるように、似たような漫画や、男児を対象にした児童ポルノのビデオを集めた。当時、専門の店に行けば、そうした商品は簡単に手に入った。漫画やビデオを見るうちに、自分が最も興奮するのは、少年が性的に虐待され、苦しんでいる姿を見るときだと感じていった。そうした雑誌では「少年愛」とジャンル分けされていた。《『少年愛』は異常ではなく、いつか『権利』として認め

られる。自分のアイデンティティーだ》と、自分を正当化した。

いまでは、子どもと大人では、力関係に大きな差があり、性的同意をとることができない子どもへの性行為は、いかに時代が変わろうと「性暴力」だと理解している。ただ、当時は「少年愛」を正当化し、その世界にのめり込み、行為への欲求を高めていった。

学生時代、家庭教師をしていた男子中学生に、「マスターベーションを教える」と言い、一方的なわいせつ行為に及んだ。障害児の介助ボランティアをしたとき、トイレで知的障害がある少年の性器を触ったこともあった。次第に子どもとの挿入を伴う性行為をしたいとの欲求が高まった。20代から30代にかけて2度、タイに行き、10代の子を買春した。

そして38歳のとき。そのころはアルコールに依存する生活を送り、金銭的に困窮していた。《自分がしたいことだけして、死んでしまおう》。そう思い立ち、街で男の子を探した。街中で一人で遊んでいる男の子を見つけた。「手伝ってほしいことがある」。そう声をかけ、トイレの個室へ連れて行った。用意していた粘着テープで口をふさぎ、ズボンを下ろそうとした。男の子は「やめて」と叫んで抵抗した。

抵抗されたため、それ以上は手を出さず、男の子を解放した。トイレに一人残り、ふと思った。《このままでは、自分は子どもの命も奪ってしまうのではないか》《自分が怖い》。まもなく自首し、強制わいせつ未遂罪（現・不同意わいせつ未遂罪）で起訴され、保護観察付き執行猶予の有罪判決を受けた。

以来、加害行為には及んでいない。勾留中に弁護士が差し入れた依存症に関する雑誌を読み、依存症の観点から、性加害の再犯防止を目指す取り組みを知った。釈放後、医師や自助グループと巡り合い、自身のアルコール依存症や小児性犯罪と向き合った。

自分を見つめ直し、気づいた「必要なこと」

自分を見つめ直す中で、うまく人間関係を築けないなどの生きづらさや劣等感が、自分より弱い立場の子どもへの性加害に向かわせていたのではないか、と思うようになった。自分が優位な立場に立てることに、安心感を抱いていたのだ、と。

一方で、それはあくまで「原因」であっても、性加害をした「責任」は自分にあることも、認識している。「死にたい」と自暴自棄になると、何も考えられず、加害に走ってしまう衝動を抑えられなくなる。だからこそ、人とつながることの大切さも実感している。

加害をなくすために必要だと感じていることが二つある。一つ目は、性教育だ。「罪の意識のないころから知り合いの子どもの性器を触るなどの加害行為をしていたことを考えると、幼児期からの性教育が必要です」。そして、もう一つは児童ポルノの規制だ。子どもを性的対象と見てしまうのは、生まれつきかどうかは、わからない。ただ、加藤さんの中で、子どもへの性的な欲求を正当化するきっかけとなったのは、あの漫画だった。

いま日本では、生身の子どもではない2次元のポルノ作品などは、規制の対象にはならない。だが、加藤さんは「たとえ2次元であっても、加害を促進してしまう要因にはなってしまう。その表現を公開すること自体、子どもへの性的搾取だとも思う」と指摘する。加藤さんは、何度も子どもを性的に虐待する漫画を読み、自慰行為を重ねるなかで、行動もエスカレートした。「実際に、こうして加害をしてしまった人間がいる。私は、規制すべきだと思う」

加藤さんは、自身の加害行為やその背景にあったことを発信することで、少しでも加害を減らしたいと考えている。あえて、実名で取材を受けるのも、子どもへの性加害を犯した人間がいること、しかし、それを止めることができることを、加害経験がある人やしそうな人に、リアリティーをもって伝えたいからだ。

「自分がした行為は、いまも被害者を深く、長く苦しめて、人生を破壊してしまっていると思う。本当に、本当に、申し訳なく思っています」

「児童ポルノと加害行為の結びつきは非常に強い」との指摘

子どもへの性加害を繰り返してきた人の再犯防止プログラムに取り組む西川口榎本クリニック副院長の斉藤章佳《あきよし》さんは、「児童ポルノとの出会いが大きな転機になった小児性加害者は少なくない。小児性愛障害と診断された子ども性加害経験者にとって、児童ポルノと加害行為の結びつきは非常に強い」と指摘する。

斉藤さんによると、クリニックに通院する小児性愛障害と診断された加害経験者の9割以上が、児童ポルノの動画や画像を見て、自慰行為をした経験があった。「小児性愛障害と診断されている子ども性加害経験者の中では、児童ポルノに触れたことがないという方がまれだ」とも述べ、「児童ポルノを使った自慰行為が、子どもへの性的嗜好に気づいたきっかけだったという話は臨床現場ではおなじみの話だ」と言う。

「加害者は、児童ポルノなどを通じて『子どもは性的な存在だ』というメッセージを受け取り、次第に『子どもも性行為を喜んでいる』『これは純愛だ』など認知をゆがめていく」。子どもへの性加害をリアルに描く漫画やアニメのような創作物も、小児性愛障害と診断された子ども性加害者にとっては例外ではない。「創作物では、子どもの体がデフォルメされていたり、行為の内容が過激になっていたりすることもある。それらを繰り返し見て、誤った認識を持ったときの影響は大きい」

漫画やアニメは、法律上は児童ポルノに認定されていない。しかし、斉藤さんは「小児性愛的嗜好を持っている人の性的好奇心を満たす意図で制作されているのは明らか」とする。アイドルの低年齢化なども含め、「子どもを性的に消費することに対して鈍感な社会が日常の光景としてある日本では、小児性愛障害を持っている人の一定数は子どもへの性加害を行動化することがある。加害者の認知のゆがみは、社会の前提となっている価値観の反映でもあるととらえ直すことが重要だ」と訴える。

「実在の被害児童がいる児童ポルノを規制するのは当然。それと同様に、架空の子どもを性虐待する創造物の是非についても、その存在意義について議論していく必要がある」

女児にわいせつな行為をした上で殺害した加害者の精神鑑定をした経験がある男性の精神科医も「小児性愛者の発生原因の一つに、小児を対象とした性的な画像や動画を容易に見られることがあげられる。自我が未熟な年齢の人々に性的な画像や動画を抑制する方法があるのが望ましい」としている。

児童ポルノ規制、遅れた日本

児童ポルノをめぐっては1996年にスウェーデンで開かれた「子どもの商業的性的搾取に反対す

る世界会議」で、日本が製造、販売拠点の一つとなっているとして批判が相次いだ。この会議ではアニメの問題も取り上げられた。国際的な批判を受けて、日本では99年に議員立法で「児童買春・児童ポルノ禁止法」が成立し、子どもを被写体とした児童ポルノの製造、販売が処罰対象となった。

単純所持については2004年の児童買春・児童ポルノ禁止法改正時に禁止が検討されたが、「プライバシー権の侵害につながる」などの反対があり、見送られた。しかし、当時、主要7カ国（G7）で単純所持を禁止していないのは日本だけだったため、改正を求める声が国内外から寄せられ、14年に単純所持を処罰対象とする改正が行われた。

この改正では、実在の子どもを被写体とはしていないものの児童ポルノと重なる漫画、アニメ、CGについても将来的な規制を調査研究するという付則が盛り込まれることが検討された。しかし、出版界から「児童保護の名を借りて不要な表現規制をかけ、読者から漫画を読む権利を奪うものといえる」（日本雑誌協会など）、「創作者の『表現の自由』だけでなく、国民の『知る権利』をも脅かすことになり、恐ろしい戦前の時代の流れが見えてくる」（日本漫画家協会）などと反対の声が上がり、見送られた。

6 ― 出会い系アプリで会った相手は中学生

「金欠ですか？」「ちょっとの時間での収入って興味ありますか？」

40代の男性は酒に酔った勢いで、そんな言葉を出会い系アプリに書き込んでいた。最初から目的は、性行為だった。返事が来る人は、その意味をわかった上だと思っていた。どんな人かより、会える条件と時間で選んだ。駐車場などで待ち合わせて、ドライブしたり車の中で話したりし、「良ければホテルに行きませんか?」と聞いた。行為が終われば、女性に1万円ほどを渡す。そんなことを数回するうち、「事件」は起きた。

2016年、プロフィールに「20歳」と書いてあった女性と会うことになった。だが実際に会うと、とても20歳には見えなかった。「何年生?」と尋ねると、相手は「中2」と答えた。ドキッとした。《一線を越えたらいけないんじゃないか》。そう思ったが、欲求が勝った。

男性は20代半ばで結婚した。第1子が生まれたころから、夫婦関係に亀裂が入り始めた。当時、会社では営業担当で、ノルマ達成のプレッシャーに押しつぶされそうだった。余裕がなく、家事をめぐって夫婦で口げんかを繰り返した。妻は子どもと一緒に敷布団で寝て、自分は一人でベッドに寝る。セックスレスにもなっていた。第2子が生まれると、妻は夜勤をするようになり、全く顔を合わせない日もあった。気がつけば「家庭内別居」の状態になった。仕事を終えて家に帰ると、部屋にこもってビールや缶チューハイを飲む。家族が寝静まると、イヤホンをつけて、パソコンでこっそりアダルト動画を見た。一時の性的な欲求は解消できたが、さみしさが募った。

そこで始めたのが、出会い系アプリだった。ちょっと暇があればやるくらいだったが、気がつけば、相手からの返事を待っている自分がいた。

逮捕されても「運が悪かったのかな」

そして、あの女子中学生とのことがあった。性行為をしてから、数カ月後。朝、家を出て車で会社に向かおうとしたところ、車のドアをコンコンとたたかれた。「警察ですけど。何で来たかわかりますか」と言われた。《きっとあの子のことだな》。すぐに察しがついた。児童買春・児童ポルノ禁止法違反で起訴され、その後、執行猶予4年がついた有罪判決を受けた。でも、《つかまったのは運が悪かったのかな》。そのくらいにしか思っていなかった。

執行猶予期間の3年が過ぎたころには、逮捕される前の生活に完全に戻っていた。暇つぶしで、以前とは別の出会い系のアプリをスマホに入れた。ある日、女性と待ち合わせた。女性は高校生だと言った。《まぁ、いいか。バレないかな》。性行為をしようとすると、女性の交際相手が現れ、警察を呼ばれた。その場で逮捕された。2年半の実刑が決まった。子どもたちには「悪いことをしてつかまった」とだけ説明し、刑務所に入るとは伝えなかった。妻とは離婚した。

刑務所で服役中、貼り出された求人票を見て驚いた。多くの求人で採用条件として、殺人や性犯罪で服役した受刑者は対象外となっていた。《殺人と同等の扱いなのだ》とショックを受けた。

男性にとっての転機は、再発防止のために刑務所内で行われる性犯罪再犯防止指導（R3）だった。R3は性犯罪につながる認知の偏りなどの問題性を認識させて改善を図り、再犯をしないための具体的な方法を習得させる目的がある。計7カ月間の指導で見えてきたのは、自分が全く知らない自分の姿だった。他の性犯罪の受刑者とグループワークで自分の生い立ちや、これまでの歩みを振り返る中で、仕事や家庭の悩みを誰にも話していなかったことを吐露した。男として誰かに悩みを相談するのは半人前で、誰にも相談しないことが美徳だとも思ってきた。それを聞いた、他の受刑者たちは驚いていた。「誰にも話さず、耐えていたんだね」「仕事できつかったら上司とか同僚に話をしてみて、理解してくれる人を増やしてはどうだろう」。そう言われ、《自分は思っている以上に弱い人間なんだ》と気づいた。その弱さを受け入れることが、自分と向き合うことだと思えた。

2023年初めに仮釈放となり、5月半ばに満期を迎えた。家族とは会える距離にはいるが、いまは一人で生活する。ふとしたときに、一人だと寂しくなることもあるかもしれない、とも思う。でも、もう出会い系アプリには興味を持っていない。男性は、出会いを求めること自体は問題ではないが、年齢にかまわずに性行為を目的にアプリを使ってしまったことに問題があると思っている。改めて、自身がしたことの罪の深さ、そして情けなさを感じている。刑務所にいるときのことを思い出し、これからの毎日の生活に生かすしかないと考える。

「罪を犯したのは、自分自身なのだと受け入れないと何も始まらない」

「加害者がグルーミングのスペシャリストに」

警察庁によると、2023年の不同意性交等の認知件数は2711件（前年の約1・6倍）。そのうち、被害者が19歳以下だったのは1119件で、前年の689件より430件増えた。不同意わいせつの認知件数は6096件（前年の約1・3倍）で、うち被害者が19歳以下は2584件だった。また、児童買春事犯等（不同意性交等、不同意わいせつ、児童買春、青少年保護育成条例、児童福祉法）、児童ポルノ事犯の検挙件数はそれぞれ、4418件、2789件だった。出会い系サイトを利用した子どもの性被害をめぐっては、2008年に改正された出会い系サイト規制法で、サイト事業者は開設者やサイト名を管轄の公安委員会に届けることが義務づけられ、未成年者の利用禁止や年齢確認も義務化された。出会い系サイトの掲示板に子どもを対象にして異性交際を求める書き込みをする禁止誘引行為をして23年に検挙されたのは54件で、14年と比較すると約80％減となった。

一方で、近年はＸ（旧ツイッター）やＩｎｓｔａｇｒａｍ、出会い系アプリなどを通じた被害が相次いでいる。デジタル性暴力や性的搾取の問題に取り組むＮＰＯ法人「ぱっぷす」によると、子どもが性暴力に遭うきっかけとしてはＸなどが主流という。相談支援主任の内田絵梨さんは「Ｘは大人も子どもも匿名で登録することができ、身分証明書も必要ない。わいせつ目的の出会いも事実上やり放題だ」と言う。

ぱっぷすは、２０２１年にＸで「14歳の受験生の少女」という設定でアカウントを作り、どれぐらいの男性らが性的な目的で近づいてくるか性的グルーミングの調査を実施した。「友だちがほしい」などとつぶやくと、２カ月の間に２００人以上の男性からアプローチがあった。相手が語る年齢は10～50代と幅広く、９割は性的な目的が確認できた。多くの場合、「かわいい」「仲良くなりたい」など接触を意味しない言葉がけから始まり、「なでなでしたい」「ギューしてあげる」などの段階を経て、「エッチしよう」などとの要求が来た。この段階になると、画像や映像を要求され、慣らした上で会うという行動に移る。途中で相手が嫌がるような反応をしたり、やりとりが遅れたりすると、その段階で連絡が途絶える。

「加害者は何百人もの子どもに声をかけ、何回も失敗しながら、成功体験を重ねてグルーミングのスペシャリストになっている」と内田さんは言う。「これって犯罪じゃない？」と問いかけても、「大丈夫」「君が犯罪と思うから犯罪なんだよ」などの返事がある。ネットを通さずに直接声をかけてはどうかとの問いには、「中学生には声はかけられない」「中学生に手を出したらアウトだよ」「興味はあるけど、リアルにはできない」などの答えが戻ってきた。

内田さんは「実際にはできないことなのに、ネットだとハードルが下がり、簡単に声をかけてくる」と説明する。2023年夏に成立した改正刑法には、面会要求等罪が新設された。これにより、16歳未満に対してわいせつを目的とした面会や性的画像の送信を求めることは処罰の対象となった。23年の検挙は19件だった。「わいせつ目的」をどう認定し、運用していくかは今後の課題になると、内田さんはみている。

また、Xなどには性的な画像が投稿されることも少なくない。ぱっぷすは相談者の求めに応じて削除要求を事業者に依頼するが、反応は鈍い。ぱっぷす理事長の金尻カズナさんは「Xの日本法人には削除権限がないようで、アメリカの本部が対応している。日本でサービスを提供している以上、日本の法律に準拠して対応する窓口を作るべきだ」と語る。

プラットフォーム事業者の責任を問う声も

Xは、ホームページに「子どもの性的搾取に該当するコンテンツやこれを助長する行為を一切禁止している」と記載。利用上のルールとして子どもとの商業的な性行為についての興味関心を表現することや、性的に露骨な画像、動画を子どもに送ることなどを禁止しているとする。しかし、同社には取材に応じる直接の問い合わせ先はなく、記者がツイッター社当時のメールアドレスに、性犯罪につながりうる内容があった場合の対応や、被害防止のための取り組みについて問い合わせをしたものの回答がなかった。

一方、ＦａｃｅｂｏｏｋやＩｎｓｔａｇｒａｍなどを運営するＭｅｔａ（メタ）は、取材に対して、10年以上にわたり、子どもを搾取したり危険にさらしたりする内容などを検出し、防止する技術の開発に取り組んできたと回答した。Ｆａｃｅｂｏｏｋでは、子どもの性的搾取を描写する投稿などを禁止し、そうした投稿は自動で削除される仕組みになっているとする。また、性的な目的で実際に会うよう手配する、性的な言葉や性的な素材を意図的に見せるなど、子どもとの不適切なやりとりをうかがわせる内容も禁止対象だとしている。同社によると、二つのＳＮＳで子どもの性的搾取に関するものとして削除されたものは、２０２３年１〜３月で１７００万件以上にのぼるという。

この他、動画投稿アプリの「ＴｉｋＴｏｋ（ティックトック）」を運営する「ＴｉｋＴｏｋ Ｊａｐａｎ」でも、性行為や裸などのコンテンツは削除される仕組みで、13歳以上のみを利用可能とする年齢制限を設けている、としている。

警察庁のまとめでは、ＳＮＳなどのコミュニティーサイトで犯罪被害に遭った子どもは２０１４年は１４２１人だったが、23年は１６６５人に増えている。内訳は児童ポルノが５９２人、青少年保護育成条例違反が５３４人、児童買春が２９０人だった。また、ＳＮＳを通じて殺人や不同意性交等、略取誘拐などの重要犯罪の被害に遭う子どもも増えている。23年は前年より67人多い２２５人が被害に遭った。内訳は略取誘拐が95人、不同意性交等が96人、不同意わいせつが33人だった。23年のＳＮＳに起因する事犯の被害者を年齢別に見ると、高校生７１３人、中学生７４８人、小学生１３９人などとなっているが、小学生は14年に比べて3倍以上に増えている。

ＳＮＳで被害に遭ったサイト別で見ると、前年の２０２２年に被害に遭った子ども１７３２人のうち、ツイッター（現X）が625人、Instagramが417人、KoeTomo（声とも）が86人、Yay!（イエイ）が71人、TikTokが52人、LINEが52人だった。一方、出会いの場として近年、マッチングアプリが注目されているが、ある大手マッチングアプリを運営する会社は、子どもの性被害を防ぐため、18歳未満の登録や利用を禁止し、運転免許証などによる年齢確認を厳格に行っているという。

ぱっぷすの金尻さんは「性的動画などを野放しにしているプラットフォーム事業者の責任を問う必要もあるのではないか」と問題提起している。

刑務所での再犯防止指導

「みんなの話を聞いていて、一人ではできないこともあると思った」

ある受刑者がそう言い、これまでのことを語り始めた。仕事へのプライド、「強く生きなければ」というプレッシャー、そしてストレス発散で酒を飲んでトラブルを起こしたことなどを明かした。それを聞いていた別の受刑者は「酒を無理にやめるより、楽しいときに飲むものに変えたらいいのではないか」と言った。佐賀少年刑務所で行われている性犯罪で服役する受刑者に対する再犯防止のための取り組み「性犯罪再犯防止指導（R3）」を取材したときの様子だ。

R3は、2004年に奈良県で起きた女児誘拐殺害事件で、性犯罪者の再犯防止に向けた取り組みの充実を求める声が高まったことを受け、06年から各地の刑務所で始まった。性犯罪につながる認知の偏りなどの問題性を認識させて改善を図り、再犯をしないための具体的な方法を習得させる目的がある。21年度の受講開始には433人が参加した。

対象は、拘置所や刑務所などが性犯罪の再犯リスクが高い受刑者を特定し、リスクの程度などに応じて、「高密度」（9カ月）、「中密度」（7カ月）、「低密度」（4カ月）の三つのプログラムに振り分ける。参加者はグループワークによる指導で加害の要因を考え、再発を防ぐための計画を立て、認知や感情が行動に与える影響なども学ぶ。2019年度に公表された効果検証の結果によると、プログラムを受講した人たちの方が、受講していない人たちよりも再犯率が10・7ポイント低かった。

佐賀少年刑務所では中密度と低密度のプログラムを実施している。中密度は週に2回のペースで1回100分。記者が取材した日は、全53回のうちの48回目で、8～34歳の女性に対する不同意わいせつや児童買春などの罪で服役中の20～40代の受刑者7人が参加していた。この日のテーマは、出所後にどのように過ごすか、だった。酒によるトラブルを語った受刑者は「この教育を受けるようになって、自分のダメなところがわかった。自分の弱さを見せて、人に話せばいいのだと。弱くて、情けない自分でもいいいかなと思えるようになった」と話した。

「性加害者は『否認の病気』」

R3で利用されている認知行動療法は、問題行動の背景にある自らの「認知のゆがみ」に気づかせ、問題を改善させる方法だ。施設の職員や臨床心理士などの「処遇カウンセラー」が指導する。

R3に携わる、佐賀県公認心理師協会会長の徳永剛志さんは、性暴力の加害者の治療について、「自身がやったことをどこまで認めることができ、なぜその行動に至ったかを説明できることが必要だ」

と話す。性加害者は自身の行為について「そんなつもりはなかった」「そこまではやっていない」などと否認するケースが多く、「否認の病気」とも言えるという。倫理的、道徳的に何が間違っているのかを教えるよりも、まずは加害者の考えや思いをしっかり聞くことが重要だとする。率直な気持ちを話せるような安心感のある環境が大切で、時間と加害者への支えが必要と訴える。

佐賀少年刑務所でR3にアドバイザーとして携わる臨床心理士の中島美鈴さんは、加害者に対して「性的なもの以外に、本当は何がほしかったのか」を聞くようにしている。「愛されたかった」「もっと何かできる自分になりたかった」といった答えが多く、愛情を受けずに育ったり、配偶者から性的な要求を拒まれたりしてきた加害者も珍しくないとする。「本人のストーリーを聞いていくと、関係性を作ることができ、より理解がしやすくなるし、本人も自分のことが理解できるようになる。それが再犯を防ぐことにつながるのではないか」と中島さんは話す。

出所後の住所届け出求める自治体も

子どもへの性犯罪の再犯防止策としては、大阪府が2012年に、出所後5年以内に府内に住む元受刑者に対して住所の届け出などを義務づける条例を作った。住所を置いてから14日以内に、住所や連絡先、罪名などを府に届けなければならず、違反すると5万円以下の過料が科される、と規定されている。そうした住所の届け出の一方で、府は元受刑者に対し、社会復帰支援をする。再犯してしまいそうな人にはカウンセリングをし、必要があれば加害者治療の専門機関を紹介する。府の担当者は「元受刑者を監視して過料を科すのが目的ではなく、再犯防止と社会復帰のための制度」と強調する。

府によると、条例の施行から2024年9月までに届け出は257件あり、実際に支援を受けたのは87人だった。担当者は「必要な人すべてに支援が届いているか、課題もある」と話す。大阪の取り組みは踏み込んだ対策として注目され、同様の趣旨の条例が20年には福岡県、23年には茨城県でも施行されている。

7 「やられてきたことやっただけ」中1が小5へ、施設での連鎖

中学生になって、一人部屋を与えられた。当時、西日本の児童養護施設で生活していた男性（21歳）は、夜の自由時間に仲の良かった小学5年の男の子を部屋に呼んだ。トランプをしたり、ゲームをしたり。遊びながら、ズボンを脱がせた。遊びの延長のつもりだった。「腹ばいになって」と指示した。下着を取り、四つん這《ば》いにさせて、尻に綿棒を突っ込んだ。「じゃれている感覚。いたずらでしてやろうという感じだった」と男性は振り返る。

しかし、男の子は泣き出し、職員に助けを求めた。加害した男性は職員に怒られ、すぐに児童相談所に保護された。一時保護所を経て、児童養護施設より非行傾向の高い子どもたちが入所する児童自立支援施設に入れられた。しかし、男性は《自分がやられてきたことをやっただけだったのに》と思わざるを得なかった。

幼かったころ、男性が育った児童養護施設は荒れていた。年上の中高生から毎日、殴られ、蹴られた。スーパーでお菓子やジュースを万引きするよう強要された。怖くて「嫌」と言えなかった。職員

に暴力を振るう高校生もいて、職員は見て見ぬふりだった。暴力が蔓延していた施設では、高校生らが小中学生5〜6人を集めてじゃんけんさせ、負けた子に口淫《こういん》するよう命令することが頻繁に起こっていた。小学生同士にキスをさせたり、性器を口に入れ合うことをさせたりもしていた。

男性の最初の被害は小学4年のときだった。《意味わからん。汚い。なんでこんなことせなあかんのか》と思った。嫌で仕方なかったが、週に2〜3回被害に遭った。しかし、それが数年続くと、あれだけ嫌だった行為が、「ふつうのことになっていった」。快感もあり楽しくなっていた。

施設で日常的に年上の中高生から暴力を振るわれて育った男性は、小学校高学年のころから、自分もイライラすると手が出るようになった。友人や年下の子ども、先生や職員ともたびたびもめて、つかみ合いをした。中学生になると、年長の少年たちが別の施設に移り、施設も改革に乗り出して雰囲気が少しずつ変わっていった。

そんな中で、自身の加害行為が発覚した。「上の人たちが怖かった時代を知らないから、小5の男の子はすぐ職員に被害を訴えられたのだと思う」と男性はみる。

被害を訴えた相手の子に感謝

男性は児童自立支援施設に移され、中学卒業までの2年余りを過ごした。《こんなん意味あるんか》。そんな思いもあったが、規則正しい生活の中で、自分と向き合う時間を持てた。少しずつ自身の暴力も減っていった。性加害行動についても職員と勉強した。そこで初めて、水着で隠れる体の部分と口は、触ったり触らせたりしないという「プライベートゾーン」のルールを学んだ。性被害は、被害者にとっては深い心の傷になることも知った。自分がやられていた当初、すごく嫌だったことも思い出した。

その後、元の児童養護施設に戻ることができた。男性が加害をした相手の子はすでに退所していた。施設が再び引き受けてくれたことがうれしかった。高校を卒業し、いまは会社で働く。毎月10万円の貯金をしながら、休みの日には彼女と出かけるのを楽しみにしている。

男性は、性加害をした相手に対して「信頼してくれていた気持ちを裏切ってしまって、心から謝りたい」と言う。同時に、感謝の気持ちがある。「早い段階で被害を訴えてくれてありがとう、っていう気持ち。あそこで見つからなかったら、自分は（加害を）繰り返していたかもしれない。そうなると、いまどうなっていたかわからない」

男性も後遺症には苦しんだ。彼女ができて付き合い始めても、被害に遭ったときのことが思い出され、つらかった。「上の人からやられた殴る蹴るなどの身体的な暴力も性暴力も両方嫌だったけれど、性暴力は物理的な暴力に比べて痛さはないが、心の傷として残ってしまう」。小さいときにプライベートゾーンのルールを知っていたら、もしかしたら被害や加害を防げて、違う結果になっていたかもしれない、と男性は語った。

児童養護施設では6割が男子→男子の性暴力

児童養護施設や学校、運動部の寮などでの子どもによる性加害は珍しくない。3章でも書いたように、厚生労働省が2019年に公表した児童福祉施設などで起きた「子ども間の性的な問題」についての調査結果によると、17年度には732件発生し、1371人の子どもが性被害・性加害の当事者になっていた。また、施設や児童相談所の職員らが作る「神戸児童間性暴力研究会」が18〜19年に全国21カ所の施設に対して過去10年間に起きた子ども間の性暴力調査を実施したところ、加害児の89％、被害児の64％が男子で、男子から男子への性暴力が全体の62％を占めていた（7章参照）。

最新の犯罪白書によると、2022年に強制性交等罪（現・不同意性交等罪）で検挙された少年（20歳未満）は220人（男217人、女3人）、強制わいせつ（現・不同意わいせつ）は485人（男481人、女4人）だった。その他、子どもが加害者となっているもので目立つのは児童ポルノ関連の事件だ。警察庁によると、児童ポルノにかかわる検挙件数は23年は2789件。容疑者の内訳を見ると、10代が889人で全体の約32％を占める。高校生が487人、中学生が270人。内容は製造376人、公然陳列264人、提供207人、所持42人だった。

児童相談所で取り組む性教育プログラム

名古屋市の児童相談所（児相）では、性的な問題行動を起こした子どもなどを対象に、2020年度から性教育プログラムに取り組んでいる。「性的な問題行動がある場合は、その子自身がどこかで性被害に遭っていた可能性を念頭に置く」と名古屋市中央児相の医学的指導課長補佐で、児童精神科医の丸山洋子さんは話す。「パパ活」やオーバードーズ（薬の過剰摂取）などの問題行動の背景には、親からの性的虐待などの過去があることは少なくない。

一方、同じ児相で児童福祉司として勤務する大野由香里さんは「家庭内を含め、子ども間の性暴力はよく見られる」。相手の反応がうまくくみ取れないケースや、家庭内にある男尊女卑的な考えやネットのポルノ動画などの影響を受け、性に関する認知のゆがみがあるケースが目立つ。「お母さんの立場が弱い家庭で、兄が妹に何をしてもいいという雰囲気があると、加害が発生しやすい。ネットで見たポルノ動画での行為を、妹で再現しようとしたケースもあります」

丸山さんらによると、性教育プログラムは、1回60分ほど、一人あたり5回ほど実施する。それぞれの状況に応じて、性的同意や人との距離や境界線についての話を、紙芝居や模型などを交えて伝える。一方的にならないよう、子どもとケースワーカー、施設職員や児童心理司がざっくばらんに話をする。「プログラムを受けて、すぐに行動が変わるわけではない。ただ、一番大切なのは、性的なことを大人に相談していいんだと思ってもらえること」と丸山さんは説明する。

プログラムの冒頭では、スタッフも含めて「最近の恥ずかしかったエピソード」など、どんなときに感情が動いたかを語る。そうしたやりとりの中で、大人でも嫌なことがあったり、様々な気持ちになったりすることなどを自然と感じてもらう。特に、認知のゆがみがある子には、実際の問題行動に沿ったロールプレイなどを重視する。「どういうことをしてはいけないかを頭でわかっていても、実際にやりとりしてみて、ようやく腑《ふ》に落ちる子が多い」

また、丸山さんは「過去に被害を受けたことがあるからと言って、加害の責任が免除されるわけではない」とも語る。中には「自分も過去に被害を受けたから」と自分の加害を正当化する子もいるが、「自分と他の人との境界線があいまいになっている場合は、そのことを繰り返し伝える。そうした自分の犯した加害に向き合った後で、過去の被害にもアプローチしていく」と言う。「性的同意やジェンダーバイアスへの無関心など、大人の世界で起きている問題が、子どもの世界にも流れ込んできている。まずは大人が、いったん立ち止まって、性に関する問題を学び直す必要がある」と丸山さんは強調する。

8 「喜んでるかも」勝手な解釈で繰り返した痴漢

きっかけは、24歳で職場結婚して構えた新居から電車通勤を始めたことだった。いま50代になった地方出身の男性にとって、身動きもとれないほどの満員電車は初めての経験だった。結婚前は徒歩で会社に通っていた。

その朝。ギュウギュウ詰めの車両の中で、目の前にいた若い女性のお尻に、カバンを持つ自分の手がたまたま触れた。感触を意識すると興奮し、勃起した。あっという間に目的の駅に着いた。

それからだった。《また体験できるかな。またあるといいな》。毎朝の満員電車が楽しみになった。自ら手を女性の体に当てるようになった。まもなくすると、ただ当てるだけではマンネリ化し、勃起しなくなった。好みの女子高校生を狙うようになった。妻が不在のとき、痴漢の様子を撮影したビデオを借りてきて見た。《これぐらい能動的に動かしても大丈夫なのかもしれない。動画の世界を実生活で試してみたい》と、どんどん深みにはまっていった。

服の上から少し強めに触るだけで満足していたのが、そのうちに、女子高校生のスカートをたくし上げるようになった。ときどき下着に手を入れたり、直接性器に触れたりした。そんなときは、達成感で心が震えた。どこまでやるかは相手の反応次第だった。半数ほどはひじを突っ張ったり、にらみつけてきたり、嫌がる様子を見せた。嫌がるそぶりを見せられると、途中でやめた。無反応の人には「喜んでいるかも」「触られても大丈夫なんだ」と勝手な解釈をして、手を動かし続けた。

男性は学生時代からあまりもてなかった。《痴漢なら、かわいい、好みの女性の肌に直接触れることができる。うまくいけば、相手も積極的になって性交できるかもしれない》。そんな自分勝手な考えを持った。電車の降り際に、手を出した女子高校生にひっぱたかれたこともあったが、妄想を胸に、男性は痴漢行為を続けた。

最初の逮捕は説教されて解放

30歳を過ぎたころ、電車の中で好みの女子高校生を見つけ、スカートの中に手を入れた。1週間、毎日彼女の後を追った。とうとう、「やめてください」と声を上げられた。駅員に警察署に連れて行かれた。警察官に問い詰められて、男性は痴漢行為を認めた。しかし、初犯ということで説教されて解放された。《よかった。もうやめておこう》。しばらく痴漢は止まった。

しかし、今度は、もともと好きだった酒量が増えた。妻からそれをとがめられ、夫婦関係は悪化した。そのストレスから今度は、出会い系サイトにはまり借金を重ねた。そのことを知った妻は激怒し、別居した。別居をきっかけに、痴漢行為をまた始めた。女子高校生を探したり、近づいたりする間だけは、いやなことを忘れられた。ワクワクした。

その一方で、痴漢をやめなければという思いもあり、男性は性依存症者の自助グループに通った。

しばらくは痴漢行為をすることを抑えられたが、インターネットで不用意に痴漢の動画を見てしまって興奮し、再発した。それから、方法は巧妙化し、大胆になった。自分のポケットの中に手を突っ込んで性器を触り、射精した。休日も始発から終電までターゲットを探して一日中電車に乗った。強い刺激を求め、性器を服の外に出すようにもなった。そのスリルにはまった。《拒否されなければいい》。そんなゆがんだ考えに支配された。

47歳のとき、朝の満員電車で、女子高校生に痴漢をしようとして性器を露出したところ、周囲の乗客に取り押さえられ、警察に突き出された。《人生終わった》と思わざるを得なかった。公然わいせつ罪で起訴され、罰金10万円の判決を受けた。職場からは10日間の停職処分を受けた。電車に乗ると行動に移してしまうため、電車を使わずに通えるよう会社の近くに引っ越した。

やっとつながった治療で自分を見つめ直す

男性は仕事を続けながら、自助グループと性加害者の治療グループに約5年通った。自分がやったこと、思ったことを正直に話すと、グループのメンバーから「わかる、わかる」と反応があった。そうした周囲の反応に《一人じゃないんだ》と思えた。自分の存在を認められたように感じたことが、自分を見つめ直す第一歩になった。

男性は幼いころ、おなかが弱かった。よく大便をもらし、周囲からいじめられた。高校・大学時代は、女子から相手にされずにぞんざいに扱われたとも感じている。就職後は、怖い先輩たちの中で、おどおどしながら仕事をする日々だった。もともと自己肯定感が低い。その上、家や仕事でストレスが重なった。痴漢をしているときだけはそれを忘れることができた。日々のつらさから逃れるために痴漢をしていた、といまは思う。

「無理なのかもしれないが、満員電車はなくしてほしい。また、リアルな動画を見られないようにすることも必要だと思う。私は動画を見て影響されて、痴漢行為をエスカレートさせてしまった」

妻とは離婚し、会社も辞めた。娘たちからは「もう二度と会わない」と言われた。男性は生まれ故郷に戻り、福祉の仕事に就く。移動は徒歩か自転車か自家用車。バスや電車には乗らず、人が密集する場所にも行かない。たまに女子高校生や若い女性を見かけると、ふと「どこに住んでいるのかな」と思うことがあるが、いまはそういう自分を認めた上で、「それ以上は近づかない」と決めている。

自分が再犯しないために大切だと思うのは「自分に正直に生きること。人と比べないこと」と男性は言う。「生かされているという感覚を持って、与えられた環境の中で精いっぱい生きることを大切にしていきたい」

毎朝、近くの神社に足を運び、一日を無事に過ごせるように祈る日々を重ねている。

9 窓から漏れる光に吸い寄せられる日々

夜のとばりが下り、部屋の窓から光が漏れる。その光を見ると、吸い寄せられるようにアパートに近づき、窓から部屋の中をのぞく。運がいいと、カーテンの隙間から若い女性の姿が見える。ときには風呂上がりだったり、着替えをしていたり……。そんな場面に出くわすと、男性は心拍数が上がるのを感じ、高揚感と達成感に襲われる。裸を目にすることもあるが、性的な興奮というより、《してはいけないことをしている》というスリルに身を焦がした。

西日本に暮らす40代の男性がのぞきをするようになったのは大学生のときだ。中学・高校は運動部で全国レベル。背も高く、異性にはもてた。地元の大学に進学し、特定の彼女がいながら、友人らと競うように女性をナンパした。最初に入れてもらった若い女性の部屋は甘い、いい香りがした。「ナンパしているときだけはモヤモヤした気持ちから逃げられた。部屋に入れてもらえると『許された』『認められた』という気分になった」

夜だけでなく、平日の昼間も若い女性に声をかけるようになった。大学生が多く住む地域を歩き回った。アパートの窓から漏れる光が目に入った。カーテンは引かれていない。とっさに窓から部屋の中をのぞいた。

最初にナンパして入った女性の部屋の甘い香りがよみがえってきた。人はいなかったが、部屋を見るだけで心臓が高鳴った。それからは、自分しか見られない若い女性のプライベートな空間を求め、周辺を20~30分歩き回った。学生街を歩き回るうちに、行動もエスカレートしていった。《外出中なら中に入れるのではないか。直接傷つけるわけじゃないし、気づかれなければいい》。ただ外からのぞいていたのが、鍵がかかっていない窓から部屋に入るようになった。タンスや洗濯機の中から下着を取り出し、枕の匂いをかいだ。部屋に入ったという征服感、誰にもできないことをしているという達成感に満たされた。

でも、勃起はしなかった。自分の性器に手を伸ばしたが、悪いことをしているという意識があるため射精もできず、そそくさと部屋を出た。後ろめたさはあった。

大学を卒業して就職、その後3年ほどは新しい環境に慣れるのに精いっぱいで、のぞきや住居侵入からは遠ざかった。ところが、仕事を覚え、先輩と飲みに行くようになったある日。男性は先輩の彼女の部屋で飲んだ。「久しぶりに女性の部屋に入った」と思ったとたん、帰り道には窓から漏れる光を探し始めていた。その日からまた、若い学生が住むアパート街を歩き回った。しかし、のぞきに成功したとしても虚無感に襲われた。悪いことをしているのはわかっていたからだ。ただ、むなしさが募った。毎回、「もうやらない」と思うものの、夜になると、いてもたってもいられなくなる。気持ちを抑えきれず、「これで最後」と毎日、そう思って、アパート街に足を向けた。

結婚して子どももできたが止まらなかった。1回目の逮捕は30歳を過ぎた夏だった。酒に酔い、アパート街の駐車場で寝ているところを通報を受けて駆けつけてきた警察官に捕まり、連行された。何をしていたのかと聞かれ、「のぞきをしてきた」と正直に答えた。起訴はされなかったが、妻とは離婚することになった。

わらにもすがる思いで治療プログラムへ

《この機にやめる》。そう誓った。しかし、3年ぐらいすると、うずうずしてきた。《1回ぐらい、いいんじゃないか》。そんな気持ちがわき起こった。ある晩、以前から物色していた部屋に入り、住居侵入などの容疑で逮捕された。その後も「もうやらない」という決意と再発とを繰り返し、何度も逮捕された。《自分は病気だ》と思うようになったが、どうしたらやめられるのかがわからなかった。新たに結婚した妻から性加害者の治療プログラムを提案された。わらにもすがる思いで、月1回通い始めた。

プログラムは10人ぐらいの性加害者が集まり、自分の過去や考え、日々の生活での気持ちなどを話すグループワークを繰り返す。最初はすごく怖かった。絶対に知られたくないことを人前で話さなくてはならないからだ。《自分をさらけ出して何の意味があるのか》と思った。だが、毎月通うと、長く通っている人は自分自身のことを分析して、気持ちや考えを口にしていた。自分はあったことしか話せなかった。

そんなときに、主催者の言葉が心に響いた。「私たちは答えを出してあげることはできない。回復するまで寄り添うことしかできないが、寄り添っていく」

毎日、自分の行動や感情を文字にして記録し、それを月1回発表する。その積み重ねで、自分がどんな人間なのか、どういう感情を抱くのかなどを分析していった。1年ほどすると、「モヤモヤして犯行に及んでいた」としか表現できていなかった「モヤモヤ」が見えてきた。自分はのぞきに何を求めていたのか。性的な衝動ではない。では、何を得ようとしていたのか。それを見つめると、日々起きている問題や自分の感情に、ふたをしてきたことに行き着いた。

心が揺れるときは「なぜか？」と自問するように

いまになってわかるのは、犯行の際は、直前に上司に理不尽なことを言われたり、別れた妻への怒りがわき起こっていたりしていた。しかし、その痛みや悲しさを自分では認めることができなかった。父からは「幼いころから、男は痛い、つらいと感じるのもダメ」と教育されてきた。「僕は自分が傷ついていても、それに気づかないようにしてきた。男たるもの、弱さを見せてはいけないと無意識のうちに思っていた」と男性は言う。

男性はひたすら自らを見つめる作業をし続けた。ふだん何を考えているのか、自分はどういう人間なのか。なぜ悲しいのか。なぜ怒っているのか。その一つひとつに目を向けていくことが大切だと気づいた。強がらず、格好をつけず、ウソをつかないことを自分に課した。

治療グループに通い始めて5年以上が過ぎた。当初は、光が漏れる窓の夢を見た。「夢の中で、2回に1回は部屋に近づく自分がいた」。しかし、2年すると、夢の中で、窓からの光を目にしても近づく自分が登場しなくなった。いまではほとんどそんな夢は見ない。

ただ、実際に道を歩いていて窓からの光が気になることがまれにある。そのときは、自分で、性加害行動の準備を無意識で始めたと認識する。その上で「自分には関係ない。求めるものはない」と言い聞かせる。それでも心が揺れるときは、「それはなぜか?」と自問する。仕事がうまくいかずにイライラしていることもあれば、人に言われた一言で傷ついていたこともある。そのイライラや痛みを意識することで、踏みとどまることができている。

過去に部屋に入って遭遇した被害者の女性とは示談したが、女性は男の人が怖くなってエレベーターに乗れなくなり、仕事にも行けなくなった、と聞いた。「直接触らなければいい、バレなければいい」と思っていた認識の誤りを思い知らされた。被害者には申し訳ない気持ちでいっぱいだ。

自分の経験から、性加害行為は「やめたい」という意思だけで止めることは難しいと感じる。「やめたいと思いながら加害を続けている人が多いと思う。とにかく早く専門機関につながってほしい。事件になる前に勇気を持って相談してほしい」と男性は語った。

自分の感情に気づき、吐き出す

「性加害をする人は、ストレスや悩みを人に相談できず、性的な刺激で発散させるタイプが多い」。性被害者や性加害者、その家族らへの支援や教育をしている一般社団法人「もふもふネット」(大阪市)の代表理事を務める大阪大学大学院名誉教授(司法犯罪心理学)の藤岡淳子さんはそう話す。

藤岡さんによると、男性加害者は、男性には逆らえないが女性には強く出られるという人が多い。「治療教育で男性とのかかわり方に自信がつけば、女性とのかかわり方もよくなるはず」。ストレスに対し、性的刺激や性犯罪以外の対処方法を見つけ出すスキルを持つことができれば、再犯しない道筋も見えてくるという。

もふもふネットで治療グループにかかわる同志社大学准教授(犯罪・非行臨床心理学)の毛利真弓さんは「再犯をしないためには、まず自分のしたことを正直に話すことが第一歩」と話す。毛利さんによると、治療グループでも正直に自分のことを話せなくなると、再犯するケースが少なくない。大切なのは自分の気持ちや行動を言葉に出して話すことと同時に、自分の行動パターンや自身の認知のゆがみ、性加害の理論を学ぶことだと毛利さんは語る。そうすると、自分に起きていることや、自分がどういうときにまずい状態なのかがわかるようになるという。

「気づきがあって、どうするかを考えて習慣を変化させていくことが大切。それを繰り返していくと、たとえば上司にイライラすることを言われてもうまく対処できるようになり、感情のはけ口として実行していた性加害行為に頼らなくてもよくなる」

性暴力は、自分の感情を抑え込んだ結果、加害に至ることが多い。「どんな感情を持ってもいい、その感情を口に出していい、という社会であることが大切だ。誰しも困ったことは必ず起こる。感情を言葉にする力があれば、犯罪や加害という形ではなく、別の行動で対応することが可能になる」と毛利さんは説明する。

一般的に性犯罪の再犯率は高いと思われがちだが、藤岡さんは「窃盗や薬物の方が高い。ただし、性犯罪は被害者が確実にいて、心身に重い傷を負うのでそこは注意しないといけない」と語る。最新の再犯防止推進白書によると、性犯罪者が2年以内に刑務所に再び入る割合は2021年の出所者で8・2%。この数字は出所者全体の14・1%と比べて低い。窃盗は19・8%、薬物は12・8%だった。

「性犯罪者は、非行もなくまじめで、仕事もちゃんとしているいわゆる『ふつう』の人が多い。逆に頑張り過ぎてストレスをため込み、加害に及ぶことの方が多い」。そう語る藤岡さんは「生い立ちや背景を知ることは再犯防止と予防のために何より大切」とも話した。

もふもふネットでは加害者に対してグループで治療教育プログラムを実施している。月に1回集まり、それぞれが気持ちや考えを話す。自分の話を聞いてもらうと同時に、人の話も聞いて共感したり多様な視点を知ったりすることで、自分の気持ちや考えを見つめ、衝動をコントロールすることにつながっていく。加害者には、自分の犯罪行為を振り返り、説明する責任、謝罪する責任、再犯防止の責任をとる必要がある、と藤岡さんは言う。その上で「犯罪者は犯罪行動を行った、あるいは行ったことがある者。一度の過ちですべてをダメとして社会から排除することは、逆に暴力を蔓延《まんえん》させ、再犯につながる」としている。

interview

子どもへの性暴力を減らすには——加害者の心理と治療

精神科医・国際医療福祉大学教授 小畠秀吾さん

——子どもを狙う加害者にはどのような傾向がありますか。

子どもを性の対象にする加害者は、大きく二つに分類されます。子どもにしか関心を持てない「純粋型」と、本来は大人に関心があるものの代償的に子どもに関心が向く「代償型」。割合的には、後者が多いです。

女の子を狙う加害者は、8〜10歳を対象にすることが多い。男の子を狙う加害者は、3分の2が成人女性に異性愛的な嗜好を持ちつつ5〜10歳の男の子に加害する傾向が強く、残りの3分の1は同性愛的で思春期の男の子を対象にしている。男の子への性加害経験のある人は、女の子だけに加害する人より再犯率が高く、治療が難しいのが実情です。

加害者の類型としては、①成人との人間関係の構築が難しい「未熟型」、②社会的には問題がないように見えるが失敗体験や自信喪失によって子どもに性的関係を求める「退行型」などが多い一方で、③性的欲求を満たすために子どもを誘拐・監禁するなどの「搾取型」、④暴力行為を伴うような「サディスト型」といった反社会的なパーソナリティーを持つ人もいます。
加害者は、約7割が10〜30代です。親や配偶者と同居するなどほとんどが住まいを持ち、無職者の割合は一般の犯罪者と比べると少ないです。

――なぜ、子どもに性加害を行うのですか。

加害者はいわゆる「弱い人」と言えます。語弊を恐れずに言えば、「ヒエラルキーの下の方にいる人たち」と言ってもいいかもしれません。その「弱い」彼らが、自分よりさらに弱い相手を支配する手段として性を使っています。
加害者の多くは、いじめや虐待の経験などを抱え、自己評価が低い。肌を触るのは同世代間ではハードルが高くても、子どもだとほっぺたを触るなどの接触は比較的簡単にできます。そうした接触を性の文脈でとらえ、自分が「受け入れられている」「認められている」と感じ、受け入れてくれる子どもを探すようになります。
加害者の多くは、親から自分が大切にされたという感覚に乏しく、世の中での安心感、他者への信頼感が損なわれています。人との距離感や親しさについての間違った感覚や認識を持っているため、少し関係ができただけで性的接触をしても構わないと思ってしまうのです。

――加害者は自分の性的な欲求を満たすために性犯罪をするのではないのですか。

一般的に性犯罪は性的欲求で起こると思われがちですが、実際は様々な欲求が動機になっています。多くは支配欲求を満たすためであり、優越感を得たり、力を確認したりする行為。受け入れてもらったと思い、依存する行為でもあります。

よく性暴力をした日付などを手帳に記録している加害者がいますが、この場合、「俺はこれだけのことをしたという力の誇示」の記録であり、それによって、自分の劣等感や弱さを否定しているのです。また、幼いときに性被害を体験している人が、被害体験を再現し、自分の被害体験を克服しようと子どもに対してわいせつな行為をするということもあります。

――生い立ちや性被害体験などがあるから仕方ないのでしょうか。

それは違います。加害の背景として性被害やいじめ、虐待などがあるということを理解することは、加害者を治療する立場の私たちにとっては大切ですが、それを加害者が自分の行為の言い訳に使うのは間違いです。自分の責任を直視しないことになってしまいますので、加害者には安易に言い訳に使わせないことが重要です。

――性加害者が子どもを性の対象にするというのは生まれつきの特性なのでしょうか。

最初はそれほど子どもが好きではなく代償的なものとしてとらえていたとしても、自分の中で子どものことを考えたり、児童ポルノを見たりして自慰行為を繰り返すなどすると、その行動と性的満足を得ることが結びつき、好みが作り上げられていくことは少なくありません。

子どもとの性行為を描くアニメや動画を見て加害者が「こういうことができるのだ」と思い、行動が後押しされることもあります。一般の人は同じものを見ても同様の行動はとりませんが、一部の人にとって、子どもを性の対象として表現する性的なメディアは、ファンタジーを現実に変える力があり、犯罪を促進する要素になっていることは間違いありません。

――性犯罪を防ぐにはどうすればいいのでしょうか。

初犯の予防はなかなか難しいのが現実です。再犯防止に力を入れなくてはいけません。再犯を防ぐことは、被害者を減らすことになります。まずは性教育から始めることが必要だと考えます。カナダの精神科病院でも性加害者プログラムを性教育から始めているところがあります。性加害をしている人には、基本的な性知識がない人が多い。

日本では、性というのは幼少期より良くないものと教え込まれます。性器をいじると叱られますよね。大人になっても、あからさまに語るものでなく、ある種の「背徳感」を帯びている傾向があるのではないでしょうか。性は隠微で、隠すもの、後ろめたいものという社会的なイメージがあり、本来なら禁じられるべきは「性犯罪」ですが、しばしば「性」が禁じられ、混乱が生じがちです。性教育で、女性や男性の体のつくり、境界線、性的同意、性とはどういうものなのかなど、健康な性を理解することから始める必要があります。

性犯罪者は多くが男性ですが、もてない、男性としての魅力がない、達成感がない、など、社会が男性に求めるものとのギャップに傷ついていることが多い。人間関係をうまく築けず、自分が優位に立てる関係として子どもを選ぶため、対人関係構築のスキルや自己主張ができるようにすることも再犯防止のためには必要です。

やったことを振り返り、罪悪感を持たせることも再犯防止には有効です。

――性犯罪者はできるだけ自分からは遠ざけておきたいのが、素直な気持ちだと思います。

性犯罪は繰り返されると言われますが、他の犯罪と比べて、再犯率が決して高いわけではありません。2023年の再犯防止推進白書によると、性犯罪の2年以内の刑務所への再入率は8・

2％です。出所者全体の再入率14・1％より低いです。ちなみに窃盗は19・8％、傷害・暴行は14・0％、覚醒剤取締法違反は12・8％でした。ただ、性犯罪は被害者の心身に長期にわたって深刻な悪影響を与えるので、再犯率の高低にかかわらず再犯防止に積極的に取り組んでいく必要があります。

刑務所や保護観察所では、2006年から再犯防止のための性犯罪の更生プログラムも行われています。しかし、そのことは社会ではほとんど知られていません。更生プログラムで治療の成果が出ている人もいます。偏見やイメージだけで加害者をやみくもに排除するのではなく、こうしたプログラムがあることも知り、加害者の治療が大切であることをまずは理解してほしいです。

警戒は必要ですが、正しい知識を持って地域や職場で受け入れていかなければ、結局、加害者を孤立させ、再犯に追い込むことになります。加害者を治療し、再犯を防止することが被害を減らすことになることを社会は認識してほしいと思います。

おばた・しゅうご／筑波大学大学院で博士号を取得。専門は司法精神医学、犯罪心理学、精神病理学

10章 治療とケア

10章では、被害者の治療やケア、回復について考えます。性暴力は、被害者のトラウマとなり、その後の人生に大きな影響を与えます。被害者は「死にたい」と思い詰めたり、良好な人間関係を築きにくくなったりします。そんな中で、わずかな光を見つけ、もがきながらも、生きてみよう、歩いてみようと前を向く人たちもいます。被害者にとっての「回復」とは何か。定義することは難しく、人それぞれの形があるように思います。性暴力の影響を最小限にするには、どうすればいいのか。社会や私たちは何ができるのでしょうか。

1 凍りついた心、治療を受けてこぼれた涙

私立中学に通っていた1年のときだった。

希美さん（仮名、20代）は、仲が良かった男子にゲームをしようと誘われた。放課後に連れて行かれた駅のトイレで10人ほどの男子生徒に囲まれ、制服を脱がされ、押さえつけられた。「やめろよ」「触るなよ」と抵抗したが、あちこちから手が出てきて触られた。逆上されると困ると思い、それほど強い態度には出られなかった。

「絶対言うなよ。言ったらバラす。学校に居場所はなくなるぞ」

そう脅してきたのは、勉強もスポーツもできる、いわゆる学校カーストの上の層の男子たちだった。数日後、「こんなことをするのはもう、やめにしたい」と訴える手紙を書いて渡したが、逆に

「俺たちを誘ってきたのか。手紙を周りに見せてやろうか」と脅された。

それからだった。「今日やるから来い」。週に2～3日、多いときは4日、そう声をかけられた。放課後、駅や公園のトイレに呼び出され、3～14人の同級生や先輩の男子生徒に裸にされ、体をもてあそばれた。「アダルトビデオに出てくることを実験されている感じだった」と希美さんは振り返る。

当時は無感情だった。《なんとなく、イヤだな。気分が悪い気がする》とは思っても、泣いたり叫んだりしたいという気持ちはわき起こってこなかった。心が凍りついていた。

被害は10カ月にも及んだ。たまたま下校が一緒になった女子生徒に一端を漏らしたところ、その子の親が学校に連絡して事件が発覚した。

先生に呼ばれた。当時の希美さんは《ヤバい。先生や親にバレたら怒られる。退学させられるのではないか》という心配が先に立った。処分が軽くなるように、男子生徒たちを呼んで口裏を合わせることもした。被害は最近のことで、2～3回スカートをめくられた程度ということにした。

警察の捜査が始まっても、1カ月ぐらいは本当のことを言えなかった。「自分が悪いと思っていたから。自分がしていたことが明るみに出るのが怖かった」と希美さんは言う。性暴力被害者は自責の念を持ち、苦しむことが多い。「脅しの材料になった手紙を書いたのも、被害に遭った場所に行ったのも私。だから『自分が悪い』と考えていた」

希美さんは打ち明けられないでいたが、男子生徒の一人が警察の事情聴取に事実を話した。10～20回程度と答えていた被害回数も警察官から「100回ぐらいあるよね」と指摘された。警察官は親身になって話を聞いてくれた。両親も先生も希美さんを責めることはなかった。弁護士も味方になってくれた。加害少年たちは逮捕され、少年院送致となった。「法律が機能しているという安心感にはつながった」。ただ、周囲の女子生徒たちから、希美さんが誘い、少年らを退学に追い込んだなどと言われ、つらかった。

「あなたは悪くない」に救われた

警察に紹介されて、希美さんがトラウマ治療の専門家である精神科医のもとに足を運んだのは中学3年の春だった。医師は、なぜ自分が悪くないかを丁寧に何回も説明してくれた。それまでも親や先生など周囲の大人たちは「あなたは悪くない」と言ってくれていたが、心にはなかなか響いていなかった。医師からは「泣いてみる、怒ってみる、を意識的にやってみよう」と言われた。つらいときの感情を得意な絵で描いてくるように求められた。

次の診察に、自分の絵を持参した。絵で描いたつらさの原因であるエピソードを尋ねられた。同級生から自分が誘ったように言われ、汚いもの扱いされていることなどを吐露した。感情を絵にする芸術療法を月2回続けた。いろんな手に追われている自分を描いたもの、草原で一人寝そべるイメージなども絵にしていった。

治療を受けるようになって数カ月経ったころ、涙がこぼれた。気持ちはまだついてきていなかったが、体がしんどいと泣いているのだと理解できた。そのころから「自分は悪くなかったんだ」との思いも芽生えるようになった。「一から被害にあったときのことを話してみて」。精神科医にそう促され、自分の身に起こったことを振り返り、自分の感情を確認する作業も繰り返した。

「感情が出てくるようになった。とてもいい」。治療の中で医師に言われた言葉を大切にしている。「我慢をしないこと。つらいときはつらい、悲しいときは悲しい、と言うことを心に刻んでいる」

精神科医の治療は1年で終了したが、嫌いな科目の授業などではフラッシュバックが起こり、急に泣き出したり、夜眠れなくて涙が止まらなくなったりすることが高校3年ぐらいまでは続いた。

「死ぬのは惜しすぎる」

進学した芸術系の大学では、映像課題で被害現場を撮影した作品を制作した。怖かったが、ある戦場カメラマンの言葉に背中を押された。耐えられないほどの惨状もカメラのフィルターを通すことで、心の距離がとれ、自分の心が守られる、と言っていた。その言葉に背中を押され、希美さんは現場に足を運び、事件と向き合うことを選んだ。「忘れたい気持ちはあるが、なかったことにはできない」。その後も様々な芸術作品を生み出す中で、被害を受けた過去と共存していくすべを考えていけるようになった。

23歳の誕生日、友人が高級レストランでフランス料理をごちそうしてくれた。「こんなにおいしいものがあるんだ」と心が震えた。「人生が変わった瞬間だった」と希美さんは振り返る。その後、映画、絵画、布など本当によいものに触れる機会を持ち、自分が知らないことがたくさんあることに気づいた。《死ぬのは惜しすぎる》。以前は「生きていても仕方ない」「死にたい」と思うことも多かったが、《こんなにいいものがあるのに、ここで命を絶つのはもったいない》と思えた。

いまは発作が起きそうになると、水を飲んだり、ストレッチをして別のことを考えたりして、対処ができるようになっている。

「『悪くない』と言い続けてくれた精神科医や学校の先生など、周りの大人に私は支えられた。もし性被害を受けたら、歯が痛ければ歯医者に行くように精神科に行って治療につながってほしい」

「なかったことにしたい」性暴力被害者

性暴力を受けると、被害者は多くが自責の念にさいなまれ、人を信じられなくなる。周囲の人がよかれと思ってしたことについても、逆に反発し、人間関係を壊して孤立してしまうことも珍しくない。被害当事者が安心して治療につながり、回復していくためには何が必要なのか。

性犯罪・性暴力被害者ワンストップ支援センターなどで被害者を支援してきた看護師で公認心理師の長江美代子さんは、「被害者は被害の事実を受け入れることが難しく、多くができれば誰にも知られたくないと思っている」と指摘する。そのため、「何もなかったことにしたい」という気持ちが強く、警察への通報を拒否することも多いという。しかし、「自身が受けた不当な被害について届けを出して加害者が罰せられることは、被害者の傷ついた心の回復に大きく影響する。たとえ、期待するような結果に終わらなかったとしても、何か行動を起こしたという経験は被害者にとっては大きなエンパワメントになり、回復を助ける」と話す。

一方で、心的外傷後ストレス障害（PTSD）についての心理教育も大切とする。1カ月しても眠れない、おなかが痛い、電車に乗れないなど苦しんでいることがあれば、それを聞き、PTSDになるとそうした症状があることを伝えることが重要だという。「被害者は自分がおかしくなったのではと不安になっているので、性暴力を受ければそうした状態になることがあると説明することで、少し落ち着く」

被害者はほとんどが自責の念に苦しんでいるため、長江さんは顔を見るたびに「あなたは悪くない」と言い続けていると明かす。「自分は悪くなかった」と思えることで、心身の状況が上向く人もいる。一方で、被害者はPTSDの症状のために周囲の人との関係を崩してしまうこともある。そのため、周囲がPTSDについて理解することも重要だと、長江さんは説く。

「被害者は腫れ物に触るような対応をされることを嫌うので、それまでと同じ態度で接するように周囲の人にはお願いすることが多い」。同時に、「I《アイ》メッセージ」で話しかけることを心がけるべきだと提案する。Iメッセージは、「私」を主語にして自分の感情を相手に伝え、判断は相手にゆだねるコミュニケーション方法だ。たとえば、相手を主語にした「少しでもご飯を食べて」ではなく、「食べていないから私は心配している」あるいは「置いておくからいつでも食べてね」という言い方がいいとする。

「性暴力を受けると、その後、PTSDの発症→生活・社会不適応→再被害という悪循環が起きることが多い。PTSDがそのまま放置されると、その影響は虐待や暴力などとして家族を巻き込み、心の傷が受け継がれていくことも珍しくない。PTSDの病理は次世代に及ぶ」と長江さんは強調する。

トラウマ治療、実施機関は少なく

しかし、専門的なトラウマ治療を受けられる場所は少ないのが現状だ。2020年に長江さんらが愛知県内の精神科医療機関に対して実施した調査によると、回答した１０９施設のうち、3分の1が性暴力被害者を診察していると回答したが、これまで診たことがないという施設も3分の1にのぼった。しかも、トラウマに焦点を当てた認知行動療法を基盤としたＰＴＳＤの専門的な治療をしているところは7にとどまった。

また、民間団体の三重県性暴力被害者等支援ネットワーク「みえアイリスｎｅｔ」が２０２３年に同県内の病院などに調査したところ、回答があった31施設のうち、性暴力被害者の診察をしているのは13施設で、ＰＴＳＤ治療を行っているのは7施設にとどまった。診察をしている13施設に何が困難かと聞くと、「専門的な介入方法やカウンセリング技術・治療方法に自信がない」が8件、「ＰＴＳＤ症状をどのように扱ってよいかわからない」が4件などという結果だった。

こうした状況について、長江さんは「被害者は専門的なＰＴＳＤ治療を受ければ、よくなる。しかし、医療機関でもなかなか実施できていないのが実情だ。治療の環境を整えることは喫緊の課題だ」と指摘する。「背景にあるのは、研修を受ける機会がなく、そのうえ施設としては時間的にも人員的にも対応できないという事情があることが推察できる。専門家へのトレーニングの機会をもっと増やしていくことが必要だ」と課題を話した。

2　ケアを受けて思い出した父からの性被害

バーで酒を飲み、そこで知り合った男性にホテルに連れて行かれた。

中部地方で暮らす香代さん（仮名、35歳）は5年前の出来事を振り返る。性交を強いられたが、当初は性被害だとは思わなかった。「自業自得だと思っていた」

翌日、大学時代のゼミ仲間と会った。「なんかおかしい。こういう性的な嫌なことは1回だけじゃないの」と前の晩の出来事を告白した。香代さんは、自分がそんなに酒が強くないのに、酒をたくさん飲み、泥酔して繁華街を歩いているところを、車に連れ込まれて性暴力を受けることも何度か経験していた。自分らしくないことを繰り返していると、自分自身でも感じていた。

翌日、ワンストップ支援センターへ

友人が、家庭内暴力（DV）などの問題に詳しい恩師に相談することを提案してくれた。連絡をとった恩師からは、性暴力の相談を受ける性暴力被害者ワンストップ支援センターに行くように促された。ワンストップセンターの存在は知らなかったが、香代さんは自分で決断ができる状態ではなかった。信頼できる周囲の友人や恩師に言われるまま、センターに行き、事情を話した。カウンセリングの他、婦人科の検診を受けた。緊急避妊薬も飲んだ。

その他、警察にも被害届を出した。警察では「本当に届けを出したいのか」「なぜ助けを呼ばなかったのか」などとしつこく言われた。そんなやりとりを続けていると、「（起こったことは）被害じゃないんだ。私が悪いんだ」という思いが頭をもたげてきた。センターの職員や付き添ってくれた弁護士に励まされ、なんとか自分の主張を貫いた。結果は不起訴だった。それでも香代さんは言い切る。「被害届を出すのは、治癒の助けになる。自分は悪くないということをはっきりさせることにつながる」。

ただ、警察でのやりとりに深く傷ついたことは否定できない。

被害後に、香代さんは精神的には極めて不安定になった。一人になると何も考えられなかった。事件後1カ月しても、心的外傷後ストレス障害（ＰＴＳＤ）の症状であるフラッシュバックなどが治まらず、治療が始まった。心理療法の中で、あの夜の行動を振り返ると、相手に腕をつかまれると体が固まり、言われるままに行動してしまう自分の姿が見えてきた。ホテルに連れて行かれたときも手を握られて逃げられなかった。

幼いころのことも思い出した。父の手だった。布団で寝ていると、隣にいる父に手をつかまれて父の性器を触らされていたことがよみがえった。父に手をつかまれると、その手をふりほどくことはできなかった。振り返ると、大人になってからも同じ状況を作っては、今度は逃げ切れるかもと挑戦していた自分に気づいた。あれは自分にとっては過去の被害を乗り越える試みだったのだ。しかし、いつも体が固まってしまい、繰り返し被害を受けることになっていたのだ。

知識が自分自身を守る力に

ワンストップセンターからつないでもらった精神科で抗うつ剤を処方してもらいながら、臨床心理士による治療を受けた。治療では過去と向き合うことも多く、思い出して調子が悪くなる時期もあった。計1年休職し、傷病手当をもらいながら生活し、臨床心理士のカウンセリングに月に1～2回通った。被害体験や子ども時代を振り返り、腕をつかまれたときの感覚と向き合い、そのときの状況、感情を確かめた。計20回受けた。

父からの性暴力の影響を受け、強いストレスがかかると自分の心を切り離して身を守るすべを身につけてしまった香代さんにとって、カウンセリングは、解離して切り離されてしまった幼いころの自分を癒やしていく作業だった。「すぐに良くなるというより、じわじわと効いてくる感じ。カウンセリングを受けた後はぐったりしてしまうが、毎回どこかで癒やされた。仕事を休んだので、踏み込んだことができたのだと思う」

事件から1年3カ月でカウンセリングは終了。服薬もその2カ月後に終わった。その後も3年ほどは、半年に1〜2回程度、ゾワゾワして気持ちが落ち着かなくなることがあった。そのときは、香をたいたり、落ち着くための呼吸法を試みたりして対処した。

当初は複雑性PTSDと診断されたが、いまは治癒している。ホテルで性被害を受けた翌日にワンストップセンターに行ったことが功を奏した。

「私は1年ちょっとで子ども時代からの性暴力についても対応することができた。その後の人生を考えれば、お金はかかるが、カウンセリングや治療は受けた方がいい。治療を受けていなかったら、たぶんいまも私は性被害を繰り返し受けていたと思う」

香代さんはこうも言う。「知識は助けになる」。被害を受けてから、図書館で本や新聞を読みあさった。スウェーデンなど多くの国で同意がない性行為は犯罪、とされていることを知った。「ホテルでの出来事は、日本じゃなかったら犯罪なのだ」。日本が性暴力対策の後進国であることを理解した。被害者に非があるとする「強姦《ごうかん》神話」やセカンドレイプについての知識を得ることも自分の心を守ることにつながった。

治療が進むにつれて、香代さんの場合は、怒りやうらみを感じていた父への思いも少しずつ変化した。父の家庭環境を考えたとき、父も祖母から何らかの虐待を受けていたと推察できた。「やった行為は悪いが、父にも事情があったのだろう。もともとは父も被害者だったが、アルコールに逃げざるを得ず、性暴力の加害者にもなったんだ」と思えるようになった。2023年、父は亡くなった。「カウンセリングを受けていくと、自分が別人になっていく感じがした。いろいろな思いが消化できた。縛られていた過去から解放された」。香代さんはかみしめるように言った。

ワンストップ支援センターの重要性の高まり、地域格差も

性被害の相談先として全国に設置された「性犯罪・性暴力被害者のためのワンストップ支援センター」は、必要な支援を本人の気持ちに添って提供し、専門機関につなげる役割がある。緊急避妊措置や性感染症検査などの医療的な支援だけでなく、本人が同意すれば警察への通報や同行、弁護士紹介、精神科医師の紹介や児童相談所やカウンセラーの紹介などの支援も担う。

ワンストップ支援センターは、国が都道府県に交付金を出し、2018年までにすべての都道府県に設置された。内閣府によると、電話やメールなどを含めた全国のセンターへの相談件数は、19年度は4万1384件だったのが、23年度は6万9100件となり、年々増加している。

藤田医科大学准教授で児童精神科医の古橋功一さんは、「子どもの回復のためには医療だけでなく、行政や司法の力も必要だ」と話す。性暴力被害によるトラウマ（心的外傷）診療の経験がある精神科医の診察を早い段階で受けて治療を始め、並行して適切な機関の支援を受けることが、被害者の心

身の回復や人生に希望を持つことにつながる。

ただ、ワンストップセンターは被害者支援の要として重要性が増す一方で、課題を指摘する声もある。相談した被害者や保護者の一部からは「門前払いを受けた」「10年以上前のことで対応できないと言われた」「もう二度とワンストップには連絡しない」といった厳しい声もある。

性暴力被害者を長年支援してきた、ある精神科医は、患者から「先生のところにたどりつくのは本当に大変だった」と言われたことがあるという。この医師は「急性期では産婦人科や泌尿器科が大切だが、中長期の支援を考えると精神科も重要だ」と指摘する。

面談が少ないセンターも。背景に「成り立ち」

各地のセンターの活動状況に詳しい広島大学准教授で、NPO法人「性暴力被害者サポートひろしま」代表理事の北仲千里さんは、「センターの実態は都道府県ごとに大きな差がある」と話す。

2023年3月に公表された全国のセンターを対象とした内閣府委託調査によると、22年6〜8月に面談で対応した相談者数は、最も多いセンターでは354人いたが、0人というところも。51人以上に対応したというセンターは4カ所にとどまった。センターでは相談者に面談に来てもらって初めて本格的な支援を始められるが、その前段階で課題があることがうかがえる。北仲さんによると、どんな内容の相談にも応じるという姿勢のセンターがある一方、夫婦間や子ども同士の性暴力、セックスワーカーや10年以上前の被害相談などの対応には積極的ではないセンターもある。

また、国は公費負担で受けられる支援を充実させようとしているが、実際の運用は都道府県ごとに違うため、避妊や投薬、診てもらえる診療科、カウンセリングの回数などについて、公費負担には様々な条件や制限がある。なぜ違いが生まれるのか。北仲さんは、各地のセンターの成り立ちに原因があると指摘する。

北仲さんによると、全国のセンターの先駆的存在である「性暴力救援センター・大阪SACHICO」のように、民間団体が主導するところは幅広く相談を受ける傾向にある。ただ人手や資金の不足に悩むところもあり、1章にも記したように、SACHICOは従来の幅広い、丁寧な活動が困難になりつつあり、2024年6月には大阪府に窮状を訴える文書を提出した。

北仲さんがかかわる広島のセンターも、県から業務委託を受けたNPOによる運営だ。相談者の話を聞いて必要性があると判断すれば、寄付金などを元手に公費負担対象外の支援をすることもある。一方、自治体が主導するところは縦割りの壁や予算の枠に悩まされることが少なくない。もともと各都道府県にあった犯罪被害者支援センターを母体としたところでは、「これまで警察が被害者と認定した後の人たちを相手に仕事してきたためか、本人が警察に行った後の支援が中心だったり、犯罪被害者支援制度に沿った狭い公費負担の基準を使ったりしていることもある」とする。

地域差とともに財政的にも課題が多いとして、センターを運営する8団体は2024年8月に内閣府に「存続・強化のための要望書」を提出した。北仲さんによると、妊娠中絶やカウンセリングの公費負担に厳しい条件が設けられているところも少なくない。さらに公費負担は国と自治体が分担する仕組みで、余裕がない自治体は積極的に取り組みにくい状況だ。相談が急増する中、医療従事者の人件費も課題で、性被害者の診察には長い時間をかける必要があるが、国の補助はなく、支援すればするほど運営が立ちゆかなくなる状況に、関係者は危機感を強めている。

北仲さんは、性被害に遭う恐れは地域を問わず誰にでもある、と強調する。「被害者が警察に相談したくなくても、お金がなくても、適切な支援につなげるのがセンターの役割だ。地域によって支援内容があまりに違うのはおかしい。支援内容や公費負担の基準を全国一律とするための検討を進めていく必要がある。同時に、支援する医療関係者やセンターのスタッフが安心して働ける環境も整えないといけない。センターの設置根拠となる法律がないのも一因で、国には法整備も視野に検討を進めてほしい」と訴える。

3 壊された私、支えてくれたのは家族だった

北海道函館市に暮らす鈴木三千恵さん(64歳)の治療は、夫の健二さん(66歳)の気づきがきっかけで始まった。27年前、三千恵さんは自宅のリビングでビデオを見ていた。見ていたのは、少し前にはやったドラマ「高校教師」。登場する女子高校生が実父から性虐待を受けていたという設定の物語だ。体を硬直させて画面を凝視する三千恵さんの姿に、健二さんはただならぬものを感じた。

二人は20代半ばで結婚。当初からけんかが絶えなかった。健二さんは突然怒りを爆発させる三千恵さんに戸惑った。家族だけでなく、周囲とのいざこざも後を絶たなかった。福祉関係の仕事をしていた健二さんはあるとき、虐待被害者を支援するセラピストの講演を聞いた。話の内容から「妻はもしかすると、虐待のトラウマを抱えているのかもしれない」との考えに至った。関西在住のそのセラピ

ストのところでの治療を三千恵さんに提案した。

2002年、三千恵さんはセラピストのもとに足を運び、実父から性被害を受けていたことを打ち明けた。他人に話すのは初めてだった。涙が止まらなくなり、気づいたらタオルがぐっしょり重たくなっていた。《私はこんなに泣きたかったんだ》。三千恵さんはそう思った。

母が家を出たのは、三千恵さんが10歳のとき。父の暴力が原因だった。

それからだった。父と一緒に風呂に入るようになった。父は執拗《しつよう》に三千恵さんの体を洗った。夜、弟と寝ている2段ベッドにも来た。「ちょっと来い」と起こされ、無理やり父の寝室に連れて行かれた。そのたびに性交を強要された。「気持ちいいか？」。父はそう聞いた。おとなしく従っていたら殴られない。30分、意識をどこかに飛ばして、ひたすら解放されるのを待った。

高校卒業後に専門学校に進み、逃げるように地元を離れた。しかし、夜はちょっとした音で目が覚める。カミソリでリストカットを繰り返す。雨が降っていても裸足で外に飛び出す――自分の感情や行動をコントロールできなかった。

そんな過去を、三千恵さんはセラピストに話した。「よく生きてきた」と言われた。治療は3カ月に1回、3年通った。旅費を含めると1回10万円はかかったが、健二さんは黙って送り出した。

「治療は結構苦しかった。話して思い出すと、被害を受けたときの場面が頭に浮かぶ。底なしの泥沼に入っていて、ほふく前進ではい上がっていく感じだった」と三千恵さんは振り返る。それでも、「あなたは大丈夫。力がある」「あなたは大切な人」「あなたはあなたのままでいい」と言われ続け、少しずつ回復していった。

長女の麻那さん（31歳）は、母が自分のことを一番に考えてくれているという実感がある。しかし、言い合いになると本が飛んできたり、馬乗りで首を絞められたりした。かと思うと、夜、「お菓子な〜い？」と母は寝室から出てくる。アイスを渡すとおいしそうに食べて寝るが、翌朝、三千恵さんはそのことを覚えていなかった。

中学生になったころには、母の中に何人もの違う人格がいることに気づいた。「多いときは7人。いまは3人ぐらいかな」と麻那さん。三千恵さんは、多重人格といわれる解離性同一性障害（DID）を発症していると臨床心理士に言われたが、無理に統合する治療は受けなかった。

三千恵さんはセラピストによる治療を受けながら、一つひとつ自分の傷を認めていった。たとえば、実父と似た風貌《ふうぼう》の男性を見かけると当時に戻ったようにフラッシュバックする。エレベーターの中で背の高い人に後ろに立たれると、支配されているように感じて倒れることもあった。

「私はもう大人。子どものときのようなことは起こらない」。そう自分に言い聞かせて対処していった。実父は十数年前に亡くなった。

しかし、加害者がこの世から消えても苦しみは変わらなかった。

冷たい函館の海へ

9年前の3月のことだ。健二さんが運転する車の助手席に乗っていた。ささいなことで、口論になった。三千恵さんは突然、助手席のドアを開けて外に飛び出し、冷たい函館の海に飛び込んだ。健二さんが後を追い、海から引っ張り上げた。三千恵さんは寒さを感じ、ガタガタ体を震わせた。

「それまでは（自分の意識がどこかに行ってしまっていて）痛い、寒い、冷たい、もわからなかったけど、このときは、帰宅して風呂に入っても、しばらく震えが止まらなかった」

風呂場で泣きながら服の砂を落とす健二さんの姿を見て、《こんなふうに心配をかけてきたんだ》と、三千恵さんは初めて思った。以来、無謀な行動は収まっている。「家族が信じてくれた。かーちゃんが元気になるといいな、と。それは大きかった」と三千恵さんは明かす。

ただ、家族も四六時中付き合うと疲れ果ててしまう。健二さんは仕事で数年、麻那さんも高校卒業後は10年、函館を離れ、三千恵さんを支えつつ距離を取ることもした。

「二人がいなければ、いまの私はいない」と三千恵さんは言う。「性被害を受けると、その後は死の谷に向かって歩いていくようなもの。でも、私は生き延びた。かつては苦しみがいっぱいだったが、いまは幸せ」と言い切る。

三千恵さんを診たセラピストは「慢性的な性虐待とネグレクトを受けていた彼女の子ども時代はあまりにも過酷。私のところに来たときは、大変な状況だった」と振り返る。それでも三千恵さんが過去と自分に向き合い、家族が適度な距離を取りながら支えてきたことが、大きな力になったとみる。「性暴力被害がもたらす苦しみは、いつか必ずその人にしかない生命力の底力になる」。いまや性暴力被害を実名公表し、里親活動など虐待防止のための社会的な活動や自分磨きのための活動もする三千恵さんに、エールを送る。

三千恵さんは２０２４年、家族とけんかすることもなく、平穏に新年を迎えた。「こんな気持ちで年を越せたのは初めて」とすがすがしい表情を見せる。「加害者のせいで人生をメチャクチャにされたまま私たち被害者は死んではいけない。『どうだ！　こんなに私は幸せになったんだ。ザマーみろ』というのが一番の仕返しなのかもしれない」と笑った。

家族はどのように対応すればよいのか

子どもが性暴力被害に遭ったとき、家族や身近な人はどのように対応すればいいのか。

「初期に最も重要な役割を持つのは家族だ。家族や友人の態度や行動は、当事者の回復を左右する」

そう語るのは、40年以上、性暴力や虐待の被害者・加害者のための回復プログラムを実施してきた「エンパワメント・センター」（大阪府）主宰の森田ゆりさんだ。最も身近にいる人が起きたことを受け入れ、共感を持って当事者の話を「聴く」ことが何よりも大切だと強調する。性被害を受けたときは、恐怖や気持ち悪さがあり、本人には大変な体験だ。だが、それ以上に、被害者と周囲の人との関係性によって、体験がどんどんトラウマ化されてしまう。「性暴力は関係性の暴力」と森田さんは言う。

被害を受けたと打ち明けられた場合は、相手の言うことを否定せず信じる姿勢と、「きっと回復できる」と、相手の持つ力を信頼し、味方になることが重要だとする。「医療的な治療につながることも大切。でも、まずは家族など身近な人が共感的に向き合ってくれたか否かが、被害者のその後の人生を変えることを忘れないでほしい」

たとえば、もし交通事故に遭ったとき、「子どもがけがをしていたら、ただ、そのまま何もしないで救急車を待ちますか？」と森田さんは問いかける。「周りの人は手を握るとか声をかけるとか何かできることをするでしょう。性暴力に遭った人の回復にも、そうした身近な人の受容の行為が不可欠。それを私は『心の応急手当て』と呼んでいる」

森田さんは、被害者の話を聞いて「まさか」「ウソかも」という思いがわき起こったとしても、「信じる」と言ってくださいと支援者研修では指導する。「まずは被害者の『味方になる』のが、あなたの仕事。事実かどうかを確かめるのは他の人の仕事だ」と話している。

世界が変わってしまう被害者たち

兵庫県こころのケアセンターの副センター長で、トラウマに詳しい精神科医の亀岡智美《さとみ》さんは「家族も周囲の人も傷ついた人への支援という意味では、つらい気持ちを共有して支え、ストレスを取り除くという方向性は同じ」とする。ただ、トラウマを抱えた人の支援は難しいのも事実だ。

トラウマは、性暴力や犯罪、戦争などの体験から心に受けた傷（心的外傷）のことをいうが、フラッシュバックの他、被害を忘れようと感情をまひさせ、回避する行動をとったり、不眠やイライラ感、過度の警戒といった過覚醒の状態になったりといった症状がある。「一番わかりにくいのは、心にけがをすると、当事者の物事のとらえ方や見方が大きく変わってしまうことだ」と亀岡さんは説明する。支援をしても、その思いが当事者に伝わらないことが多く、「心配している」「本当にあなたのことを思っている」と周囲が行動しても、当事者は「あなたにわかるわけがない」と思いがちだ。「一般の人は基本的に世界はそこそこ安全だと思って生きている。しかし、性暴力を受け、心にけがをした人は世界が変わってしまう。世界全部が危険で、人は信頼できないと感じ、以前とは違うとらえ方をするようになる」

そうなると、対人関係は損なわれ、もともと家族や友人とも良好な関係を築いていても、被害に遭ったことをきっかけにうまくいかなくなることは多い。特に家族には当事者が様々な感情や思いをぶつけやすい。一般的に人は恐怖や不安を感じたとき、特定の人に助けを求めて、安心感を得ようとするが、トラウマはその力も崩壊させてしまう、と亀岡さんは指摘する。

「トラウマを抱えると、究極的に助けを求めなくてはならないような状況なのに、それができなくなる。そうした状況を周囲が理解していないと、当事者と周囲の間でいろんな齟齬《そご》が起こってしまう」

「わからない」から出発を

ある程度の時間が経って当事者からのＳＯＳが発せられなければ、当初は丁寧に接していた家族でも、「もういい加減に頑張れ」となってしまい、関係が決裂することもあるという。亀岡さんは、「（支援していくには）当事者のことは『わからない』という前提から出発することが大切」と力説する。安易に「頑張れ」「気持ちはわかる」などと言うのは禁忌だが、それ以外は、何をすれば万全かは当事者によって様々で、定まっていない。

たとえば、治療を受けることや学校を休むことなど、周囲がよかれと思って先回りして予約したり、連絡したりしても、本人にその内容や意図を伝えていないと、より当事者を傷つける可能性は大きい、とも指摘する。

「自分の知らないうちに物事が進んでしまうと、自分のコントロールが及ばないという意味で、性被害を受けたときと同じモードになってしまう。何かをするときは前もって説明することが、本人の心の安全にとっては非常に重要だ。結果的に無理強いになってしまうことはやってはいけない」「あなたの気持ちを聴かせてほしい」「〇〇することはイヤではないか」などと、何をするにしても、丁寧に当事者の気持ちを確認しながら進めていくプロセスが大切だ、と強調する。

亀岡さんによると、自然災害や暴力など衝撃的な体験から心的外傷後ストレス障害（PTSD）になっても約7割は1年で自然に回復する。ただ、1年以上経つと自然回復は望めない上、性被害は対人被害の最たるものなので、多くの場合は自然回復が難しいのが実情だ。当事者が混乱しているときはまずは安全を確保し、その後半年経ってもいろんな問題が解決しない場合は専門家に相談した方がいいかもしれないと当事者に話していくことが大切とする。ただ、家族が疲れ果ててしまうこともある。「被害者に何が起こっているのか被害者の心理やトラウマの仕組みなどを家族に啓発するとともに、親や家族のケアをすることも当事者の回復につながる」と、当事者を支える家族や身近な人たちの重要性を語った。

4　もっと早く治療につながっていれば

耳元で男性の荒い息づかいが聞こえるようになったのは、20歳のころだ。

加藤千恵子さん（56歳）は愛知県内の大学に進学し、一人暮らしを始めていた。寝ていると、月に1～2回ほど金縛りにあった。指のあとがつくほど誰かに手首を押さえつけられる感覚に襲われた。苦しくなって目を覚ますと、息づかいが聞こえてくるのだ。

金縛りはずっと続いた。加藤さんは大学を卒業し、静岡県で家庭科の高校教師として採用された。だが、人間関係がうまくいかない。自分を表現できず、強気に出てくる人には従ってしまう。何よりも、男性が隣に来ると、極度に緊張した。怒りの感情をコントロールすることも難しかった。瞬間湯沸かし器のように爆発した。《怒ってはいけない》と抑え込もうとすると、心臓が破裂してしまいそうなほど、鼓動が激しくなった。

28歳のとき、職場で、精神疾患について学ぶ研修があった。講師の医師に、自分の怒りについて相談したことをきっかけに、クリニックで検査をした。そこで、心的外傷後ストレス障害（PTSD）と診断された。いろいろ話していくと、原因は性暴力だと指摘された。自分ではずっと大したことではないと思い込んでいたので、最初は理解できなかった。「私は挿入されていない」と言うと、医師は「挿入がなくても性被害です」と返答した。

《私の体験は性被害だったんだ》と、加藤さんは初めて思った。

それは、中学2年のときだった。同じクラスの、前の席に座る男子が授業中に振り返り、しゃべりながら、自分のひざに左手を置いてきた。話しているうちに、その手が太ももあたりまで伸びた。驚きのあまり体が動かなかった。《彼は私のことが好きなのか》。そう思ったものの、加藤さんには好きな男子が別にいた。

10月の木曜日。「一緒に帰ろう」と誘われた。急に雨が降り出した。校門を出たところで抱き寄せられ、キスされた。ガチガチに体が固まり、イヤとは言えなかった。その後一緒に歩いていると、誰かの家の物置小屋が目に入った。「そこに入る?」と言う男子生徒に「なぜ?」と問い返すと、「すぐに済むから」と言われた。《キスしたことについて何か話すのかな》。そう思いながら中に入ると、加藤さんはあっという間にコンクリートの床に押し倒され、両手を押さえつけられた。

男子生徒は「俺のものだ」とつぶやき、加藤さんの下着をブルマごと下ろそうとした。彼の息づかいがどんどん荒くなった。力の限り、足をバタつかせた。泣き出すと、男子生徒は「このことは誰にも言うなよ」と言って、立ち去った。

《何ともない》。そう自分に言い聞かせた。いつものようにお琴の稽古に行ってから帰宅した。母には「体育館で転げ回って制服が汚れた」と言い訳した。《私は汚れてしまった》。そんな思いに駆られた。風呂で体を力いっぱいゴシゴシ洗った。その夜、日記に何があったかを書いた。翌日登校したが、男子生徒は何もなかったかのように振る舞っていた。

強まる自責の念、感情を抑えて生きた

2カ月ほどして、母に呼ばれた。日記を盗み読みしていたようだ。母は「はしたない」と一言言い放った。加藤さんが「つらかった」と吐露すると、「スキがあったのでは」と言われた。「犬にかまれたと思いなさい」とも母は言った。その言葉が加藤さんの胸に突き刺さった。《助けを呼ぶことができなかった自分が悪いのだ》。その思いを強くした。忘れようとしたが、高校を卒業すると、被害に遭ったときの様子がフラッシュバックするようになった。

クリニックでPTSDと診断され、28歳から治療を受け始めた。とにかく、ところかまわずわき起

こってくる怒りを何とかしたかった。「怒っていいんです」「正当な怒りです」と医師は言った。《私は我慢していたんだ》。大したことはないのだと自分に言い聞かせ、自分で被害に遭ったことを記憶から消し去ろうとしていたことにも気づいた。

2週間に1回心理療法を受けた。1カ月ほどして、少しずつ効果を感じるようになった。切れ切れだった記憶がつながっていった。しかし、3～4カ月すると、今度は治療が苦しくて仕方なくなった。加害者に対する怒り、親も先生も友人も誰も何もしてくれなかったというむなしさ、助けてもらえない自分は価値が低いとの思い……。様々な思いが頭をもたげてきた。

治療を始めて1年、カウンセリングにも通い出した。月に1～2回、3年続けた。その他、インターネットの掲示板で自助グループにも参加した。そうした約4年にわたる治療や活動を経て、自分の中で、性被害はいま起こっているのではなく、過去のことなのだ、と思えるようになったのは、32歳のころだ。

相手の男と対峙して

そのころ、加害者に謝ってほしいという気持ちが強くなった。医師には反対されたが、親友を伴い加害者をファミリーレストランに呼び出した。親友の手を握りながら、彼が自分にしたことを突きつけた。「記憶にない」という彼の言葉を聞き、《私はこんなに悩んでいたのに、その程度なんだ》と思った。「あなたはどう思うのか」と問い詰めると、「もし本当だったら申し訳ないと思う」と言われた。《ふざけるな！》。そう心の中で叫んだ。水をかけてやりたかった。でも、我慢した。

「すっきりはしないが、あきらめというか区切りがついた。この程度の男だったんだ。私は立ち直らなくては、と思えた」

「汚れた」という感覚も消え、男の人がみな危険なわけではないとも思えるようになった。

その後、いまのパートナーと出会った。すべてを知った上で支えてくれた。加藤さんが人を信用してもいいのかもしれないと思えるようになったのは、35歳だ。38歳のときには、PTSDの症状の一つ、意識や記憶などの能力が一時的に失われる解離がなくなった。以前に比べると、かなり楽になった。

いまも2カ月に1回は精神科に通う。《私はよく頑張ってきた》と思う一方で、もっと早く治療につながっていれば、との悔しさもある。「若いころは男の人が怖くて恋愛ができなかった。早く治療を受けていたら、子どもを持つこともできたかもしれない」

加藤さんは、自分のような思いをする子どもが出ないように、加害者を作り出さないようにと、勤務する高校で性教育に力を入れる。自分の家庭科の授業で妊娠の成立や性的同意などについて教える。「性教育は人間教育。性的同意は自分と人を尊重することにつながる、とても大切なことだと考えている」

「早期治療が重要」日ごろから伝えておくべきことは

子どものときに性暴力を受けた人が、早い段階で適切な治療を受けられず、その後に深刻な影響が出るケースがある。臨床心理士として性被害者の支援にかかわる上智大学准教授（心理学）の齋藤梓さんは、「子どもは心身の発達途上であるからこそ、性被害に遭うと、健全な発達が阻害されるなどの甚大な影響が出る可能性がある。早期の治療はより重要となってくる。子どもがこれまで築いてきたものの他、これから得られたはずのものが失われてしまう可能性がある」と話す。

かかわってきた性被害者からは、「もっと早く治療につながっていれば、こんなに苦しまなかった」「失うものがもっと少なくて済んだ」といった声があったという。たとえば、フラッシュバックに悩まされ、学校生活に集中できなくなる。自分や周りの人を信じていいのかわからなくなり、友人関係をうまく作れないといったことがある。

ただ、早期の治療にあたっては多くの課題がある。子どもの被害で多いのは、「被害」だと認識できず、気づいたときには時間が経ってしまっているケースだ。齋藤さんは、「何が性暴力にあたるのか、そして性暴力を受けているのであれば、相談してほしいと思っているとまずは子どもたちに伝えていく必要がある」と指摘する。「親に相談できなかった」という子どもたちに理由を尋ねると、「怒られると思った」という答えが多かったからだ。

齋藤さんは、親や周囲の大人たちが、どんな場所でも性暴力は起きるという前提に立った上で、「性暴力が起きたら絶対に加害者を許さない」「相談してくれたらちゃんと聞く」「相談した人の安全を守る」といったことをしっかり示すことが大事だとする。

また、カウンセリングなどは費用が高く、相談に行くこと自体へのハードルが高い現状にも心を痛める。性犯罪、性暴力の被害者のためのワンストップ支援センターなどがあるが、相談をした警察から紹介されなかった被害者もいた。「声を上げた人には少なくとも、相談機関にアクセスできるようなルートが確実に整備される必要がある」と齋藤さんは訴える。

5　51年後によみがえった記憶

「兄からの性暴力」。その文字を目にしたとたん、51年前のことが突然、よみがえってきた。

2021年11月9日。東京都内に住む清美さん（65歳）が職場で、昼の休憩時間にスマートフォンでニュース記事を見ているときだった。おかっぱ頭の12歳の自分が、ぼーっと畳に座り、布団の中で6歳上の兄にされていることを見ているという映像が浮かんできた。

そして、思い出した。突然部屋に入ってきた兄は、何も言わずに布団に潜り込んできた。足をばたつかせて抵抗したが、兄はおかまいなく、ベタベタした手で体をまさぐってきた。数日後、また兄はやってきて、同じことをした。その次の3回目は性器を押しつけられた。とても痛かった。

清美さんは、小学生のころから風呂場にあった父親のカミソリで左手首をリストカットをしていた。《消えてなくなりたい》。そんな思いも持っていた。なぜ自分が幼いころからリストカットをし、「消えたい」と思っていたのか。ずっとわからなかったが、62歳になって初めて理由がわかった。

葛藤と苦しみが始まった。《私が悪いからこんな目に遭ったのか？》。自分を責める気持ちと体がすくむような恐怖、兄への激しい怒りもわき起こった。《昔のことなのに、おおげさではないか》《自分があきらめれば済むことではないか》。そんな思いも次々と押し寄せてきた。感情はジェットコースターのように上下動し、涙が止まらなくなった。夜も眠れなかった。怖い夢を見て目を覚ますと、明るくなるまで窓の外を見ていた。

医師の言葉に救われるも、一進一退

悩んだ末、1カ月後に夫（69歳）に話した。夫は「かわいそうに」と言って一緒に泣いてくれた。しばらくして子どもたちにも打ち明けた。フラッシュバックが頻繁に起き、そのたびに、清美さんは「12歳の私」に引き戻された。気持ちがぐらぐら揺れた。仕事にも集中できず、職場では単純ミスを繰り返した。何もする気になれず、気力もない。食事はすべて夫が準備してくれた。

どうにもならない状態に、病院に行くしかないと思った。それでインターネットで調べ、見つけた心療内科を受診した。そこで、「あなたは何も悪くない」と医師に言われて救われた。心的外傷後ストレス障害（PTSD）によるうつ病と診断され、薬を処方された。

しかし、医療にかかっても不安定な気持ちは収まらなかった。《死んでしまいたい》《消えてしまいたい》。そんな思いに駆られ、気づいたら、電車のホームで線路に向かって歩き出していたり、赤信号の横断歩道を渡ろうとしたりしていた。心配した夫が毎朝、職場の近くまで送ってくれた。

ある雨の日、バスに乗っていると、自分が突然「この悪魔、死ね～！」と叫び、兄に包丁を2回突き刺している映像が浮かんできた。《私は頭がおかしくなってしまったのだろうか》。動揺した。心臓の鼓動が激しくなり、涙が止めどなくあふれ出た。

清美さんは本格的な治療の必要性を感じた。トラウマ治療をする大学の心理臨床センターを見つけ、カウンセリングに通い始めた。過去を振り返り、自分の感情を確かめ、いまの生活についても話した。毎回、少し気持ちが軽くなるが、終わった後は疲れからしばらく動けなくなる。調子は上向いても、しばらくするとまた落ちるの繰り返し。いまも2週間に1回、カウンセリングに通う。

被害者たちが性暴力の根絶を目指して声を上げるフラワーデモに参加したこともある。思わず手をあげて発言した。そのときは参加者からかけられた「あなたは何も悪くない！」という励ましの声が心にしみた。しかし、状態は一進一退だった。

清美さんを心配した次女（39歳）はあるとき、清美さんには内緒で田舎で暮らす清美さんの兄を訪ねた。次女は「おじ（母の兄）はどう記憶しているのか、母の状態をどう思うのか知りたかった」と振り返る。次女は、清美さんの兄であるおじと、こんなやりとりをした。

「母が小学6年のときにレイプされたと言っている。本当か」

次女の問いに、作業小屋で立って作業をしていたおじは突然片ひざを落としてうつむいた。「そんな認識はない」。何度もそう繰り返した。「体を触ったこともないのか」とさらに問う次女に、おじは「仲の良い兄妹だったから」とひざを地面についたままの姿勢で答えたという。

次女はそのときの様子を戻ってきてから清美さんに報告した。「怒りを駆り立てる価値もない相手だ」。次女にはそう言われたが、兄を許せないという清美さんの気持ちは収まらなかった。

家族も巻き込んだ影響

2023年10月、清美さんは急に息ができなくなって、緊急入院した。肺血栓を起こしていた。生死の境をさまよった。その経験から、「残り少ない人生。恨みつらみから自分を解放しよう」と思うようになった。

それから約2カ月後、夢を見た。兄を詰問する自分の姿があった。「12歳の妹にこんなことをして何とも思わないのか」。高齢の兄が「ごめん」と答えたのを聞いて、やったーと思った瞬間、目が覚めた。夢ではあったが、初めて自分が兄に対峙《たいじ》できたことがうれしかった。

いまもフラッシュバックはときどき起こり、薬も手放せない。最近は、献身的に寄り添ってくれた夫にも疲れが見え、ぶつかることも増えた。老後は兄の住む実家近くの土地に家を建てて農業をするという計画を立てていたが、その計画も見直さなくてはならなくなった。性暴力被害が家族も巻き込み、人生をこんなにも狂わせてしまうことに、清美さんは愕然としている。

2023年の刑法改正で、不同意性交等罪の公訴時効は5年延びて15年になった。しかし、50年以上経ってから性被害を思い出した清美さんにとっては、何の意味もなさない。「私は62歳になって初めて、自分に起きたことが性被害だったのだと気がついた。時効はなくしてほしい」と訴える。

忌まわしい記憶を思い出してから3年近く。清美さんはすぐに医療にかかり、家族に支えられ、なんとか命を絶たずにここまで歩んできた。もがきながら、今日も生きている。

でも、一つ足りない。それは、兄が事実を認めることだ。もう無理なのだろうと思いながらも、そのことだけはどうしても、整理がつかないでいる。

どう対峙するか。謝罪、訴訟……回復につながるのは

性暴力の被害者は、加害者に事実を認め、謝罪してもらいたいとの思いを強く持つ。しかし、その実現には多くの壁がある。被害者はどのように向き合っていけばいいのか。

トラウマ論に詳しい大阪人間科学大学特任教授で、精神科医の岩井圭司さんは、加害者が自分の行為を認めることが、被害者にとっては、回復のための大きな一歩になりうるとする。その上で、「事実を認め、謝罪しても、対話なき謝罪は口先だけだと被害者が受け止める可能性もある。そういう意味でも対話は重要だ」と語る。

しかし、性暴力と家庭内暴力（DV）では被害者と加害者の対話が難しいのも現実だ。「被害者にとって最悪なのは孤立無援感。そこからの回復を考え、加害者との対話が困難ならば、周囲との対話を考えるべきだ」。被害者にとってはまず、何も言わずに話を聞いてくれる人の存在が必要だが、同じような経験をした人たちが集まる自助グループなども、被害者が「自分は一人ではない」と思える場になる。「自分は生きていてもいい」という安心感を持つ場にもなり、その安心感が、次の対話につながり、回復の道を開くことになると岩井さんは指摘する。

被害者、加害者双方の代理人を務める弁護士の小竹広子さんは「加害者が謝罪するということは、加害者がやってはいけないことをしたと双方が合意したことになり、被害者が自分の抱える課題を手放し、次に進んでいくためには必要なステップだ」と説明する。

しかし、性暴力事案は刑事事件として立件されないことが珍しくない。加害者の対応に納得できず、民事訴訟で闘うことを選択する被害者もいる。小竹さんは裁判を起こす意義と難しさの両面をこう指摘する。「提訴は、起きたことに自分が対処しているという行動になる。性暴力を受け、自分は何もできない、無力な人間だと思わされている被害者にとっては、『自分は無力ではない』と感じることができる機会になる」

一方で、民事訴訟を起こせば、多くの場合、加害者は否認する。しかも裁判所が間に入るため、加害者とは意思疎通がしにくくなるうえ、相手の守りが固くなって気持ちをさらに聞けなくなるという側面もある。勝訴判決を得ることができれば、被害者の回復には大きな支えになるが、裁判を通して被害について詳しく聞かれ、自分に落ち度があったかのように追及されるなど、二次被害を受ける可能性もある。「被害者には覚悟が必要だ」と小竹さんは話す。そのため、訴訟はせずに、賠償金の支払いと謝罪を受けて終わりにする被害者も少なくない。

そうした状況の中で、小竹さんは、刑事事件での公訴時効の撤廃だけでなく、民事訴訟の時効を撤廃することの必要性も訴える。民法の規定では、性被害は、加害事実や加害者を知ったときから5年、あるいは被害を受けたときから20年が経つと、損害賠償請求権が時効により消滅する。しかし、被害者が性被害を認識して、人に言えるようになるまでには長い時間がかかる。数十年かかる人もいる。小竹さんは「時効は被害者に『何も言うな』と言っているに等しい、被害者の声を抹殺する制度とも言える」と批判。「民事訴訟は、訴える被害者側に立証責任がある。それ以上に時効を設けてハードルを高くする必要はない」としている。

6 ─ 当事者活動で得る力と救い

性暴力の被害者が立ち直る力になるのが、同じような経験をした人が集まる自助グループだ。近親者からの性虐待被害者で作る「ＳＩＡｂ．（シアブ）」（東京都）を主宰するけいこさん（55歳）は、「自助グループを通して、社会とつながった気がする」と振り返る。シアブは２０１３年にけいこさんたち数人の当事者で立ち上げた。

けいこさんは、3～15歳ごろにかけて、実父と実兄からの性暴力を受けてきた。２００８年ごろから、主治医のクリニックが主宰する性暴力被害者の自助グループに参加した。しかし、加害者が近親者ではない被害者の前では、けいこさんが加害者である父や兄に感じていた、家族としての情や割り切れない思いまでは、さらけ出せないと感じるようになった。そんなとき主治医の後押しもあり、近親者からの性虐待被害者だけの自助グループを立ち上げることになった。

主な活動の一つが、当事者同士が語り合う「ピアミーティング」だ。月数回、自治体の施設の会議室などを借りて開く。1回あたり2～3時間で、5～10人ほどが参加する。ファシリテーターの進行のもと、一人ずつ順番に話し役になり、自分の経験や現在の状況、思いなどを語る。他の参加者は耳を傾ける。目指しているのは、「安心感がある安全な場」だ。ふだんは口にできないようなことでも、安心して語り、聴いてもらえるように、参加者は思いやりを忘れないことを心がける。

けいこさんは活動を続ける中で、「自分は孤独ではない」と感じるようになった。それまでは、被害のことを人に言えず、誰と会っても常に気を張り、「人と信頼関係を結べない」「みんなに隠し事をしている」と感じていた。しかし、ピアミーティングを通じて、「すべてをさらけ出してよい場所がある」という安心感が生まれ、「あの場所がある」という思いが、日常生活での活力にもなった。

当事者自ら自由に語る動画で発信も

シアブでは、ピアミーティングの他、「当事者のリアルな声を届けたい」と、有志の当事者たちで動画などを制作し、近親姦《きんしんかん》虐待の問題について社会に発信する活動も続けている。

近親者からの性虐待について、社会的な支援が足りないともどかしさを感じていたが、「そもそも私たちのような存在が知られていない」と思うようになったのが、きっかけだ。動画では、回復に向けて気づいたことや、疑問に感じたことを、それぞれが自由に語っている。気になる識者や、加害者にインタビューすることもある。けいこさんたち当事者も顔を出して出演するため、「被害者なのになに笑っているんだ」といった心ない声が届くこともある。しかし、「動画を見て、参加しようと思った」とピアミーティングに来る人もいる。

シアブの活動を通して、刑法改正に向けて動く当事者や支援者とも出会い、社会との接点が増えた。そしてこの10年ほどで、フラワーデモなどを含めて性暴力被害を告発する人が増え、刑法が2度改正されるなど、社会の性暴力との向き合い方も大きく変わってきた。「いまは様々な自助会があり、それぞれに良さがある。合わなければ別のグループに行けばいい。同じような経験をした人と話すことで道が開けることもある。気軽に参加してみてほしい」とけいこさんは話す。

旧ジャニーズの被害者も活動

旧ジャニーズ事務所（現ＳＭＩＬＥ-ＵＰ.）の創業者、故ジャニー喜多川氏からの性被害を告白した当事者たちも、自身の体験を語り、被害をなくすための活動を始めている。２０２３年12月に立ち上げたのは、「1 is 2 many 子どもへの性暴力を根絶するAction Plan（通称ワニズアクション）」だ。現在は、被害当事者の5人がメンバーだ。

これまでに大学での講演の他、子どもの性被害や加害者臨床、性教育などに詳しい専門家と一緒にイベントも実施。専門家を招いたオンライン講義も定期的に開催している。「1 is 2 many」は「被害者はたった1人でさえも多すぎる（too many）」を意味する。一方で「1人では実現できなくても、ともに声を上げることで社会を変えられる」という思いも込められている。

メンバーの一人である中村一也さん（37歳）は、被害を公言するまで、被害に遭ったことを隠し、自分をごまかして生きている感覚だった。けれども、社会に対して被害を公言するようになってから、「被害に遭ったことを恥ずかしいと思わなくなったし、自分に正直に生きられるようになった」と話す。また、同じように被害に遭った人たちと活動していることで、被害やいま考えていることを共有することができ、心が軽くなった。「救われた」と感じている。

別のメンバーの長渡康二さん（41歳）も、これまでは思い出すことが嫌で、性被害について積極的に語ることはなかった。活動を始めてから、性暴力が起きる背景について考えるようになり、自分の被害を客観的に見ることができるようになった。加害者の心情は理解しがたいが、どうしてそういった行為をしてしまったのか、理由や背景について知りたい思いが強くなった。活動に対しての批判もあるものの、賛同してくれる人からの励ましの声が、心の支えになっていると話している。

7 かさむ治療費、被害者が直面するお金の問題

1回2万円。しかも、1回だけではなく、少なくとも数十回は通う必要がある。それでも、本当に回復できるかは約束されていない――。東京都内に住む30代の由佳さん（仮名）は10年ほど前、性暴力による心的外傷後ストレス障害（PTSD）を治療しようと専門のクリニックを調べ、実情を知って驚いた。気が遠くなるほど費用がかかることがわかったからだ。

由佳さんは9歳のときから数年間、きょうだいから性虐待を受けた。被害のことは、両親にも、誰にも話せなかった。男性を信用できなくなり、10代から20代にかけ、自傷行為のような交際を重ねた。そうした中で、知人からも性暴力を受けた。なんとか学校には通い、大学卒業後に就職した。しかし、入社後に上司からパワハラに近い対応を受け、自律神経を乱し、1年で退社。いま思うと、性暴力被害のトラウマも体調に影響を与えていたと感じている。

27歳のころ、きょうだいの結婚により、被害の記憶がフラッシュバックした。うつが悪化し、原因を探ろうと、「アダルトチルドレン」など、「生きづらさ」に関する書籍を読みあさった。自分の問題の根底に、きょうだいからの性虐待があると気づいた。

異変に気づいた友人の助言を受け、由佳さんはクリニックを探した。だが、当時はいま以上に情報が乏しく、ようやく見つけたクリニックは初診まで1年半待ちだった。

そのときは仕事ができる状態ではなかった。生活費について相談するため、性虐待について母親に

初めて告白した。しかし、母は深刻に受け止めず、心療内科や精神科に通うことにも「なんで?」と不快感を示した。被害を「家族の恥」ととらえ、他人に知られるのを嫌がっているようだった。

わらにもすがる思いで、被害者支援の公的な窓口に連絡した。しかし、「昔の被害は支援の対象外」と断られた。被害直後の「急性期」の被害者向けの窓口だから、仕方がない対応だったのかもしれない。ただ、当時は《傷だらけの中、ようやく出せたSOSを、事務的に断られた》と感じ、さらに傷ついた。

「誰が自分を救ってくれるのか」。適切な情報や医療機関にたどり着けず、いくつものミスマッチを繰り返し、心身が削られる思いだった。その後、近所のメンタルクリニックを受診。その紹介で、規模が大きい都立病院へと移った。抗不安薬などを処方され、少しずつ気持ちは安定してきたが、トラウマの専門医はいなかった。《根本的なトラウマの治療をしなければ》。そんな思いに背中を押されて見つけたのが、1回2万円ほどするクリニックだった。

トラウマの治療に効果があるとされる「EMDR(眼球運動による脱感作と再処理法)」を受けることになった。クリニックでは「あなたの場合は60回以上通う必要がある」と言われ、ざっと見積もっても100万円以上かかることが予想された。それでも、《なんとか回復につながれば》と数回通ったが、結局費用を工面できず、次第に通えなくなった。他にもいくつかのクリニックに当たったが、費用面も含めて合う病院を見つけられず、本格的な治療にはつながらなかった。

「『ラッキー』で済ませていい問題ではない」

２０１８年、由佳さんは知人の紹介で大学の臨床調査研究に参加することになった。ＰＴＳＤの認知行動療法の一つである「持続エクスポージャー（ＰＥ）療法」を受けた。ＰＥ療法は、トラウマの記憶に繰り返し触れて語ることで、記憶を整理し、恐怖を和らげていく治療法だ。

治療を通して被害当時の記憶を何度も思い起こし、きょうだいの名前を繰り返し検索するなどした。約半年の間、月2回ほど通った。治療中は、パンドラの箱を開けたような苦しみを伴ったが、それでも効果は如実に表れていった。フラッシュバックがなくなり、不安で家のカギを閉めたか何度も確認するようなそれまでの行動も減った。うつが軽くなり、仕事もできるようになった。被害について、ずっと自責や恥の感情がついて回っていたが、「悪かったのはきょうだいであって、私ではない」ととらえ直すことができた。

このときの治療は、大学の研究の一環だったため、費用はかからなかった。しかし、研究の一環のため、いつでも、誰でも受け入れられるわけではない。また、ＰＥ療法は被害と向き合う療法のため、「一定期間、自傷行為がない」などの条件もクリアしていないといけない。

由佳さんが働けない間は、両親による生活費の仕送りがあった。両親は、きょうだいの性虐待には「昔のことだから」と味方してくれなかったが、経済的な支援はしてくれた。「私の場合、費用面ではラッキーが重なった。だけど、『ラッキー』で済ませていい問題ではない。被害者のその後が、運で左右されていいはずがない」

治療以外で「自分らしい回復」のための手助けになったと感じているのは、性暴力被害の自助グループや、2016年に始まった性犯罪に関する刑法改正に向けた「ビリーブ・キャンペーン」などとの出会いだ。由佳さんはいま、性暴力被害当事者らで作る一般社団法人「Spring（スプリング）」（東京都）のメンバーの一人として、被害者の中長期支援の必要性も含めて、政治家や省庁にロビイングを続けている。経済的な支援も、強く要望している点の一つだ。

「多くの被害者が、被害やトラウマによって離職を余儀なくされる。しかし、経済的に苦しいから治療につながれず、回復できないから仕事にも戻れない。そんな負のループに陥っている」。由佳さんは「性被害はなかったことにはできないが、適切なケアを受けられれば、そこからまた新たに人生を切り開いていくことはできる。被害から20〜30年経っていても支援が受けられる中長期の支援を拡充するとともに、カウンセリングなどの心理療法を低額で受けられる仕組みが必要です」と訴える。

専門的治療になかなかたどり着けない被害者たち

性暴力の被害者には専門的な治療が必要になる。だが、大きな費用がかかり、負担に苦しむ人も少なくない。その背景には何があるのか。

トラウマに詳しい国立精神・神経医療研究センター（NCNP）の元認知行動療法センター長で、武蔵野大学客員教授の堀越勝さんは、性暴力を受けて心的外傷後ストレス障害（PTSD）になった被害者の精神状態について、「『鬼は内、福は外』の状態になる」と説明する。ふつうの人は善いことをすれば善いことが、悪いことをすれば悪いことが起こるという、いわゆる「公正世界の信念」を信じている。だが、理不尽な性暴力を受けた当事者は、その概念を覆された状態になる。

堀越さんによると、性暴力の被害者は自分を守るために、心の中に高い城壁を作り、誰も乗り越えられないようにしてしまう。孤立し、城壁の中に自己嫌悪、罪悪感、怒りや不安など、様々な「鬼」をため込む。周囲の人が外から手を差し伸べても、振り払ってしまう。堀越さんは「そうした状態になった人には治療が必要だ。セラピストなどの専門家が城壁から被害者を外に連れ出す、あるいは鬼を一つずつ城壁の外に出して、『世の中には安全な人もいる』と認識してもらうことが必須となる」と説明する。

堀越さんは考え方や物事のとらえ方を変えていく認知処理療法（CPT）と呼ばれる治療法の専門家だ。CPTは1回1時間、計12回の治療が基本の単位という。こうした心理療法は2010年から保険適用されている。医師には30分以上、16回の範囲で1回480点（4800円）の診療報酬がつく。ただ、時間と手間がかかるにもかかわらず、単価が低すぎるとの声は多い。

三重県四日市市にある総合心療センターひなが で、10代を中心とした多くの性暴力被害者を治療する児童精神科医の山田智子さんは、「（うちは）医師も多く、病院の協力態勢もあるので、トラウマ治療ができている。しかし、そうでない病院ではなかなか難しいと思う」と話す。とはいえ、心理療法には時間がかかるため、山田さんも臨床心理士も昼休みを削るなどプライベートな時間を割いて診療にあたることも珍しくない。これまでは実質的に収益がない状態で実施してきたとして、「トラウマに対する心理療法のような誠実な医療をすればするほど病院経営を圧迫するという現状がある」と問題点を指摘する。被害者がなかなか専門的な治療にたどり着けない背景として、診療報酬が低く、治療ができる医療機関が少ないという現実がある。

国もトラウマ治療の重要性を認識し、2024年度からは新たに、医師の指示を受けた公認心理師によるカウンセリングなどの心理支援も保険適用とした。前進ではあるが、30分以上で診療報酬は250点（2500円）と単価は医師の約半分。しかも月2回、2年までとの制限がついており、不十分だとの指摘も出ている。

開業している公認心理師は、自由診療が多いため、カウンセリング費用は1回1万〜2万円などと高額になりがちだ。そのため、一般社団法人「日本フォレンジックヒューマンケアセンター」（名古屋市）はクラウドファンディングを実施。2024年は1回60〜90分のセラピーを15回無料で20人が受けられる態勢を整えた。「早い相談・セラピーは、被害者の回復、社会復帰への一歩につながる」としている。

日本の予算「少なすぎる」

女性のキャリア形成や、性暴力被害者の経済的損失について詳しい日本女子大学名誉教授（労働経済学）の大沢真知子さんは、日本における性暴力やDVの被害者支援に対する予算は、「他の先進国に比べて少なすぎる」と指摘する。

内閣府の調べによると、新型コロナウイルスが流行した2020年には、女性や女児への暴力が急増しているとして、各国が相次いで関連予算を増額した。イタリアでは女性に対する暴力対策のために35億円の基金を創設したり、イギリスではDV被害者の支援団体に約1千億円を支出したりした。

日本でも、警察によって性犯罪被害者と認定されれば、初診料や性感染症の検査、緊急避妊や人工妊娠中絶などの費用が公費負担となりうる。精神科医や公認心理師などによるカウンセリング費用も対象だ。ＰＴＳＤなどの重い精神疾患を負って働けなくなった場合は、犯罪被害者等給付金が最大で１２０万円まで支給される可能性がある。

しかし、警察に相談できなかったり、被害者と認めてもらえなかったりするケースも少なくない。そうした場合、ワンストップ支援センターへの相談内容に基づき、緊急避妊や検査、カウンセリングなどの費用が公費負担となるように、国が都道府県に交付金を出している。ただ、ワンストップ支援センターやワンストップ支援センターで対応する公費負担への交付金などの２０２４年度の当初予算額は、約４億９千万円だ。ＤＶ被害者支援のための約３億４千万円などを含めても、性暴力などの暴力根絶や被害者支援に対する予算額は約８億９千万円にとどまっている。

予算が乏しい背景について、大沢さんは「性被害を社会の問題としてとらえず、『被害者にも落ち度があったのでは』として、自己責任とみなす風潮があるからではないか」と指摘する。そこには、性暴力被害を過小評価する男性中心社会の価値観が反映されているとみる。特に幼少期に性暴力の被害に遭った場合、適切なケアを受けずに放置されることで、トラウマなどで通学や就職ができなくなるなど、その後のキャリアや人生に多大な負の影響が出る。

また、被害者個人の損失だけではなく、国や社会にとっても、被害者が活躍することで本来生み出されるはずだった経済的価値（逸失利益）やそこから派生する税収、社会保険料収入などを失うなど、損失は大きいとみる。大沢さんは２０２２年にＮＨＫによる性暴力被害者への調査に対する約３万８千件の回答をもとに、被害者が性暴力に遭ったことによる逸失《いっしつ》利益の規模を推計した。被害前に働いていた人の所得や、教育などによる潜在的な稼得能力を勘案すると、回答があった3万8千件分だけでも、逸失利益は最大8兆円以上、少なく見積もっても2兆円ほどにものぼることがわかったという。実際の被害者の数は、もっと多い。「アメリカなど先進国は、被害者支援に力を入れることが、結果的に社会全体のプラスになることを理解している。日本も、こうした観点で調査し、もっと予算を割くべきだ」と大沢さんは訴える。

8 整備が求められる拠点「ＣＡＣ」とは

神奈川県伊勢原市にある「子どもの権利擁護センター（Children's Advocacy Center＝ＣＡＣ）かながわ」の代表を務める医師の山田不二子さんは数年前、弁護士から相談を受けた。

弁護士によると、小学生の女の子が、よく会う男から性暴力を受けたと親に打ち明けた。警察は男を強制わいせつ（現・不同意わいせつ）の疑いで逮捕したものの、「子どもの証言があいまいで立証できない」として、検察は男を不起訴処分にした。一生懸命話したのに信じてもらえなかったと少女が深く傷ついているという。検察審査会（検審）への申し立てを検討したいが、「不起訴不当」の議決が出ることは極めてまれだ。起訴の可能性を高めるためには、少女の証言が信用できることを検審に理解してもらう必要がある。児童相談所や精神科医にも相談したものの協力を得られず、最終的にＣＡＣかながわに、たどり着いたとのことだった。

弁護士はＣＡＣかながわに少女の司法面接をしてもらいたいと依頼してきた。司法面接とは、虐待などの被害を受けた疑いのある子どもから、できるだけ精神的な負担をかけずに、暗示や誘導の少ない方法で、体験を聞き取る面接だ。CACかながわのスタッフが話しやすい雰囲気を作って少女を面接し、性被害を受けた場所や日時を特定する証言を引き出し、報告書をまとめた。弁護士が報告書を添えて検審に申し立てた結果、検審は不起訴不当と議決。検察はもう一度周辺を捜査し、少女にも話を聞き直して男を起訴した。裁判で男は「子どもがウソをついている」と全面否認したが、少女が法廷で証言し、男は有罪となった。

「CACかながわがなかったら起訴されなかった」と弁護士は振り返る。性暴力の物証は乏しく、また子どもは何回も被害に遭っていることも多いため、いつ、どこで、どんなことをされたのかを特定して聞き出すのは簡単ではない。「警察では何回も同じことを聞かれたり、再現させられたりしていた。雰囲気もイヤだったようで、取り調べ自体が少女には負担だった」と弁護士は言う。

74%が性被害を開示

CACかながわの利用者は、2015年の開設以降、23年末までで83人。そのうち、4人に3人が性被害で、司法面接を実施した70人のうち74%が被害を開示した。山田さんは「子どものために作られた威圧感のないCACで、訓練を受けた専門家が子どもの聞き取りをすることがとても重要だ」と話す。

司法面接とともにCACの特徴と言えるのが、系統的全身診察だ。性暴力や虐待などの人権侵害を受けた可能性のある子どもが、性器を含めて頭のてっぺんからつま先まで、系統的に医師の診察を受ける。子どもに診察を無理強いすることはないが、同意してもらえれば、できるだけ子どもに負担をかけない形で診察する。山田さんは「証拠採取という視点は当然だが、性暴力の場合、診察して証拠になるような傷が残っていることは珍しい。診察後に『あなたの体はけがしていなかったよ』と告げることで、子どもたちは安心する。そういう意味でも全身診察は子どもにとって、とても大切」と話す。

司法面接では加害者の父親をかばって性被害を開示しなかった小学生が、全身診察がきっかけで、被害を打ち明けたこともあるという。しかし、日本では全身診察はあまり行われていないのが実情だ。神奈川県中央児童相談所が2017~22年度に受理した性的虐待事案317件を分析したところ、全身診察が実施されたのは26件、9%にとどまった。

アメリカには900カ所以上

日本には現在、CACは2カ所しかない。CACかながわと、2019年に発足したNPO法人「子ども支援センターつなっぐ」（横浜市）だ。発祥の地のアメリカでは1980年代半ばにCACの前身の団体が活動を始めた。1990年代以降、全国に広がり、2024年現在では961カ所設置されている。うち約7割は民間が運営する。

アメリカでは、警察や児童相談所（児相）が性被害や虐待などの通報を受けると速やかにCACに子どもを連れて行く。CACで司法面接や全身診察などの調査をした後、検察、医療、精神保健なども加わって、多機関が連携、協力して対応していく。CACで得た情報などをもとに司法当局は刑事事件としての処理を進め、子どもはCACで心のケアや司法手続きの支援を受ける。児相もCACと協力しながら、子どもの保護や支援を継続する。縦割りではなく、横並びで協力していく「多機関連携」は、CACでは最も重視されていることの一つだ。

2024年1月に来日した米CAC理事長のクリス・ニューリンさんによると、アメリカで23年にCACを利用した子どもは40万人以上にのぼる。また、CACを活用した調査・捜査は、縦割りで行われていた以前の捜査・調査に比べて1件で平均約1千ドル（約15万円）、36％節約できているという。ニューリンさんは「CACは子どもを守るためには欠かせない組織。経済的効果も高い」と語る。

つなっぐの共同代表で、神奈川県立こども医療センター総合診療部長を務める小児科医の田上幸治さんは「日本の警察も検察も早期の連携が、証拠保全という意味で大切なことはわかっているはず」と話す。性被害事案があったとき、できるだけ早い段階から多機関が情報を共有し、調査や捜査、支援、心のケアに使えることが大切だという。ただ、「日本では、民間がCACをアメリカのように多く作るのは費用面から困難だろう」とも指摘する。性暴力や虐待対応に医療は不可欠なことから、各地域の拠点病院の中にCACを作っていくことを提案、財政面を支えていくための仕組みも必要だと訴える。

県立こども医療センターは県児相と協定を結び、早期の情報共有、子どもの聞き取り、診察、心のケアをワンストップで実施するCACモデルを構築する予定だ。その実績を元に、全国にCACを広げていきたいと、田上さんは意気込む。「早期の証拠保全と多機関連携がないと、子どもに何が起こったのかを解明できない。何が起こったかに迫ることが、性虐待や性暴力でも、身体的虐待でも、捜査、子どものケア、回復には極めて重要だ」

interview

「私はおかしくなってしまった」性暴力の被害者を襲う不安

精神科医・武蔵野大学教授　小西聖子さん

性暴力被害者がどれぐらいの割合で、心的外傷後ストレス障害（PTSD）を発症するかというと、調査によって差があるものの、様々な調査で示されているのは、20〜50％という高い割合です。それに比べて、事故や災害の経験でPTSDになるのは5％以下です。しかも、平均では3〜4年で良くなります。

性暴力と家庭内暴力（DV）を経験する人は、事故や災害に比べれば少ないですが、PTSDになる確率は高く、トラウマの持続期間も長くなります。強制性交は持続期間が平均で10年といわれています。親から繰り返される性虐待や他人からの1回限りの被害など、性暴力の形態は様々で、症状も多様です。症状を抱えたまま生活している人も多く、臨床で出会う被害者はごく一部と考えるべきです。

共通して回復に絶対必要だと言えるのは、孤立しないことです。被害のことを理解し、心配し、一緒に支えてくれる人が必要です。そういう人が誰もいなくて被害者が勝手に良くなったという話は聞いたことがありません。まずは衣食住の確保が大切です。安全な場所を確保し、食べられていないなら食料を用意する。被害者は安定した生活ができて初めて、治療や症状のことを考えることができます。
治療は緊急度にもよります。「死にたい」という願望がある場合は入院治療などが必要ですが、臨床上PTSDは、3カ月までは多くの場合、自然寛解を待った方がいいと言われていますから、本格的なトラウマ治療に入るのは被害から3カ月ぐらい経ってからになります。

回復に向かう道のりは

被害者は、被害後にフラッシュバックや怒りの爆発などが起こり、「自分はおかしくなってしまったのではないか」と感じ、不安に襲われる人が少なくありません。しかし、それはおかしくなったのではなく、性暴力被害を受ければ起こりうる反応で、当然のことなのです。

心理教育と言いますが、支援者や治療者とのやりとりを通じて、性被害に遭ったから様々な症状が起こっているのだと被害者に理解してもらうことが第一歩になります。認知行動療法などの治療は、症状を理解することから始めていくことになります。

これまでの経験でいうと、トラウマとなった体験を思い出させるものを避けたり、記憶を思い出せなかったり、人ごとのように感じたりする回避や、フラッシュバックなどのPTSDの症状が取れるまで、被害が1回限りという方で半年から1年ぐらいかかります。被害が繰り返されて複雑性PTSDになっている被害者の場合は2年以上かかる人もいます。ただ、それでおしまいとならない人たちもいます。虐待を受けて育った人などはもともと自己評価がとても低いので、対人関係などでトラブルを抱えることもあり、治療後も生活やキャリアの面でサポートが必要になることが多いです。

認知を修正していく治療

効果が確認されている治療がいくつかあります。トラウマに特化した認知行動療法と呼ばれるものが基本ですが、トラウマ体験を整理しながらそのときの自分の感情に気づき、「自分が悪いからこうなった」といった認知を修正していきます。私が専門とする持続エクスポージャー法は、不安の原因になっている体験に対して逃げるのではなく、あえて向き合うことによって不安を引き起こす刺激とより上手に付き合っていく方法を身につけるものです。たとえば、車の中で被害に遭った人が恐怖を感じて車に乗れずに困っている場合、少しずつ車に近づく練習をしながら、車そのものは安全であることを再び認識していく、ということを繰り返していきます。被害当時のことを振り返るのでしんどい作業ですし、お金もかかりますが、週に1回、3カ月の治療を続ければ、7~8割は明らかに症状が軽減されます。

日本ではトラウマ治療を受けられるところも、患者と向き合う治療者に対して助言・指導できる専門家も少ないのが実情です。被害者が治療を受けられる環境を整えていく必要があります。治療をせずにPTSDを抱えたままになると、勉強や働くことに支障をきたし、人間関係もうまくいかなくなることは珍しくありません。当事者にとって治療を受けて早く回復する方がいいというのは言うまでもありませんが、社会にとっても被害者が早く回復すれば経済的・社会的な損失は少なくなります。そういう意味でも、性暴力被害者に対する治療環境の整備は社会課題と考えるべきです。

こにし・たかこ／武蔵野大学心理臨床センター長。専門は臨床心理学、トラウマ・ケア。心的外傷後ストレス障害（PTSD）の治療に関する研究をしている

子どもから打ち明けられたら――各種相談窓口や情報

性暴力によって、子どもたちには癒えない心の傷、いわゆるトラウマ（心的外傷）がもたらされる。その影響は様々な形で表れる。

年齢によっても異なるが、頭痛、腹痛、吐き気などの体調不良▽頻尿、おねしょ▽拒食や過食▽よく眠れない▽ペットをいじめる▽友だちと頻繁にトラブルを起こす▽落ち着きがない▽大人に反抗する▽リストカットなどの自傷行為を繰り返す▽自殺願望・自殺企図▽非行行為を繰り返す▽感情のコントロールができない▽ぼーっとしていることが多い▽極端な自己否定感をもつ▽性的な言動が目立つ――など様々だ。専門家によると、こうした行動や様子が見られたら「困った子ども」という目で見るのではなく、「トラウマを抱えているのかもしれない」という視点が必要という。

性暴力を受けた子どもは、自分の性器を触ったり、他の人の性器を触ろうとしたりするなどの他、年齢に不相応な性的な関心や行動をする「性化行動」をとることもある。性化行動は再被害を招きやすい。かつての加害者と同じ性別や年代の人に声をかけられたとたんに、意識や記憶を一時的に失う「解離」状態に陥り、無防備になって被害を受けたり、自分から近寄るような形で被害を受けたりすることもある。ＳＮＳで相手を探して関係を持つことも珍しくない。

被害を受けた子どもは、自分の身に起きたことを「被害」と認識することが難しい上、「人に知られてはいけない」などと思い、自分からは打ち明けられないことが多い。子どもの行動や症状に気づいたら、児童相談所やワンストップ支援センター、精神科などに相談し、適切な対応をしていく必要がある。

また、被害を告白されたら、子どもの言葉を信じることが大切だ。ただし、その際に根掘り葉掘り聞かない。「よく話してくれたね」「話してくれてありがとう」と全面的に受け止め、専門機関につなげる。打ち明けられた大人側がショックを受けることもあるが、否定したり、過小評価したり、なかったことにしたりすることは避けなくてはならない。子どもに安心感を与え、安心して安全に過ごせる環境を整えることが欠かせない。

●「#8891」でワンストップ支援センターに

全国に設置されているのが、行政がかかわる「ワンストップ支援センター」。男性の相談員を配置しているところや、医療費の公費負担制度を整えているところもあります。全国共通短縮ダイヤル「#8891」で最寄りのセンターにつながり、通話料無料で相談できます。

内閣府男女共同参画局のホームページでは、各センターの相談受付日時やメールアドレスなどを確認できます。また、内閣府のチャット相談「キュアタイム（https://curetime.jp）」では、毎日17～21時に相談を受け付けています。メールでの相談や、英語や中国語など10の言語にも対応しています。

●男性らのための専門ダイヤル

神奈川県と大阪府は、男性らのための専門相談ダイヤルを設けています。

神奈川県：045・548・5666（毎週火曜16～20時、祝休日・年末年始を除く）

大阪府　：06・4303・4011（月2回金曜日、16時30分〜20時）

●デートDV・妊娠SOSなど

デートDV110番：050・3204・0404（毎週月曜〜土曜、19〜21時、年末年始を除く）

https://ddv110.org（LINE、Xでの相談も可）

一般社団法人全国妊娠SOSネットワーク：

全国のにんしんSOS相談窓口 https://zenninnet-sos.org/contact-list

NPO法人ぱっぷす：050・3177・5432（24時間）、https://paps.jp

一般社団法人社会的包摂サポートセンター よりそいホットライン：0120・279・338（24時間）、岩手県・宮城県・福島県からは0120・279・226、https://www.since2011.net

NPO法人法人スクール・セクシュアル・ハラスメント防止全国ネットワーク：

（大阪）06・6995・1355（毎週火曜11〜19時）、090・4768・8626（深夜・早朝を除く）、

（東京）03・5328・3260（毎週土曜日14〜19時）

●こころのケアやPTSD（心的外傷後ストレス障害）の治療法などに関する情報

※相談は受け付けていません。他、心理臨床センターなどを設けている大学も各地にあります。

ストレス・災害時こころの情報支援センター（運営：国立精神・神経医療研究センター）

https://saigai-kokoro.ncnp.go.jp

認知行動療法センター（運営：国立精神・神経医療研究センター）https://cbt.ncnp.go.jp

PTSDに対する認知処理療法

https://cbt.ncnp.go.jp/research_top_detail.php?@uid=DUYtVMLdhMHSQDeU

こころの情報サイト（運営：国立精神・神経医療研究センター）https://kokoro.ncnp.go.jp

こころの病気を知る「PTSD」

https://kokoro.ncnp.go.jp/disease.php?@uid=iGkwv4PNzgWhQ9xI

日本EMDR学会　https://www.emdr.jp

※情報は編集時点です。最新情報とは異なる場合もあります。

あとがき

性暴力は「魂の殺人」と言われるほど、心身に深い傷を刻み込み、被害者のその後の人生にも甚大な影響を与えます。ときには命さえ奪ってしまうこともあります。

しかし、その性暴力、特に子どもに対するものは、少し前までは、「いたずら」などと言われ、報道の世界でも、社会でも、ほとんどタブー視されてきました。性暴力を受けたことを「恥」と考え、周囲はもちろん、被害者本人や家族も「なかったことにする」ことを選ばざるを得なかったとも言えます。「タブー」や「なかったこと」は、実情を隠し、社会が対応も対策も十分にとらずにきたという現実を生み出しました。

いわば、そのタブーに挑んだのが、朝日新聞・朝日新聞デジタルでの「子どもへの性暴力」シリーズです。第1部の開始から5年、第10部を2024年8～9月に掲載・配信し、いまも継続中です。異動や転勤で取材班メンバーの入れ替わりが多かったにもかかわらず、このシリーズを長期連載することができたのは、読者からの声があったからです。寄せられた手紙やメールなどのご意見・感想はこれまでに計800通を超えています。改めて御礼を申し上げます。

私が取材班のキャップを務め、子どもの性被害についての取材を仲間たちと始めたのは、2018年の1月からです。その前年の17年5月には、伊藤詩織さんが実名で性暴力を告発し、19年4月からは性暴力の根絶を目指すフラワーデモが各地で開かれるようになりました。朝日新聞・朝日新聞デジタルでの「子どもへの性暴力」の掲載・配信が始まったのは19年12月です。旧ジャニーズ事務所の創業者である故ジャニー喜多川氏による少年たちへの性加害の問題も23年に社会問題化しました。

そうした動きと呼応するように、最近は性暴力についての報道も目に見えて増え、性暴力をめぐる法制度や対応策なども大きく変化しています。２０２１年には、教職員による子どもへの性暴力を禁止する「教員による性暴力防止法」が制定され、23年春からは全国の学校で子どもを性犯罪・性暴力から守るための「生命《いのち》の安全教育」が本格実施されています。また、同じ23年には強制性交等罪を不同意性交等罪に変更、性的同意年齢を引き上げるなどした刑法改正もありました。24年には、仕事で子どもと接する人について、事業者に性犯罪歴の確認を義務づける新制度「日本版ＤＢＳ」創設を盛り込んだ「こども性暴力防止法」も制定されました。

本書は、基本的には、２０１９年から24年に連載・配信された記事の内容を収めていますが、こうした変化のあった制度や統計データなどについては、できる限り、内容を更新しました。また、最近は、水着で隠れる体の大切な部分と口を「プライベートゾーン」あるいは「プライベートパーツ」と呼び、人に見せない、触らせない、人のも見ない、触らないというルールを子どもたちに教える学校なども増えていますが、本書での表記は「プライベートゾーン」に統一しました。

子どもへの性暴力は、家庭で、学校で、塾で、スポーツクラブで、福祉施設で、通学路で、様々なところでいまも起こっています。私たちはまず、そのことを認識しなくてはなりません。「そんなことはあるはずがない」「見たくない」「聞きたくない」ではなく、そのつらい現実があることを直視する必要があると考えます。そして、もし子どもに性被害を打ち明けられたら、周囲の大人たちがまずは子どもの言葉を信じることが極めて大切です。それがケアの第一歩になります。

本書にもありますが、加害者は、性暴力やいじめなど、もともとは被害者であることがほとんどです。被害者のケアは、被害者のその後の人生にとって、回復にとって、欠かせないということは言うまでもありませんが、広い意味で、加害者を増やさないという視点でも大切です。また、見落とされがちですが、加害者を罰したり遠ざけたりすれば問題が解決するわけではありません。加害を繰り返させないためには、治療が必要です。

子どもたちを性暴力の被害者にも加害者にもしないために、私たちは何ができるのか。子どもたちの人権が守られる社会、子どもたちが安心して、安全に健やかに成長できる社会の実現のために、私たちはどんなことをしなくてはならないのか。被害当事者の方々が勇気を持って語ってくれたことをかみしめながら、一緒に考えていただければと思います。

被害者が被害体験を話すことはそのときのことを思い出すことになります。取材後に具合が悪くなったという方もいました。それにもかかわらず、幼いころに被害を受けた方々が、私たちに様々なことを語り、示唆してくださったことに、心から感謝を申し上げたいと思います。女性よりさらに被害を打ち明けにくいとされる男性の被害者の方々も心の内を吐露してくださいました。本書に登場した方以外にも、話を聞かせていただいた被害者の方々が少なからずいます。話してくださる被害当事者のみなさんがいなければ、連載は続けられず、本書も刊行されていません。つらい体験を話してくださり、本当にありがとうございました。また、被害者や加害者を支援している専門家の方々にも大変お世話になりました。お忙しい中、的確な意見や助言をいただいたことに、御礼を申し上げます。

私が取材した被害者の中の一人の女性は、取材時はとても不安定でした。何十年も前に家族内で繰り返し受けた性暴力について「夫には絶対知られたくない」と語り、心が震えるほどの恐怖をそのときもまだ抱えていることがわかりました。当時は、彼女に対しては、触ると壊れてしまうのではないかという印象を受けました。無理をしなくてもいいとお伝えしましたが、それでも取材を受けてくださった方です。

その方に今回、体験を書籍に収録するとの連絡をすると、快諾の返事とともに「実名で出してほしい」との要望が寄せられました。その理由を「いままで私自身も拒絶して無理やりなかったことにしようと、ふたをしてました。過去に向き合って認めて自身で癒やしていかないと前に進めないと思っています」と語られました。親族の加害者が生存していることなど、彼女の周囲の状況を考えて、最終的には実名掲載はしないという判断をさせていただきましたが、前に向かって歩く彼女の姿に、胸が熱くなりました。

被害当事者のみなさんは、社会に種をまいてくださっています。その種に水を与え、芽吹かせ、花を咲かす。社会を変えていけるかは、私たち一人ひとりにかかっています。

性暴力は決して、人ごとではありません。あなた自身、あなたの子ども、あなたの孫、あなたの友人や友人の子ども、誰にいつ起こってもおかしくありません。この現実に立ち向かっていくためには、まずは二つのことが最低限必要だと考えます。

一つ目は、社会のすべての人が、同意のない性的な行為は「性暴力」であると理解すること。そして、もう一つは「何があっても被害者は悪くない」ということを社会の共通認識とすることです。とかく、「短いスカートをはいていた」「暗い夜道を歩いていた」「逃げなかった」などと被害者の非が責められがちですが、加害行為をする加害者がいなければ、被害は発生しません。被害者に対しては何があっても、「あなたは悪くない」と言える社会であってほしいと心から願います。

私は20年以上前に朝日新聞で子どもの虐待について5部にわたる連載をしたとき、性的虐待についても6部として掲載したいと取材を始めたことがあります。しかし、当時は、私の力不足もあって、被害を語ってくれる当時者はおろか、周辺の方々もほとんどおらず、断念せざるを得ませんでした。当時と比べると、社会は確実に変わってきていると感じます。

同時に、これまでどれほど多くの方々が沈黙を強いられてきたのかということに思いを馳せずにはいられません。そうした方々の悲しみや苦痛、苦悩の上に、私たちのいまがあることを心に留めたいと思います。子どもたちは、私たちの未来です。彼らを守るために、それぞれができることを考え、どんな小さなことでも行動していけたらと思います。

最後に、本書の元となった「子どもへの性暴力」シリーズの朝日新聞・朝日新聞デジタルの掲載・配信時期と執筆陣（順不同、＊は取材班以外の協力記者）を記したいと思います。

1章　語り始めた当事者たち：19年12月　山田佳奈、小若理恵、大久保真紀
2章　消費する社会：20年11～12月　小若、山田、林幹益、塩入彩、＊林瞬、＊山崎輝史、大久保
3章　男の子の被害：23年3～4月、6月　塩入、狩野浩平、山本知佳、藤野隆晃、島崎周、＊根岸拓朗、大久保

4章　家の中で：20年7月　小若、山田、林幹、＊板倉大地、＊田中奏子、大久保
5章　立場を利用して：21年4～5月、7月　塩入、山田、小若、黒田壮吉、斉藤寛子、根岸、阿部明美、＊鎌田悠、＊佐藤瑞季、＊大野晴香、＊狩野、＊芳垣文子、大久保
6章　脅かされる日常：21年9月　塩入、山田、阿部、斉藤、大久保
7章　子どもたちの間で：22年2月、6月　塩入、阿部、山田、藤野、根岸、大久保
8章　狙われる障害：22年7～8月、10～11月　塩入、山田、藤野、＊堅島敢太郎、島崎、大久保
9章　加害を考える：24年1～3月　島崎、塩入、狩野、村上友里、＊長妻昭明、大久保
10章　治療とケア：24年8～9月　塩入、島崎、狩野、大久保

デスクは２０１９年から24年3月まで泗水康信、治療とケア編は中島耕太郎が担当しました。取材班のメンバーと、メンバー以外で情報提供や原稿執筆などで協力してくれた記者たち、社内から寄せられる様々な注文・意見などの調整に当たったデスク陣、誰一人を欠いても、この連載をすることはできませんでした。また、名前はあげきれませんが、取材、執筆、掲載にかかわってくださったすべての方に感謝を申し上げます。

本書が一人でも多くの方に届くようにと祈りながら筆をおきたいと思います。

２０２４年11月

大久保真紀

朝日新聞取材班
阿部朋美、板倉大地、大久保真紀、大野晴香、堅島敢太郎、狩野浩平、
鎌田 悠、黒田壮吉、小若理恵、斉藤寛子、佐藤瑞季、塩入 彩、島崎 周、
田中奏子、長妻昭明、根岸拓朗、林 瞬、林 幹益、藤野隆晃、村上友里、
山崎輝史、山田佳奈、山本知佳、芳垣文子、泗水康信、中島耕太郎

ルポ　子《こ》どもへの性《せい》暴《ぼう》力《りょく》

2024年12月30日　第1刷発行

著者 ——— 朝日新聞取材班
発行者 ——— 宇都宮健太朗
発行所 ——— 朝日新聞出版
〒104-8011 東京都中央区築地5-3-2
電話 03-5541-8832（編集）
03-5540-7793（販売）
印刷製本 ——— 株式会社光邦
装画 ——— Q-TA
ブックデザイン ——— 名和田耕平＋小原果穂（名和田耕平デザイン事務所）

定価はカバーに表示してあります。
落丁・乱丁の場合は弊社業務部（電話03-5540-7800）へご連絡ください。
送料弊社負担にてお取り替えいたします。

ISBN978-4-02-252025-8